指文® 战争事典 012

战争事典

WAR STORY 1504

指文烽火工作室　编

中国长安出版社

图书在版编目（CIP）数据

战争事典. 012 / 指文烽火工作室编. –– 北京：中国长安出版社, 2015.6

ISBN 978-7-5107-0915-9

Ⅰ. ①战… Ⅱ. ①指… Ⅲ. ①战争史 – 史料 – 世界 Ⅳ. ①E19

中国版本图书馆CIP数据核字(2015)第093057号

战争事典 012

指文烽火工作室　编

出版：中国长安出版社

社址：北京市东城区北池子大街 14 号（100006）

网址：http：//www.ccapress.com

邮箱：capress@163.com

发行：中国长安出版社

电话：（010）85099947　85099948

印刷：重庆大正印务有限公司

开本：787mm×1092mm 16 开

印张：12

字数：250 千字

版本：2019 年 1 月第 2 版　2019 年 1 月第 1 次印刷

书号：ISBN 978-7-5107-0915-9

定价：69.80 元

出版寄语

《战争事典》一书挖掘真实历史，还原战争现场，宛如一部再现军事历史的优秀纪录片，弥补了军事历史图书的空白。

——郭威，纪录片导演

《战争事典》是一套充满故事性和知识性，并能给人启迪的图书。指文所打造的这个系列对军事历史有着独到的看法和眼光，细致而全面。它能让你看到更加生动的历史，是一场不可错过的历史知识盛宴。

——蔡小心，抗美援朝战史学者、党史研究者，歧路书院名誉总编辑

《战争事典》的新颖别致之处不仅仅在于它的选题和探究性，更重要的是它为军事历史的新科普模式进行了可贵的尝试。祝愿指文烽火未来的工作领域能够更加广阔！

——党人碑，央视新科动漫频道主编，新科动漫论坛总版主，宋史学人

人类历史就是一部战争史。《战争事典》在战争中讲述历史，也如同在历史中讲述战争。我相信每一个读者都会从这系列书里找到最合乎自己口味的历史。

——顾剑，军事历史作家，《最后的空战》、《黑死神传奇》作者

《战争事典》的每一个故事都是一段精彩的战争重现。指文烽火能带你穿越历史，领略军事家们的精彩博弈。

——经略幽燕我童贯，网络知名历史研究者

指文的各位作者不仅通晓战史，而且文笔流畅。他们共同打造的《战争事典》更是一套挖掘真实历史，还原战争实景的好书！

——江上苇，《南方都市报》专栏作家，天涯煮酒论史资深版主，历史作家，《大帝国的涅槃》、《迷惘的诸侯：后辛亥时代的西南军阀》作者

历史是严肃的，也是生动的；战争是残酷的，但也不排斥温情。阅读《战争事典》，将领略种种截然不同的军事历史。

——陆大鹏，西洋历史研究者，《1453：君士坦丁堡之战》、《海洋帝国》、《阿拉伯的劳伦斯》译者

《战争事典》不但重在剖析历史上战争战法与英雄传奇，更从不同的角度诠释了战争的根源和致胜的内核。可以说，这套书为读者提供了独特的思考方式与想象空间。

——毛小曼，中西书局副总编辑

《战争事典》为军事爱好者提供了一席学习之地，指文烽火编委会给大家带来了一个以笔会友的广阔平台。

——齐明，英国传统弓促进协会会员，正鹄弓箭社社长

战争历史往往被误导的迷雾和刻意的扭曲所掩盖，《战争事典》对此的解析却是理性的、深刻的。它帮我们还原了史实，引领我们穿越在那个历史的时空里。

——石炜，知名媒体人，军事史作家

历史不是演义，需要在精细考据中大胆求证，才能帮助读者树立一个崭新的历史观，启迪心智，培养阅读的快感。《战争事典》就是这样的好书！

——赵国星，笔名二手翻译小熊猫，新时代出版社编辑，《巨人的碰撞》译者之一

对于战争，人们往往倾向于讨论它的胜负，而不去探究其余。指文烽火编委会的《战争事典》却带着读者透过纸背，探寻战争历史的真实内在。

——张子平，笔名清海，日本神奈川大学历史民俗资料学博士，16—17世纪东北亚国际关系史研究者

《战争事典》汇聚古今，融萃中外，指文图书集战事战史于一处，实为战争历史之精品！

——秋李子，言情小说作家，著有《灶下婢》、《世家妇》、《恶女传说》等小说

《战争事典》，既写战争之事，又不离史实之根。客观精到的战争局势分析，更是指文烽火编委会创作精神的精妙所在。

——穆好古，近代史研究者、民国史作者，《辛亥以来蓉属袍哥》、《天府百战》作者

《战争事典》对历史战争的重新挖掘很新颖，让我对观察历史的视角有了新的突破，我相信指文的读者们也会从中受益很多的。

——李楠，历史社科作家，著有《第三帝国》、《鸦片战争》等作品

一本好书，一杯香茗，拥此书在怀，足矣。祝福《战争事典》！

——陈肯，文史书作家、编剧，著有《挑灯看剑——混在杀戮里的浪漫情怀》、《洛克王国》等作品

《战争事典》筑基于史实之上，炼字于沙场之间。指文烽火这种写史于事，述战于武的创作模式，可谓开启了军事历史类图书的新风尚。

——周晨鸣，知远防务研究所研究员、军事评论家

《战争事典》是关于世界战争历史的优秀图书。它立足于史料而又不拘泥于史料，风格厚重雄浑而又不乏精巧，可谓写尽了人类在战争中的英勇与智慧。

——安迪斯晨风，山坡网主编、独立书评人

愿《战争事典》精雕细琢、精益求精，最终成为军事书籍中不朽之传奇。

——王晓明，资深军事历史地图研究者、编制者

《战争事典》内容全面、文采斐然、图文并茂、制作精美。指文烽火编委会的这番努力对于喜欢军事文化的读者，无疑是一个福音。

——马平安，中国社会科学院近代史研究所学者，著有《大清王朝灭亡之谜》、《鼓吹：终结帝制集结号》、《北洋集团与晚清政局》等

继往开来，希望《战争事典》能成为中国军事爱好者的宝典，祝愿指文越办越好！

——本垒打，二战研究者、战史研究者、军刊主编

这是一本跨越五千年波澜壮阔战争史的绚丽画卷，更是一本从战争历史探讨人类社会文化进步与发展规律的高水平文集，感谢《战争事典》为我们呈现了不一样的战争史。

——reichsrommel，专业勋赏文化文集《号角》主编

期望该军事文化文集能引领我们全面领略波澜壮阔的古战争历史画卷！

——刚寒锋，《较量》杂志总编，《号角》杂志联合创始人

精美的排版、详实专业的内容，连我一个对古战毫无兴趣的人都被深深迷住了，无法自拔。

——raingun，国内研究党卫军的战史专家

希望《战争事典》成为最好的历史文化系列丛书。

——宇文若尘，文史作家、编剧

《战争事典》讲述了一个个我知之甚少，甚至是闻所未闻的人物和故事，极大地丰富了我对古战争史的认知。如果说有什么遗憾的话，那就是此类图书在国内还是太少。能潜心钻研、撰写自己喜爱的那段历史，真好。

——小小冰人，著名军事图书翻译专家

《战争事典》以独到的视角与力度阐释了战争史爱好者和研究者们孜孜以求的旨趣，各系列宏文无疑昭示出，无论是爱好、还是研究战争史，其境界无涯、乐趣无边也！

——汪冰，《曼陀菲尔传》、《帝国骑士》作者

指文烽火编委会的《战争事典》让我们这些军事历史与弓术爱好者，有了自己的"核心期刊"！

——宇文拓，中国联合弓会负责人

CONTENTS
目录

前言

军事天才、法国皇帝拿破仑回忆西班牙时曾经这样说道："不幸的西班牙战争使我完蛋。它是一个真正的溃疡，是法国失败的一个原因。"西班牙那块桀骜不驯的土地是怎样如溃疡一般耗干了法兰西帝国的力量与鲜血？《喋血伊比利亚——法国元帅古维翁·圣西尔的加泰罗尼亚战纪》将帮助您一探究竟。

西晋末年，天下大乱，五胡崛起各领风骚，中原王朝"衣冠南渡"，形成了长达两百七十多年的东晋与十六国，以及此后的南北朝分裂时代。在这个战乱不休、政权频繁更迭的乱世，收复中原故土、延续华夏文化，一直是很多人的梦想与目标。《两晋南北朝中原遗脉专题》将向您展示那个时代热血男儿的努力与奋斗，其中既有《仓皇北顾——刘宋第一次元嘉北伐回眸》的功败垂成，也有《男儿西北有神州——五胡十六国之前凉世家》的坚韧顽强。

辉火

2015 年 6 月

喋血伊比利亚

法国元帅古维翁·圣西尔的加泰罗尼亚战纪

作者：康伯克

法兰西第一帝国在 1808 年签署《提尔西特条约》后，权势达到了前所未有的高度，拿破仑一举成为大半个欧洲大陆的统治者。拿破仑曾在一封信中写道："我不是路易十四的继承者，我是查理曼大帝的继承者。"整个德意志和意大利都已臣服于这位威严的军事天才，庞大的沙俄也暂时成了"愉快的伙伴"，反法联盟只剩下英国。于是，拿破仑把目光投向了伊比利亚半岛。从朱诺将军率领"吉伦特观察军"入侵葡萄牙开始，这场旷日持久的战争持续时间超过六年，直到 1814 年拿破仑退位几天后才结束。

一开始，战争借口是惩罚不遵守大路封锁令的葡萄牙，但葡萄牙王室逃往巴西后，拿破仑反而派了更多军队越过比利牛斯山。随后，拿破仑又借助西班牙的宫廷政变，推翻了费迪南七世的统治，让自己的长兄约瑟夫·波拿巴当上了西班牙国王。面对法军的侵略行径，伊比利亚人民展开了轰轰烈烈的抵抗运动，英国也不失时机派军队开辟新战场。经过多年的拉锯，这场被称为"溃疡"的半岛战争最终以法军失败而告终。

半岛战争在拿破仑时代军事历史研究中，同法俄战争和滑铁卢战役相比，显得有些冷门，毕竟拿破仑只参加了其中一小部

◎ 西班牙国王约瑟夫·波拿巴

战斗。这场战争使法兰西第一帝国的众多名将蒙羞，却成就了亚瑟·韦尔斯利爵士——第一代威灵顿公爵。由于地理等因素，半岛战争概况也同欧洲其他地方有很大不同。半岛战争中位于伊比利亚半岛东北部的加泰罗尼亚战场相对独立，极具代表性。本文的主人公，洛朗·古维翁·圣西尔将军就是于加泰罗尼亚临危受命。此后，他在1812年征俄期间受封元帅，独立指挥能力出众，但和那些一般人耳熟能详的元帅们比起来，他的存在感还是太低了。目前，网络上和中文出版物中有关这位将军历史的内容少之又少，很多地方只是一笔带过，笔者认为有必要知晓他跌宕起伏的一生。

迪埃姆的失利——两次赫罗纳围城战

1808年2月，根据拿破仑的命令，法军将领迪埃姆（Guillaume Philibert Duhesme）[1]带着13000人的"东比利牛斯观察军"开进加泰罗尼亚，接连强占菲格拉斯（Figueras）和巴塞罗那（加泰罗尼亚首府）。迪埃姆手头的这支部队由7000多名法国人和5000多名意大利人组成，他分出一个营的兵力守卫极其重要的菲格拉斯要塞，保护同本土交通线的安全，其余部队驻扎在巴塞罗那。

首府落入敌手，加泰罗尼亚的抵抗形势非常严峻。当时，整个加泰罗尼亚的西班牙正规军仅有6000人，其中三分之一还是瑞士雇佣兵[2]，不但四散各地，巴塞罗那城中的西班牙正规军还处在法军的严密监视下。离加泰罗尼亚最近的正规军集结在巴利阿里群岛，由于此时西班牙名义上和英国还是交战国，这些正规军不可能在短期内回援。

◎ 迪埃姆将军

---

① 一些地名、人名在不同语言中有不同的拼写，如西班牙城市赫罗纳用加泰罗尼亚语拼写是Girona，用英语和西班牙语拼写则是Gerona。尽管本文主要参考的是英文资料，但笔者尽可能按"名随其主"的原则标注地名、人名的拼写。规则如下：凡是同一地名、人名出现不同拼写的情况用"/"加以区分，前面代表"原始语言拼写"，后面代表英文拼写，英文拼写与原始语言相同的则只标一个，未查到原始语言的标注英文拼写。切记：英文拼写不等同于原始语言拼写。
② 拿破仑派兵进入伊比利亚后，下令所有为西班牙人效力的瑞士部队立刻转投法国。

加泰罗尼亚全境的西班牙正规军序列

	人数	驻扎地
埃斯特雷马杜拉团	840 人	莱里达附近
阿托尼亚团	421 人	赫罗纳
温普芬（Wimpfen）将军麾下瑞士团的 2 个营	2149 人	塔拉戈纳
2 个营的西班牙卫队和瓦隆卫队	1700 人	巴塞罗那
波旁骑兵团	658 人	巴塞罗那
要塞炮兵	300 人	各地

尽管形势不利，加泰罗尼亚人还是很快掀起了轰轰烈烈的抵抗运动。他们保留着自中世纪以来的尚武传统，迅速组织起大量民兵。这些民兵在加泰罗尼亚语中被称作民兵（miquelete）[1]——他们虽被称为民兵，但由当地政府发放军饷。另外，当时西班牙军队中还有大量在当地临时招募的民防兵，他们一般被称为 somaten [2]（加泰罗尼亚语中警钟的意思）。战争爆发后，城镇和村庄教堂敲响的警钟为征召信号，他们因此而得名。按照现在的标准，后者才是真正意义上的"民兵"。

加泰罗尼亚战士凭借毅力和爱国热情，在半岛战争中做了不可磨灭的贡献。游击战争时，从加泰罗尼亚战士中涌现出一批杰出的游击队领导者。但在 1808 年时，拿破仑和迪埃姆显然都不把他们放在眼里。

加泰罗尼亚可以简单分成海岸平原和内陆山区。由地图的标示可知，从法国本土的佩皮尼昂到达巴塞罗那，走大路的话要经过菲格拉斯和赫罗纳（Girona/Gerona），这两处都是极为重要的要塞。从巴塞罗那可以继续沿海岸道路抵达塔拉戈纳（Tarragona）和托尔托萨（Tortosa），或者进入内陆山区，经过塞尔维拉（Cervera）抵达莱里达（Lerida），随后抵达阿拉贡省的平原，因此这里的战况间接影响着阿拉贡地区的战况。1803 年，加泰罗尼亚共有 85.8 万人，首府巴塞罗那有 18 万人。沿海的平原非常狭长，有很多大大小小的河流通过平原注入地中海，比如巴塞罗那旁边的洛布里加特河（R.LLobregat）。内陆的山区河谷纵横，道路状况糟糕，除了重要的道路外，其他小路不利于火炮和辎重的行进，但却非常

---

① miquelete，这个词来源于15—16世纪意大利风云人物恺撒·博基亚（Caesar Borgia）手下一名加泰罗尼亚佣兵队长的名字。
② 有些资料将miquelete和somaten概念等同，本文加以区分。

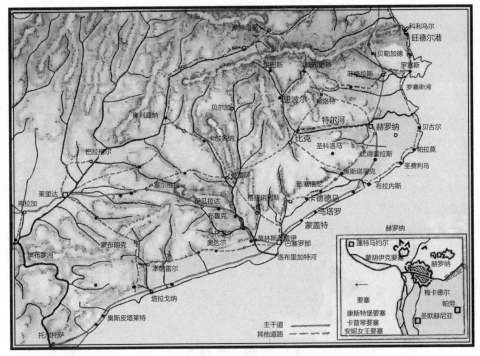

◎ 加泰罗尼亚全境图，绘于20世纪初。右下角是赫罗纳要塞的简易地图，注意指向标朝向。

◎ 5月2日起义时，西班牙士兵和民众在炮兵广场抵抗法军。

适合游击作战。战争初期，迪埃姆想用手头的1.3万人占领主要城市并保证交通线的安全，是一件完全不可能的事，因为加泰罗尼亚的民兵和民防兵可以随心所欲切断主要的交通要道，法军很快就会处于孤立的境地。

马德里5月2日起义的消息传来，加泰罗尼亚立刻响应号召。最初的起义中心莱里达在5月29日组建了政务会①，随后，曼雷萨（Manresa）于6月2日也成立了政务会，起义的浪潮迅速席卷至托尔托萨

————————————

① 西班牙语junta，是一种带有浓厚地方色彩的军事政治组织，拥有征兵、征税等权力。

和洛布里加特河谷地带。但巴塞罗那城依然被1.2万名法军占据着，城中的2500名西班牙正规军有些被迪埃姆支走，还留在城里的开始小股逃散出城，迪埃姆对此视而不见。逃出城的正规军有些和当地民兵会合，有些去了阿拉贡和巴伦西亚。总之，对迪埃姆来说，城内的心腹之患已经基本消除。

不久，各地的西班牙民兵就通过游击作战切断了巴塞罗那同法国和西班牙其他地区的交通线。根据此前拿破仑的最后命令，迪埃姆要守住巴塞罗那，消灭各地的起义军，保护同法国的交通线，还要派两支部队分别支援蒙塞元帅远征巴伦西亚

的行动和勒费弗尔 – 德努埃特（Lefebvre-Desnouettes）围攻萨拉戈萨[①]。很显然，拿破仑低估了整个半岛局势的严峻程度。以当时的条件，迪埃姆和他的部队自保都难，别说分兵支援外省行动了。

依照命令，迪埃姆给他的师长夏布朗将军（Joseph Chabran）3个最好的步兵营和2个骑兵团，骑兵指挥为贝西埃尔元帅的弟弟贝特朗·贝西埃尔（Bertrand Bessières），共2500名步兵和600名骑兵，命令他经由塔拉戈纳去巴伦西亚支援蒙塞元帅。然后，迪埃姆指派莱基（Giuseppe Lechi/Lecchi）师下面的施瓦茨（François Xavier de Schwarz）旅长带领1个瑞士营、

夏布朗的部队序列

步兵（2574人）	第7战列团（第1、第2营）1785人
	第16战列团（仅第3营）789人
骑兵（621人）	第3临时胸甲骑兵团（减去1个中队）205人
	第3临时猎骑兵团416人
炮兵：	1个炮兵连，8门大炮

施瓦茨的部队序列

步兵（3043人）	第2瑞士战列团（仅第3营）580人
	第1那不勒斯战列团（第1营和第2营）1944人
	第1意大利轻步兵团（仅第1营）519人
骑士	第3临时胸甲骑兵团的1个中队204人
炮兵	1个炮兵连，4门大炮

---

① 勒费弗尔·德努埃特（不是勒费弗尔元帅）6月15日—26日期间负责萨拉戈萨的围城战。

◎ 马德里起义后，西班牙各地都迅速组建了政务会组织抵抗力量。此图反映的是巴伦西亚省政务会成立的情景。

◎ 布鲁克遭遇战中的加泰罗尼亚民防兵

罗那，并重新打开同佩皮尼昂的交通线。

　　不幸的是，两支法军分队很快都遇到了麻烦。施瓦茨于6月6日抵达布鲁克（Bruc/Bruch）山口，在那里受到当地民防兵的"猛烈狙击"。过于谨慎的施瓦茨下令部队且战且退，但他手下的这些意大利杂牌兵显然也没有多少战斗力。最终，施瓦茨撤回巴塞罗那，途中丢失一门大炮。看到其中一支部队无功而返，迪埃姆决心集中兵力作战，于是下令夏布朗也撤回。可此时夏布朗已抵达塔拉戈纳，他是在要求当地瑞士籍守军转投法军时收到的撤退命令。于是，夏布朗只能把心猿意马的瑞士人留在塔拉戈纳，于12日回到巴塞罗那。但这样一来，没有来自北面的援助，蒙塞元帅征服巴伦西亚的计划就彻底泡汤了。

　　当时，迪埃姆的状况很危急，因此急于重新打开交通线。14日，夏布朗带着自

2个那不勒斯营、1个意大利营外加1个骑兵中队共计3200人去莱里达，消灭起义军并于6月19日前同萨拉戈萨围城部队会合。迪埃姆率领剩余的5000人守住巴塞

迪埃姆部队

米洛舍维斯（Milosewitz）旅 2133 人	第 2 意大利战列团（仅第 2 营）740 人
	第 4 意大利战列团（仅第 3 营）587 人
	第 5 意大利战列团（仅第 2 营）806 人
施瓦茨旅：总计（减去 6 月 6 日和 14 日布鲁克战斗中造成的 300 人伤亡）2163 人	第 1 那不勒斯战列团（第 1 营和第 2 营）1944 人（6 月 6 日）
	第 1 意大利轻步兵团（仅第 1 营）519 人（6 月 6 日）
骑兵总计（减去 1 个驻守巴塞罗那的骑兵中队）1517 人	第 3 临时胸甲骑兵团 409 人
	第 3 临时猎骑兵团 416 人
	意大利猎骑兵 504 人
	第 2 那不勒斯猎骑兵团 388 人
炮兵	1 个炮兵连，8 门大炮

◎ 布鲁克附近险峻的山口

己的部队和之前施瓦茨的部队再次攻击民兵驻守的布鲁克山口，但依然无功而返，损失 400 人。这使得迪埃姆决心集中力量，首先拿下交通线上的重要据点赫罗纳要塞。他带领莱基的意大利师（下辖 2 个旅）和全部骑兵共计 5900 人，沿海岸的大路向赫罗纳进发，途中击退了武装农民和游击队，于 6 月 20 日抵达赫罗纳。

赫罗纳要塞扼守着法国本土同巴塞罗那的交通线。赫罗纳城镇有 1.4 万名市民，但防守力量薄弱，只有 1 个名为阿托尼亚（Ultonia）的爱尔兰团，仅 350 人，指挥官为爱尔兰人奥多诺万（O'Donovan）和奥达利（O'Daly），除此之外，还有 2000 名武装市民协助防守。

迪埃姆没有攻城炮，人数也不足以围困要塞和城镇。来到赫罗纳后，他与面对巴伦西亚市时的蒙塞元帅的想法一样，企图以一次强攻拿下。因此，他以假意谈判为掩护，对没有完全被要塞防护的城门发动突然袭击。但法军为数不多的火炮被要塞上的重炮压制，无法轰开城门。于是，迪埃姆让炮兵充当敢死队，企图爆破炸开缺口，结果又被守军猛烈的火力击退。进攻失败后，迪埃姆仍不死心，黄昏时刻再次派使者要求和谈，准备掩护第二次攻击，守军似乎也放松了警惕，派使者同法军交涉。由于带来的轻型炮不能轰开城墙，迪埃姆便决心让部队用直接攀登城墙的方式强攻，地点选在梅卡德尔城区的圣克拉瓦棱堡（Santa Clara），进攻由施瓦茨麾下 3 个意大利营负责。约晚上 10 点，意大利士兵带着云梯悄悄来到城墙下，借着黑

暗的掩护突然发动袭击。守军一开始被打了个措手不及，但黑夜中意大利人的进攻陷入混乱，随后赶来的守军通过白刃战又将战斗力不强的意人利人赶下城墙，第二次进攻也宣告失败。迪埃姆当天一共损失 700 人。

在没有攻城炮的境况下，迪埃姆只得解除围城。撤回巴塞罗那后，迪埃姆发现洛布里加特河口地区涌入大批民兵。尽管缺乏正规军的支援，这些游击战士仍是极大的威胁。6 月 30 日，法军出城给了西班牙人一次打击，但五天后的另一次行动又败在了西班牙人手里。重重困难之下，迪埃姆只得求援。由于道路被切断，他只能用小船将消息送回法国。拿破仑得知情况后决定在佩皮尼昂再组建 1 个师增援。这个师由 7000~8000 名皮埃蒙特和意大利等地的杂牌军组成，指挥官为担任过拿破仑副官的雷耶（Honoré Charles Michel Joseph Reille）将军。拿破仑命令他解除西班牙人对菲格拉斯的威胁，然后同迪埃姆会合。

雷耶于 7 月 3 日抵达佩皮尼昂，但部队尚未到齐，在场的仅有托斯卡纳营、第二瑞士团、一些炮兵以及当地的国民卫队。5 日，雷耶带着 1600 人抵达菲格拉斯，加强了当地的守卫，后续部队于 7 月 11 日陆续赶到。雷耶的部队人数增至 4000 人，在这期间，他决定围攻罗塞斯要塞（Roses/Rosas），解除交通线侧翼的这个心腹大患。但在这里，雷耶同样遇到了守军的顽强抵抗，再加上游荡在附近的英国海军也来协助，他决定放弃围攻去与迪埃姆会合。

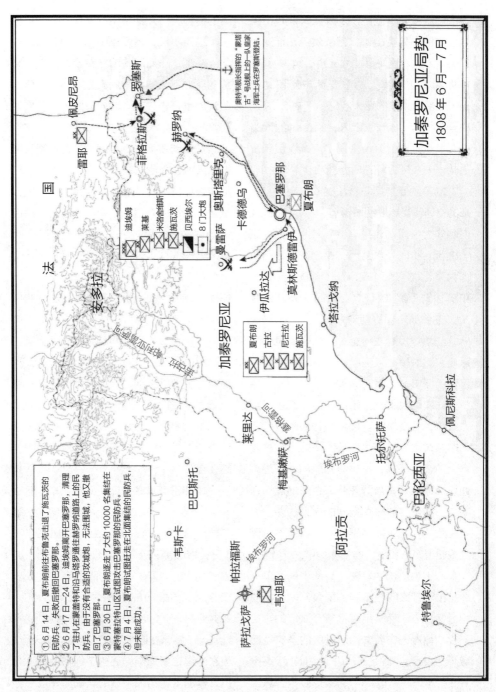

加泰罗尼亚局势
1808年6月—7月

奥特韦舰长指挥的"蒙塔古"号舰艇上的一队皇家海军士兵在罗塞斯登陆。

佩皮尼昂

雷耶

罗塞斯

菲格拉斯

赫罗纳

奥斯塔里克

巴塞罗那

迪埃姆　莱基　米格合铺拉　施瓦次　贝西埃尔　8门大炮

卡德德号

夏布朗

曼雷萨

伊瓜拉达

莫林斯德雷伊

塔拉戈纳

加泰罗尼亚

法　国

安多拉

夏布朗　古拉　尼古拉　施瓦次

佩尼斯科拉

莱里达

梅基嫩萨

埃布罗河

托尔托萨

阿拉贡

巴伦西亚

巴巴斯托

韦斯卡

帕拉福斯

萨拉戈萨

韦迪那

埃布罗河

特鲁埃尔

①6月14日，夏布朗前往布鲁克击退了施瓦次的民防兵，失败后撤回巴塞罗那。
②6月17日—24日，迪埃姆离开巴塞罗那，清理了驻扎在蒙盖特和沿马塔罗通往赫罗纳道路上的民防兵。由于他没有合适的攻城炮，他又撤回了巴塞罗那。
③6月30日，夏布朗逐走了大约10000名集结在蒙特塞拉特山区试图攻击巴塞罗那的民防兵。
④7月4日，夏布朗试图赶走在通集结的民防兵，但未能成功。

◎ 1808年6月—7月法军的行动

雷耶师

步兵	第 113 战列团（托斯卡纳人）的 2 个营 1300 人
	东比利牛斯国民卫队 560 人
	第 1 佩皮尼昂临时营（组成这个营的连来自第 1、5、24、62 战列团，第 16、第 22 轻步兵团的后方兵站）840 人
	第 2 临时营（组成这个营的连来自第 23，第 60，第 79，第 81 战列团和第 8，第 18 轻步兵团的后方兵站）840 人
	由第 16、第 32 战列团和第 2 瑞士团部队组成的 1 个混合营 1100 人
	由第 7 和第 93 战列团部队组成的混合营 840 人
	由第 2，第 56，第 37 战列团部队组成的混合营 840 人
	格勒诺布尔"第 5 预备军团"的 1 个营 500 人
	瓦莱地区的 1 个营 800 人
骑兵	2 个托斯卡纳龙骑兵中队 250 人
	2 个法国"行军中队"300 人
炮兵	2 个连，200 人
合计	7530 人（纸面数字是 8370 人）

前文提到，离加泰罗尼亚最近的西班牙正规军集结在巴利阿里群岛，超过 1 万人。守将比韦斯将军（Juan Miguel de Vives y Feliu）一开始担心英国人会乘虚而入，拒绝派部队回援，但在英国皇家海军中将库斯伯特·柯林伍德勋爵（英国皇家海军中将）的一再劝说和部下的强烈要求下，最终在 6 月 30 日开始派大部分部队回本土。其中一部分协助帕拉福斯（Jose Palafox）守卫萨拉戈萨[①]，剩余 5000 人于 7 月 19—23 日登陆，加入到加泰罗尼亚的战斗。连续受挫的迪埃姆得知雷耶赶到菲格拉斯的消息后，用小船走海路给雷耶送信要求两军会合。这次，迪埃姆留下意大利和瑞士步兵守巴塞罗那，带着军中的法国士兵和意大利骑兵出发，路上又带上夏布朗的部队，沿着海岸路向北进发。他们一路上不断受到民兵和英国军舰的袭扰，直到 7 月 24 日终于同雷耶的先锋会合。

会师后，迪埃姆手头有了 1.3 万人，他决定再次攻打赫罗纳。但迪埃姆上次撤退后，巴塞罗那第 2 志愿兵团的 1300 名轻步兵已经于 22 日进入赫罗纳，大大加强了防御力量。由于这次有了攻城炮，迪埃

---

① 第一次萨拉戈萨围城战从1808年6月中旬持续到8月中旬。

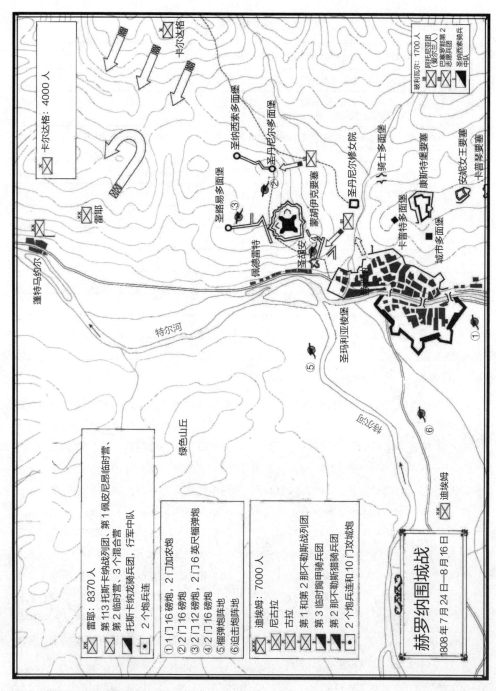

◎ 迪埃姆第二次围攻赫罗纳要塞示意图

姆决定放弃强攻，改用传统的围攻方式。他驻扎在赫罗纳西面负责吸引梅卡德尔一侧守军的注意——仅在阵地上布置了数门榴弹炮和臼炮。雷耶负责主要攻势，在东北方向布置了6门重炮和2门榴弹炮，准备先拿下最大的障碍蒙胡伊克要塞。但法军行动拖沓，布置蒙胡伊克要塞山坡下面的攻城阵地用了16天，直到8月12日才开始正式轰击堡垒，并且法军对城市和要塞也没有做到完全封锁，城中的人依然可以和围城阵地外的民兵取得联系。

超过两个星期的拖延产生两个后果，一是法军杜邦（Pierre Dupont de l'Étang）将军在拜伦（Bailén/Baylen）投降的坏消息传来[1]，对双方士气都有重大影响；二是西班牙帕拉西奥侯爵（Marquess del Palacio）带领巴利阿里群岛的援军于23日登陆塔拉戈纳，随后在莱里达的政务会也顺势搬到塔拉戈纳，并任命帕拉西奥[2]为总指挥。这样一来，加泰罗尼亚的抵抗力量有了正式的政府组织。帕拉西奥侯爵决定带着他的主力部队围魏救赵，向巴塞罗那施压以期迪埃姆解除围攻赫罗纳，又派卡尔达格伯爵（Conde de Caldagues）带领少量正规军和2000名民兵北上支援赫罗纳。

巴塞罗那很快在陆上被正规军和大量游击队封锁，在海上被英国军舰封锁。7月31日，法军在城外的最后一处据点蒙盖特（Mongat）城堡被攻克，驻守的那不勒斯人投降。这样一来，巴塞罗那通往外界的主要道路全被截断。守城的莱基将军想方设法给迪埃姆送去急信。收到消息后，迪埃姆开始犹豫该不该撤围。此时，西班牙人正在赫罗纳策划反击。8月16日，西班牙军里应外合，对雷耶一侧的攻城阵地发动突袭，城中守军出城破坏法军炮兵阵地，卡尔达格带领约4000人从北面向雷耶的营地进攻，雷耶在压力之下只得后撤。迪埃姆收拢部队后最终决定放弃围攻，撤退。他命令雷耶回到菲格拉斯，自己则带着部队在游击队的袭扰下于8月20日匆忙回巴塞罗那。

接二连三的失利让拿破仑不得不好好应对当前的局势。迪埃姆再次从赫罗纳撤退的消息传来之前，他就已经开始考虑把迪埃姆撤换掉。迪埃姆的继任者将是本文的主角：古维翁·圣西尔。圣西尔带来了2个实力强劲的师：1个是从伦巴第来的苏昂（Joseph Souham）将军的师，由10个营组成；1个是皮诺（Dominique Pino）将军的师，由"意大利王国最好的部队"组成，共13个营。拥有这些实力强劲的部队，圣西尔的首要任务是打开交通线，然后是解救危局下的巴塞罗那。

---

[1] 1808年7月20日—23日，杜邦将军入侵安达卢西亚的部队在拜伦战役中遭到失败，全军（约1.7万人）向西班牙人投降。消息传到马德里后，约瑟夫国王立刻逃离，法军主力撤至埃布罗河北岸。

[2] 其实帕拉西奥没多少指挥才能，柯林伍德在信中称他是个又肥又笨的侯爵，尽管他道德高尚，能力却实在有限。

◎ 法军在拜伦向西班牙人投降

罗塞斯围城战——圣西尔登场

　　时间进入 9 月，法军的情况岌岌可危。迪埃姆撤回巴塞罗那，路上还被迫丢了火炮和辎重，连续的失败使他的部队人数已不足 1 万人，而巴塞罗那则被 4000~5000 名游击队和不足 2000 名正规军封锁。面对城内物资的日益紧缺，迪埃姆所能做的只是派部队在城周围的村庄寻觅粮草。

　　西军封锁线由卡尔达格伯爵负责，鉴

于人手不足，他在城外建立了一条松散的封锁线，与法军一直有着零星交战。10 月 12 日，迪埃姆麾下的意大利旅长米洛舍维斯带领 2000 人出城，一开始突破了封锁线，占领了西班牙人的一个食物存放站。但他离开城市远达 20 英里，四处的封锁部队都赶来袭击这支孤立的法军。不得已，他们又丢弃辎重撤回城内，损失了 300 人。

这之后，迪埃姆再也没有让部队离开城市太远。

与此同时，雷耶在菲格拉斯的日子也不好过。虽然同法国本土的交通线依然敞开着，但一直受到西班牙民兵的威胁。雷耶那支杂七杂八的部队由于缺少供给，现在已是衣衫褴褛，且饱受着疾疫之苦。雷耶不断向巴黎的战争部写信请求增援和补给，但短期内陆军部门腾不出更多的资源支持加泰罗尼亚的军事行动，因为拿破仑正准备亲自指挥主力军队给西班牙人致命一击，绝大部分战争资源都流向巴荣讷。

对加泰罗尼亚人来说，现在是打垮法军、收复失地的绝佳机会。他们面前有两个选择：要么集中兵力对付巴塞罗那，由封锁转入围攻；要么北上将雷耶逐回比利牛斯。来自巴利阿里的守军陆续登陆后，加泰罗尼亚境内有了 1.2 万名正规军，本地的政务会也新征召了 2 万人。另外，在拜伦战役中表现出色的瑞士将军雷丁（Therdor von Reding）也将于 11 月上旬带领来自格兰纳达省的 1 万援军抵达。除此之外，来自阿拉贡、巴伦西亚和从葡萄牙返回的部队也将陆续抵达。形势看起来对西班牙人相当有利，但西班牙军的总指挥帕拉西奥侯爵异常慵懒，仅维持现状，没有进行任何积极的军事行动。鉴于其无所作为，政务会于 10 月 28 日将他撤换，代之以比韦斯将军。

但新上任的比韦斯将军表现同样拖沓，直到 11 月 8 日才与巴塞罗那城外法军的前哨交火。之后，比韦斯又等了两个多星期，直到 11 月 26 日来自格兰纳达的援

◎ 圣西尔最著名的一幅肖像画

军抵达后，才一举驱逐了法军前哨，形成对巴塞罗那的合围。不过，城内法军依然有足够的力量防守这座城市，西班牙人依然无法拿下这座城市。就这样，又有近一个月的宝贵时间浪费掉了。

在此期间，比利牛斯山的另一侧，一支强大的部队正在集结——拿破仑从意大利调来的苏昂将军和皮诺将军实力强劲的两个师。9 月 14 日，法军陆续抵达佩皮尼昂，

火炮辎重于 10 月底抵达。11 月 5 日，古维翁·圣西尔率领这支崭新的部队越过比利牛斯山，进入西班牙境内。

多方资料提到圣西尔性格怪异，难以与之相处，这多半与他早年的家庭环境有关。很多将领不喜欢他，包括拿破仑。在回忆录里，圣西尔对拿破仑的评价糟糕，颇多指责。圣西尔的性格问题直接导致赫罗纳围城战和 1812 波洛茨克战役期间的麻烦。尽管如此，他的独立指挥能力依然是一流的，在革命战争、加泰罗尼亚、1812 征俄、1813 战役的表现都可圈可点。

来到佩皮尼昂之前，拿破仑亲自召见了圣西尔并授予他全权指挥权，要他解救巴塞罗那。启程抵达菲格拉斯后，圣西尔花了点时间重整雷耶师和沙博（Louis François Jean Chabot）师（利用零散部队拼凑的 1 个师，仅有 2 个那不勒斯营和 1 个国民卫队团）残破不堪的部队，重整后的雷耶师尽管与最初号称的 8000 人仍有差距，却总算有了 5500 人。但这些杂牌兵战斗力不可靠。圣西尔麾下的战斗核心还是苏昂师（10 个营 7000 人）和皮诺师（13 个营 7300 人）。另外，圣西尔麾下的骑兵包括 1 个法国龙骑兵团和 2 个意大利骑兵团，共 1700 骑。①

当时迪埃姆被困在城内，最多撑到年底，因此，圣西尔首要任务是解救巴塞罗那，但去往巴塞罗那的道路有赫罗纳要塞，

圣西尔又没有足够的时间围攻这座要塞。路况也让圣西尔无法携带重炮和大量的辎重，这对以后几场战役产生了影响。

除了赫罗纳要塞，法军还面临着一个障碍——罗塞斯要塞。一旦法军从菲格拉斯南下，位于后方的罗塞斯立刻就会对法军的后路形成威胁。并且，罗塞斯还是一个极为重要的港口，附近游荡着数艘英国军舰，堵截向巴塞罗那偷运补给的法国运输船。圣西尔认为，在进军巴塞罗那之前，必须拿下这个要塞。从地图上可以看出罗塞斯城镇和要塞紧邻，要塞是沃邦风格的五边形棱堡式要塞，周围有大片沼泽地保护，主要塞延伸出一段堑壕工事直通另一座拱卫城镇的堡垒。罗塞斯要塞的几个棱堡在 1794 年被法国共和军围攻时，受到过较严重的损坏，过去十多年里一直没得到有效修缮。战前，西班牙守军匆忙加固过。沿海岸线一英里之外还有另一座重要堡垒——特立尼达要塞（Castell de la Trinitat/Trinidad）。这座堡垒可以俯瞰整个海湾，保护（或者威胁）海湾里的舰队。关于特立尼达要塞，HMS②"跋扈"号巡航舰的舰长托马斯·科克伦（Lord Thomas Cochrane）勋爵参与协防特立尼达要塞期间留下过这样的记述：

这座堡垒建在一个山头上，有很高的城墙，朝向内陆一侧的棱堡角上有一座 110 英尺高的宽阔塔楼。法军若想用大炮

---

① 圣西尔本人给出的数字是皮诺师 8368 人、苏昂师 7712 人、沙博师 1988 人、雷耶师 4000 人。雷耶师的实力明显偏低，另一份更为准确的数字称，除去守卫菲格拉斯的 1000 人，雷耶师还有 4612 名可战之兵。
② His/Her Majesty's Ship 的缩写，意为国王或女王陛下的船舰。

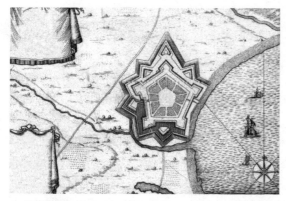

◎ 罗塞斯要塞

◎ 今日的特立尼达要塞。面前的这条路就是进入要塞内部的道路，后方被水泥修缮的区域是在1814年法军撤退时引爆弹药而受损的。

非常困难。这座堡垒的设计可谓精巧。

科克伦勋爵还形象地用威斯敏斯特教堂做比喻：守军处于教堂正厅，敌军在比教堂西塔还高 100 英尺的地方炮击，因此轰出的缺口大约在西侧窗户的位置。敌人从墙外爬进来要搭梯子，想从缺口处下来进入教堂内部就难了。

罗塞斯要塞一共有守军 3000 人，包括西班牙人、爱尔兰籍、瑞士籍雇佣兵，大量民兵，其中炮兵大约 120 人，指挥官是爱尔兰上校彼得·奥达利（Peter O'Daly）。除此之外，海上还有英国海军的舰船游弋在港湾，包括 1 艘 74 炮战列舰"卓越"号（Excellent）和 2 艘臼炮艇。11 月 21 日，"卓越"号被另一艘 74 炮战列舰"声望"号（Fame）替换。不久，科克伦勋爵及其坐舰"跋扈"号（Imperieuse）巡航舰①也抵达罗塞斯港湾。

圣西尔带着苏昂、皮诺、雷耶和沙博四个师，共计 2.3 万人于 11 月 5 日启程。抵达罗塞斯后，圣西尔让雷耶和皮诺的两个师负责围攻，另外两个师负责监视外围敌军，保护围城阵地。或许是由于数个月前雷耶曾围攻过一次罗塞斯，圣西尔命令

轰击，只能费力将炮兵阵地搬到数百码外的罗姆山（Puig-Rom）上。罗姆山头的高度比这座堡垒还要高 100 英尺，由于火炮俯角不足的问题，炮弹在城墙和塔楼上轰出的窟窿离堡垒的地基仍相差 50~60 英尺。因此，法军若想强攻，就必须要登云梯爬到缺口处。从那里看堡垒内部就像地窖一样，从离地面数十英尺高的地方下来

---

① 风帆战舰时期的 frigate 翻译成"护卫舰"其实是不合适的，因此这里翻译为"巡航舰"。

雷耶负责围城前线阵地。7日，围城战正式开始，法军清除了城外西班牙人的前沿哨所。雷耶的部队大体位于要塞外沼泽地后方，皮诺师在东方面对着特立尼达要塞，还分出一个营监视着东北方向的道路，严防民兵游击队的袭扰。城镇的大部分居民已在11月8日坐船撤离，把整个城镇交给了守军。当天，双方即发生了激烈的交火，约有2000名守军协同城外的民防兵攻击意大利人的营地。一番激烈战斗后，西班牙人被击退，部分士兵陷入法军包围。在这关键时刻，"卓越"号的舰长约翰·韦斯特爵士（Sir John West）果断派出250名水手和海军士兵登陆，杀出一条血路掩护

西班牙军撤回要塞。韦斯特舰长亲自参加了此次行动，在战斗中还损失了一匹坐骑。

初次交火后，连着下了一周的大雨，雷耶一侧的营地变成泽国，大大迟缓了法军的进攻步伐。在这期间，法军对特立尼达要塞发动过一次强攻。法军第2意大利轻步兵团派出6个连的腾跃兵（voltigeur）和掷弹兵冲向特立尼达要塞。他们试图攀爬城墙，但城墙过高且有塔楼掩护，导致这次攻势以失败告终。强攻手段行不通，法军不得不等待攻城炮的抵达。16日，法军在罗姆山上部署了2个连的攻城炮阵地轰击特立尼达要塞，雷耶师的士兵在地面稍干后也开始挖围城战壕，目标直指罗塞

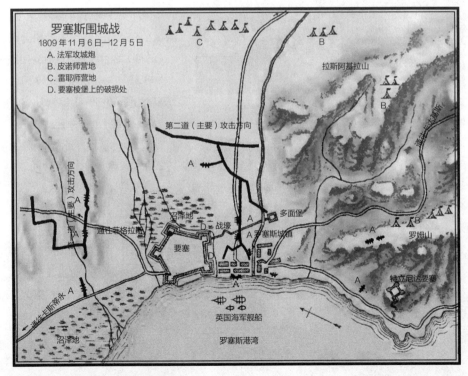

◎ 罗塞斯围攻战示意图，注意指向标朝向。

斯城镇。法军炮兵在阵地上猛烈射击，希望可以赶走港口内游荡的皇家海军舰队，但 HMS"卓越"号毫不示弱，开炮还击，还在 11 月 19 日幸运地引爆了法军阵地上的弹药库。20 日，法军修复了阵地，用更猛烈的炮火轰击罗塞斯要塞破损的棱堡，韦斯特舰长不得不命令"卓越"号和海岸保持距离。法军熟练的炮兵压制住了西班牙守军的火力，工兵开始利用平行堑壕战术接近要塞。

21 日，HMS"卓越"号奉命离开，理查德·班尼特（Richard Bennett）舰长带领 HMS"声望"号战列舰接替了"卓越"号。班尼特认为，特立尼达要塞陷落是迟早的事，因此他撤回了驻守在里面的英军士兵和水手。不久，精力过人的科克伦勋爵率领"跋扈"号巡航舰赶到。由于来之前柯林伍德勋爵命令他"尽一切可能帮助西班牙人"，因此科克伦决心协助西班牙人的防守，他挑选船上的水手和士兵，亲自带他们进入特立尼达要塞。要塞的情况果然不乐观，英军马里亚特准尉称"到处都是砖块碎石、破烂的炮车和裂开的火炮"。刚刚抵达，科克伦勋爵就经历了一次战斗，皮诺师马祖奇利（Mazzuchelli）将军的旅对堡垒发动了一次试探性进攻，但没过多久就撤退了。经过观察，科克伦

◎ 托罗斯·科克伦勋爵

勋爵认为罗姆山上的法军炮兵阵地是极大的威胁，因此决定在 23 日晚间派士兵突袭法军炮兵阵地。罗塞斯要塞的指挥官也借给他 700 名民兵参与此次行动。不幸的是，守卫阵地的意大利人戒备森严，突袭行动失败，英西军队有 10 人阵亡、20 人受伤、200 人被俘[1]。24 日，赫罗纳总督阿尔瓦雷斯（Mariano Álvarez de Castro）带领 2000 名正规军和 3000 名民兵试图解围，但苏昂的师在阵地外侧早有准备，阿尔瓦雷斯不敢贸然进攻，又退回赫罗纳。加泰罗尼亚总司令比韦斯将军没有采取积极行动。这样一来，解围的最后希望破灭了，罗塞斯陷落只是时间问题。

法军继续利用战壕向要塞推进，布置了一个新的炮兵阵地，对城镇东北侧损毁的棱堡进行猛烈轰击。11 月 26 日，皮诺将军的意大利部队对城镇发动了一次总攻，西班牙人在堑壕和城镇里设置防御工事并进行了英勇抵抗，但最终还是寡不敌众，被俘 160 人，只有不足 100 人撤入要塞。

---

① 科克伦勋爵本人给出的损失数字比法方记载的数字还要大。

占领罗塞斯城镇后，法军立刻开始在废墟中建立据点，皇家海军军舰试图利用炮击驱逐法军但未能成功。第二天晚上，法军就把城外的围城阵地和城镇内的据点连接起来，准备对要塞发动攻势。尽管守军在晚上得到一批增援，但对日益恶化的战况无异于杯水车薪。部署在城镇里的法军炮兵阵地很快对要塞造成巨大损失，雷耶在28日传令要求要塞投降，被奥达利拒绝。为了切断要塞同海上的联系，雷耶开始在海岸布置炮兵阵地，皇家海军军舰无法压制岸上的火力，被迫同海岸拉开距离。30日晚，英国海军试图接走一批要塞中的伤病员，在炮火的威胁下不得不放弃，罗塞斯要塞的前景变得越来越暗淡。

在此期间，在战场的另一侧，法军对特立尼达要塞进行了长达十天的炮轰。法军炮兵操纵火炮非常熟练，马里亚特准尉写道："敌人的炮火打击非常精确，我们甚至可以靠上一发炮弹打击的位置来预测下一发炮弹会打在哪块石头上。"敢从堡垒里露头的人"都被对面山上的瑞士士兵[1]打得粉碎"。仅11月25日这一天，堡垒的城墙大约就受到了300发炮弹的滥炸，其中一发击断了守军的旗杆，旗子落到了要塞外面。科克伦勋爵亲自走出要塞，"在枪林弹雨中捡起旗帜并重新升起，他本人依旧毫发未伤"。然而，他并非总是如此好运，不久后飞来的一块弹片击中了他的鼻子和上颚，他血流不止，不得不找医生来紧急处理。

前文提到，由于附近地形的原因，用炮火轰击特立尼达要塞唯一可行的地方就是比堡垒还要高的罗姆山，但那里地势过高，法军阵地上的火炮俯角不足，无法打到堡垒的底部，炮弹在要塞塔楼的外墙上打出的缺口离地面仍有50~60英尺的高度，想要进入堡垒内

◎ 今日的罗塞斯要塞一角

---

[1] 当事人的记录提到法军大约有300名瑞士神射手，负责阻止敌人登陆并压制特立尼达要塞的火力。这些士兵估计来自于雷耶师。

部还要用梯子。科克伦勋爵精心利用了这一点，他把防守的士兵撤出暴露在炮火下的塔楼，清理了内部，并把长木板搭在缺口处直通底部，上面抹上油脂和烂泥，在后方又设置了大量障碍。任何从缺口处进来的人都会顺着木板滑到底，旋即落入密集的火力网中。士兵们把科克伦勋爵设置在这里的防御，形象地称为"捕虫陷阱"。11月29日，特立尼达要塞同罗塞斯要塞的联系被切断了。30日拂晓，马里亚特准尉紧张不安地盯着远处的山谷，科克伦勋爵也来到一线，或许所有人已经预见到了敌人的进攻。科克伦勋爵向远处的山谷发射了一发臼炮炮弹，炮弹的火光映射出一支长长的纵队，"像是一只在山谷里爬行的大蜈蚣"。法军的这次进攻由皮诺师中第1意大利轻步兵团和第6意大利战列团的士兵组成。[1]他们敲着战鼓冲到堡垒墙脚，架起梯子准备攀登城墙。科克伦立刻

◎ 从罗姆山法军炮兵阵地所见的特立尼达要塞

进攻的法军序列（根据科克伦提供的数字）

第1意大利轻步兵团2个连卡宾枪兵[2]	244人
第1意大利轻步兵团3个连腾跃兵	366人
第6意大利战列团1个连掷弹兵	163人
第6意大利战列团1个连腾跃兵	163人
瑞士士兵	300人
总计	1236人

① 至于人数，科克伦勋爵估计是1200人，奥曼给出的数字是1700人。
② 卡宾枪连是轻步兵营中的精锐，地位类似于普通战列营中的掷弹兵连。

下令引爆埋在地底的地雷。"敌人都被炸上了天，然后被埋入废墟中。呻吟声、尖叫声，乱作一团，法国人在大喊大叫，英国人在欢呼，声音冲上云霄。"爆炸过后，法军迅速重整队伍恢复进攻，部队里头戴高帽、身材高大的掷弹兵显得特别扎眼，马里亚特写道："我们都像斗牛犬一样战斗，因为我们知道不需要任何宽仁。"

登上缺口的士兵发现了眼前的陷阱，但为时已晚，堡垒内部的守军直接向着缺口射击，因为这些士兵根本无路可退。守军从高处向拥挤在墙脚的敌人扔去大量手榴弹，造成严重伤亡，不久后，部队溃散，

攻击宣告失败。但两名勇敢的军官重整队伍发起第二次冲击，毫无疑问，在严密的防守下，根本没有任何胜算。科克伦勋爵写道："（第一名军官）被城墙里飞来的一发子弹击中，但我不知道他是死了还是只受了伤。或许他只是受伤了，我们在死者中没找到他的尸体。"第二名军官是最后一个撤下城墙的人，科克伦举起手中的枪对着他。"看到自己无路可逃，他站在那里像个英雄一样等着挨枪子，没有放下手中的剑示意投降。我从没见过如此勇敢或者傲慢的人。我放下手中的枪，向他表达我的敬意。正当我想这些时，他自由地

◎ 马德里向拿破仑投降

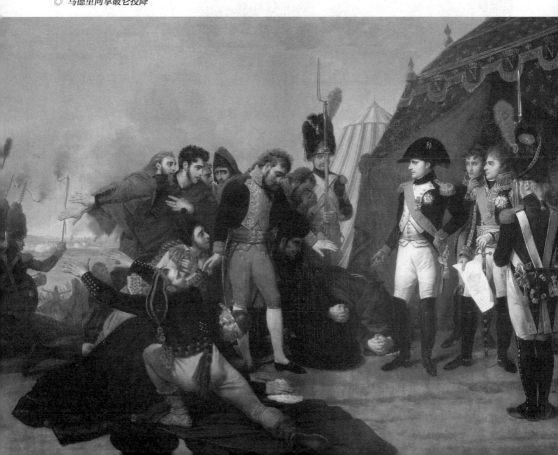

从梯子下去了，就好像在文雅接受检阅一样，走得如此轻松。"

进攻特立尼达要塞失败后，法军又把注意力转向罗塞斯要塞，继续对要塞进行炮轰，部署在城镇内部的火炮已经对要塞造成了严重损坏。于是，12月3日晚，孤注一掷的守军挑选了500名敢死队，趁着夜色出城袭击法军的攻城阵地，一开始把对方打得措手不及，但法军大量增援赶来后，他们被逐回要塞。第二天，法军的战壕离要塞城墙已仅有200码，圣西尔的工程师在抵近查看后报告说可以发动总攻了。守城方也很清楚这一点，当天提议和谈，以守军走海路撤离作为投降条件，但

被拒绝，无奈之下，守军接受了无条件投降。见局势无可挽回，科克伦勋爵撤走了特立尼达要塞的英西守军，并引爆了剩余的弹药。12月5日，罗塞斯要塞向圣西尔投降。而两天前，马德里也向拿破仑的大军团主力投降了。最终，要塞内投降守军一共有2366人（不包括医院里的400名伤员）。整个围城战，守城方一共损失700人，而攻城方包括疾疫减员在内，损失超过1000人。法军在要塞内缴获了58门炮和大量弹药，但没有多少食物。经此一役，圣西尔扫除了第一个障碍。接下来，他要做的是击溃西班牙军的主力，解巴塞罗那之围。

连战连捷——卡德德乌和莫林斯·德雷伊之战

攻陷罗塞斯后，圣西尔终于可以腾出手来解决拿破仑交给他最重要的任务——解巴塞罗那之围。还在围攻罗塞斯期间（11月13日），圣西尔就收到贝尔蒂埃的命令——要求他尽快解救迪埃姆，但圣西尔写信予以回绝，指出罗塞斯指日可下，如果现在匆忙南下会让整个会战功亏一篑。拿破仑最终默许了圣西尔的做法。

当时，圣西尔南下第一个显而易见的障碍就是赫罗纳要塞，但如果圣西尔停下来围攻这座坚固的要塞，迪埃姆恐怕就会被饿死。因为巴塞罗那城中的物资撑不到年底，而赫罗纳要塞肯定可以坚守一个月

以上。1809年法军围攻赫罗纳时，这座坚强的要塞抵抗了超过6个月。因此，圣西尔明智地决定绕开赫罗纳要塞。

除去围城战期间的损失和减员，圣西尔手头仍有4个师，共计2.2万人。他决定留下雷耶那个战斗力不可靠的师（约5000~5500人）守卫菲格拉斯和罗塞斯要塞，监视赫罗纳要塞的西班牙军并守卫同法国本土的交通线，他则带着剩下26个营的步兵1.5万人和9个中队的骑兵1500人去解巴塞罗那之围。

由于火炮和运载物资的马车不能行驶在通往巴塞罗那的那些山区小路上，大路

又完全被赫罗纳要塞控制着，圣西尔无法带火炮参与这次军事行动，只能用骡马驮载为数不多的补给。其实，从赫罗纳到巴塞罗那还有两条路可选择，一条是通过马塔罗（Mataro）的海岸道路，另一条是经过奥斯塔里克（Hostalrich）和格拉诺列尔斯（Granollers）的内陆山区道路。但由于海岸道路的很多地方都有当地民兵的破坏，再加上暴露在英国军舰的炮火下，走这条路的提议被否决了。后一条路得在高山、深谷中穿梭，途中还要经过奥斯塔里克要塞附近，如果加泰罗尼亚人在这条路上布防，法军行军将变得异常艰难，因此也被否决了。

12月9日，圣西尔将部队集中在特尔河左岸，次日向赫罗纳要塞进发，做出一副要围攻的架势。他希望要塞守军会主动出击，这样他就有机会在开阔地击败他们。但守卫赫罗纳要塞的两位将领拉赞侯爵（Lazan）和阿尔瓦雷斯，很明智地拒绝出战，因为他们只有8000人，面对圣西尔的军队毫无胜算。把守军困在要塞里后，圣西尔于11日把所有火炮和大批辎重送回菲格拉斯，向加泰罗尼亚内陆山区进发。在拉比斯帕尔（La Bispal），所有士兵分到了足够吃四天的饼干和50发弹药，剩余的15万发弹药由骡马驮载，这样，每名士兵的弹药实际仅有60发。①圣西尔告诉士兵，在抵达巴塞罗那之前，他们将得不到任何补给了。

12日，法军沿着帕拉莫斯（Palamos）内陆的山区进军，逐走了试图防守山口的民兵（由胡安·卡洛斯率领）。第二天，法军抵达比得雷拉斯（Vidreras）。在那里，他们发觉自己被来自赫罗纳的守军尾随了，并可以看见北面隐隐约约的营火，而面前也出现了从巴塞罗那来的沿着海岸道路搜寻他们的敌军，这说明圣西尔成功插入到几支西班牙军中间。圣西尔决心继续向内陆山区进军，甩开面前和身后的敌人。为了寻找一条可供通行的山路，圣西尔采纳了一名走私犯的建议，费尽周折找到一条勉强可供通行的山间小路，士兵一个接一个通过，骑兵也牵着马前进。在搜寻道路的时候，圣西尔曾受到当地民防兵的偷袭，差一点落入敌手。就这样，法军终于在15日见到了山谷下面的奥斯塔里克要塞——说明他们正在通往巴塞罗那的大路上。法军在守军的注视下绕过了这座要塞，而要塞守军除了派兵骚扰外什么也做不了。与此同时，尾随在身后的西班牙人也被甩开了，消失在视野。当天下午，圣西尔的军队历经千辛万苦终于在圣塞洛尼（San Celoni）附近重新踏上大路，并赶走了防守在那里的4个营民兵。经过艰苦行军的法军士兵已疲惫不堪，附近的西班牙游击战士也是与日俱增，但圣西尔坚持不在圣塞洛尼驻扎，驱赶军队继续南下，最终抢在西班牙人之前通过了险峻的特伦塔帕索斯（Trentapassos）山口。当天夜里，

---

① 圣西尔称拿破仑篡改了他报告中的数据，为了掩饰这次行动的冒险性，对外宣称每名士兵有150发弹药，而不是50发弹药。

法军就在山口南侧驻扎，看到远处西班牙军队的营火，圣西尔期盼已久的战斗就要来到了。

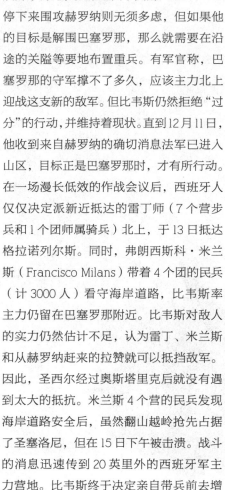
◎ 雷耶将军

在过去的几天里，比韦斯依旧反应迟钝，罗塞斯要塞陷落的消息首先传来，很快又有消息称圣西尔已越过特尔河，正威胁赫罗纳。西班牙指挥部对当前形势展开了讨论，如果圣西尔真的停下来围攻赫罗纳则无须多虑，但如果他的目标是解围巴塞罗那，那么就需要在沿途的关隘等要地布置重兵。有军官称，巴塞罗那的守军撑不了多久，应该主力北上迎战这支新的敌军。但比韦斯仍然拒绝"过分"的行动，并维持着现状。直到12月11日，他收到来自赫罗纳的确切消息法军已进入山区，目标正是巴塞罗那时，才有所行动。在一场漫长低效的作战会议后，西班牙人仅仅决定派新近抵达的雷丁师（7个营步兵和1个团师属骑兵）北上，于13日抵达格拉诺列尔斯。同时，弗朗西斯科·米兰斯（Francisco Milans）带着4个团的民兵（计3000人）看守海岸道路，比韦斯率主力仍留在巴塞罗那附近。比韦斯对敌人的实力仍然估计不足，认为雷丁、米兰斯和从赫罗纳赶来的拉赞就可以抵挡敌军。因此，圣西尔经过奥斯塔里克后就没有遇到太大的抵抗。米兰斯4个营的民兵发现海岸道路安全后，虽然翻山越岭抢先占据了圣塞洛尼，但在15日下午被击溃。战斗的消息迅速传到20英里外的西班牙军主力营地。比韦斯终于决定亲自带兵前去增

援，但他犯了分兵的大错，留下1.2万人的部队监视巴塞罗那，只带了1个旅（4000人）前去增援。

比韦斯在16日清晨同雷丁会合，总兵力仅有9000人（包括600名骑兵和7门大炮）。从赫罗纳赶来的拉赞还在离战场较远的后方，无法及时到达，米兰斯的民兵在重整中。这样一来，圣西尔有了一个内线作战的极佳机会。最终，双方在卡德德乌以北交战。

圣西尔一路南下行军，山谷开始变得宽阔。通往巴塞罗那的大路位于山谷正中央，路两旁的地形崎岖不平，有一条河流经过。卡德德乌城北有一片密布松树的小山丘，山脚下有一条沟壑同大路垂直相交。城外其余地方灌木和树林交错相生，对双方军队的视野都造成了影响。比韦斯在黎明时分进入战场，来不及做过多侦察便将军队布置成两条战线。第一条部署在沟壑后面，雷丁的部队部署在右翼，战线外有河流的掩护，比韦斯本人的部队在左翼和中央。作为预备队的第二条战线部署在后方山坡处，由2个步兵营、2个骑兵中队和2门大炮组成。从比克（Vich）来的一些民兵占据着战线极左端的山头。由于树丛的遮掩和地形的复杂，圣西尔无法准确判断敌人的部署，但他必须发动进攻，因为拉赞和米兰斯的部队随时可能从侧后赶到战场。他留下沙博师的3个营监视身后的特伦塔帕索斯山口，命令他们不惜一切代价抵挡随时可能出现的敌人援军，剩余

的 23 个营沿道路进军，立刻发动攻击。当时的情况对法军非常不乐观，如果不能短时间内取胜，后果将不堪设想。于是，圣西尔决定把他手中 2 个师——超过 13000 人——组成一个强大的纵队，准备向西班牙人的主阵地发动冲击，争取一鼓作气突破战线奠定胜局。皮诺的 13 个意大利营打头阵，苏昂的 10 个法国营在后方。圣西尔下达的作战命令非常确切地形容了当时的情形：

全军必须严格按照我早上下达的命令作战……郊外地区崎岖不平树木丛生，想要侦察清楚敌军的位置要花上三个小时，或许在两个小时内拉赞就会来偷袭我们的后路。我们一分钟也不能浪费，必须一鼓作气击垮面前的敌军。我们的食物已耗尽，弹药所剩无几。敌人有火炮，我们得尽快行动。我们进攻得越快，遭受火炮打击的时间就越短。任何人不许试探敌人，一个营也不要部署成散兵。敌人防御位置坚固，我们必须集中所有力量，以一个大纵队前进，直接从中央刺穿敌人的阵线。这样，他们就没有时间重整防御或者调动预备队。任何人在前进途中不得更改任何营在纵队中的位置，就算是为了抓俘虏也不行。我们唯一的目标就是突破敌军防线，尽可能

抵近巴塞罗那。今晚，我们的营火必须要让巴塞罗那的守军看见，告诉他们我们来解围了。

这是一份非常冒险的作战方案，在后来的塔拉维拉、布萨科等战役中，法军这种纵队集中冲击的方式，在威灵顿训练有素的部队面前被打得头破血流。但圣西尔面对的这些西班牙军队显然没有英国军队那样的素质，因此，他当时采用这种战术是明智且必要的。不过，战局开始的走向完全不是他预想的那样。皮诺将军一开始按照圣西尔的命令打头阵，面对西班牙人中央靠右的位置。当意大利人来到阵前时，西班牙人以猛烈的火力还击，纵队领头的几个营受到猛烈打击，阵线两侧都在向他们倾泻火力，这让皮诺做出了错误的判断。他并没有按照圣西尔的命令集中所有部队前进，而是命令他的旅长马祖奇利带着 5 个营到左侧，丰坦带着 2 个营到右侧，剩下的 6 个营来不及补上一线的空档，整个阵型成了两翼突前、中央滞后的宽面强攻。

两翼的法军部队一度突破第一道战线，攻上山坡后受阻。面对马祖奇利的雷丁及时把第二线的预备队调上来反击，并

◎ 皮诺将军

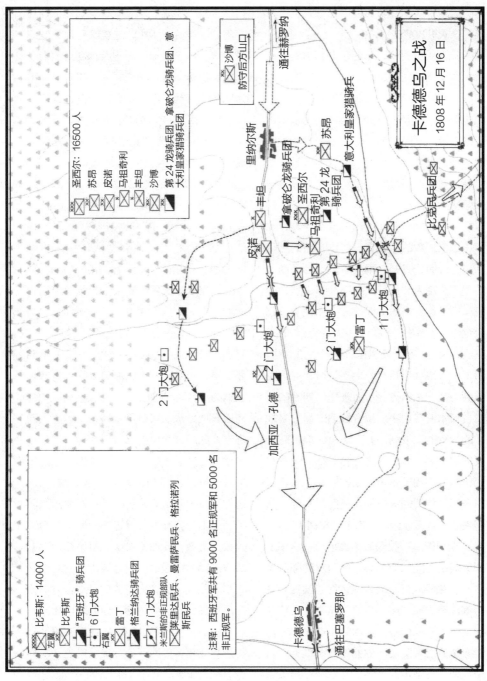

右翼 比韦斯

卡德德乌之战
1808年12月16日

沙博
防守后方山口

通往赫罗纳

里纳尔斯

圣西尔：16500人

圣西尔
苏昂
皮诺
马祖奇利
丰坦
沙博
第24龙骑兵团、拿破仑龙骑兵团、意 大利皇家猎骑兵团

拿破仑龙骑兵团
圣西尔
第24龙 骑兵团
马祖奇利
丰坦
皮诺
苏昂
意大利皇家猎骑兵
比克民兵团

2门大炮
2门大炮
2门大炮
雷丁
1门大炮

加西亚·孔德

2门大炮

卡德德乌
通往巴塞罗那

比韦斯：14000人

右翼 比韦斯
比韦斯
"西班牙" 骑兵团   6门大炮
雷丁
格兰纳达骑兵团   7门大炮
迷里达民兵、曼雷萨民兵、格拉诺列 斯民兵
米兰斯的非正规部队

注释：西班牙军共有9000名正规军和5000名 非正规军。

◎ 卡德德乌之战

命令 2 个中队的骠骑兵反击，意大利人打头的这次进攻宣告失败。

在这关键时刻，圣西尔赶到前线，严厉指责皮诺没能遵循他的命令。当时，法军的苏昂师仍然没有接战，于是，圣西尔立刻下令苏昂师的 10 个营集中兵力攻击雷丁的右翼，同时皮诺手下刚刚未参与战斗的 6 个营进攻西班牙军中央，丰坦的 2 个营继续伴攻西班牙军左翼。这次进攻终于如愿奏效，苏昂师的纵队击穿了雷丁师的阵线，继而完全击溃了西班牙军右翼，皮诺第二次进攻的纵队也迫使比韦斯的部队后退，继而让其陷入混乱状态。当圣西尔下令 2 个意大利骑兵团发动冲锋之后，西班牙人被彻底击败。西班牙人损失了 5 门大炮、2 面军旗，1500 人被俘。比韦斯一路逃到海边，被一艘船搭救回到塔拉戈纳。雷丁一直战斗到战役的最后阶段，努力重整后卫掩护主力撤退。西班牙人期盼的援军也根本没有到来，拉赞得到卡德德乌战斗的消息时离战场仍有数英里，但收到失败的消息后，他选择退回赫罗纳。负责封锁巴塞罗那的卡尔达格也收缩兵力退到了洛布里加特河的另一侧。圣西尔称他一共损失了 600 人，大部分都来自皮诺的师。

卡德德乌城胜利后，法军通往巴塞罗那的道路已无任何障碍，圣西尔的部队于17 日早晨耀武扬威地进城，但迪埃姆和守军都没有出城迎接。在回忆录中，圣西尔对此大为不满。两人见面后，迪埃姆非但没有感激之情，反而称他仍然可以据守六个星期。直到圣西尔转述迪埃姆写给贝尔蒂埃求救信的内容后，迪埃姆才无话可说。

自然，整个加泰罗尼亚所有法军的指挥权都落到了圣西尔手中，迪埃姆对此只能忍气吞声。奥曼爵士评价圣西尔到目前为止的军事行动，是 1808 年以来法军在半岛最为出色的行动，虽然有运气成分，但仍不可否认圣西尔的坚决和冷静。

拿破仑交代的最重要的任务已经完成，但加泰罗尼亚的战事远未结束。巴塞罗那解围之后，卡尔达格带着11000 人（除去撤退中逃散的民兵）退到洛布里加特河另一侧，雷丁也带着战败后收拢的 3000~4000 人同他会合，驻扎在莫林斯·德雷伊镇（Molins de Rei/Molins de Rey），离巴塞罗那郊区仅 6 英里。在封锁城市期间，他们构筑了不少多面堡之类的野战工事，并且部署有重炮。但对一支约 1.4 万人的军队来说，这些防御工事明显不足，想防守宽广的沿河战线也是非常困难的。当时尽管已是 12 月，洛布里加特河很多地方依旧可以涉水通行，因此，西班牙人的防御地段极易受到攻击。雷丁和卡尔达格都主张撤离河岸，退到后方险峻的奥达尔（Ordal）山口布防，但这样一来，通往萨拉戈萨和莱里达的道路对法国人将畅通无阻，巴塞罗那周边的平原也都会落入敌人之手。犹豫不决中，雷丁给已逃回后方的比韦斯送去一封信请求行动指示，比韦斯回以一份含糊不清的指令："如果无法守住河岸一线的话，你们可以撤回奥达尔山口。"于是，雷丁决定留在原地观望形势变化，作为拜伦之战功臣之一的他也急于向加泰罗尼亚人展示他的才能。

可惜的是，留给西班牙人的时间不多

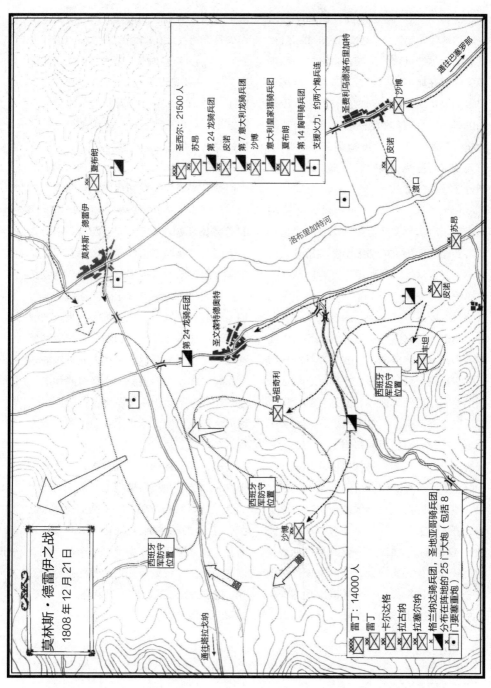

圣西尔：21500 人

圣西尔 苏昂 皮诺 第 7 意大利龙骑兵团 沙博 意大利皇家猎骑兵团 夏布朗 第 14 胸甲骑兵团
第 24 龙骑兵团 支援火力，约两个炮兵连

通往巴塞罗那

圣费利乌德洛布里加特

沙博 皮诺

渡口

苏昂 皮诺

第 24 龙骑兵团 圣文森特德奥特

洛布里加特河

丰坦

西班牙军防守位置

乌组奇利

西班牙军防守位置

沙博

◎ 莫林斯·德雷伊之战 1808 年 12 月 21 日

西班牙军防守位置

西班牙军防守位置

通往塔拉戈纳

雷丁：14000 人

雷丁 卡尔达格 拉古纳 拉塞尔纳
格兰纳达骑兵团，圣地亚哥骑兵团（包括 8
分布在阵地的 25 门大炮（包括 8
（●要重炮）

◎ 莫林斯·德雷伊之战

了。12月20日—21日晚间，比韦斯的命令送达前线。第二天早晨，西班牙军就遭到了圣西尔的进攻。圣西尔把迪埃姆和莱基的师留在城中，自己带领苏昂、沙博、皮诺和沙布朗的师发动攻势。首先，沙布朗的师4000人佯攻莫林斯·德雷伊镇的大桥。随后，圣西尔带领剩下3个师1.4万人从下游圣费利乌附近的渡口过河迂回西班牙军的右翼。

早晨5点，法军开始行动。当天刮着大风。沙布朗在河对岸摆出一副攻击对面桥头堡的架势，成功吸引了西班牙人的注意。雷丁从他的右翼派了不少部队加强左翼的防守力量。一个小时后，法军主力开始从战场另一侧渡河。由于人数处于劣势，西班牙军右翼很快被击溃。尽管中央的西班牙军试图反击，但在苏昂师的攻势下很快瓦解。借此优势，沙博麾下的3个营迅速完成对西班牙人右翼的迂回，切断了后撤道路。于是，整个西班牙军都被压缩到莫林斯·德雷伊大桥附近。如果这时大桥对面的沙布朗顺势打过桥，西班牙人无疑将面临灭顶之灾。可惜在这个关键时候，沙布朗并没有发动致命一击，这给了西班牙人逃脱的绝佳机会。法军最终只抓到1200名俘房。相对于一场彻底的溃败，西班牙的损失并不算大，但西班牙俘房中有一位重要的指挥官——才能出众的卡尔达格伯爵在本德雷尔（Vendrell）附近，

因坐骑过度劳累跌倒被俘。可以说，这个损失是无法挽回的。除此之外，西班牙人还有25门大炮被缴获（包含多面堡中的重炮）①——极度缺乏火炮的法军的燃眉之急解了，防御工事的300万发弹药也落入法军之手。被击溃的西班牙人大部分逃去了塔拉戈纳，并在那里重整。

获胜的法军乘胜占领了洛布里加特河平原地区和周围的交通要道，包括奥达尔山口。这样一来，通往重要城市塔拉戈纳的道路变得畅通无阻。但圣西尔并不打算马上围攻这座城市，他先要在巴塞罗那城中储存足够的弹药和粮草直到来年的收获季，然后保障同法国本土的交通线安全。加上海岸道路依然处在英国海军炮火的威胁下，通往本土的主干道路又有赫罗纳要塞这个钉子，圣西尔于是认为先解决掉这个后顾之忧尤为重要。并且经过高强度的连续作战，士兵已疲惫不堪，再因为极缺乏火炮和攻城炮，圣西尔决定不再向南进军，在巴塞罗那附近驻扎一个月。休整的日子里，在半岛的另一侧，约翰·摩尔爵士率领的英军在拉科鲁尼亚打了一场英勇的后卫战后乘船撤离，摩尔则把性命永远留在了异国的这片土地上。1809年1月17日，拿破仑离开了伊比利亚半岛，他确信奥地利正在策划另一场针对法兰西的大战。约瑟夫国王又回到了马德里，这一次，他可以多呆几年了。

---

① 有意思的是，圣西尔在给拿破仑的报告中称缴获了25门炮，但在回忆录里却变成了50门。

巴尔斯之战——圣西尔的内线作战

在双方军队休整的一个月里，局势发生了一些变化。无能的比韦斯将军向政务会请辞，政务会任命雷丁为西班牙军的新总指挥官。雷丁的勇气是毋庸置疑的。连战连败对西班牙军队的士气造成了重大打击，游击活动陷入低谷，一些城镇甚至进入无政府混乱状态，比如在莱里达就发生了造反夺权事件，被雷丁派兵镇压。有后世的历史学家批评说，如果圣西尔这时候果断南下，说不定塔拉戈

纳可以顺势拿下。但前面我们已经提过圣西尔缺乏攻城炮，围攻一座有大量军队驻守的城市并非易事，休整一个月的决定其实蛮合理的。

时间到了1809年2月，经过休整，西班牙人基本恢复了实力和士气，并且还得到了从巴伦西亚赶来的1个旅和来自巴利阿里群岛的最后一批增援，各地的游击队又开始活跃起来，雷丁手上又有了3万人的兵力。北边，赫罗纳的守军也频频采取行动。甚至1月1日时，拉赞侯爵就奇袭了雷耶将军麾下第2战列团第4营，并在雷耶带主力赶来救援时又给了支援军不小的打击。圣西尔称法军有60人被俘，拉赞侯爵在报告中称他俘获90名法军，并造成200名法军伤亡。可惜就在这时，拉赞侯爵远在阿拉贡的弟弟帕拉福斯防守的萨拉戈萨陷入危难，他不得不带领自己的部队前往萨拉戈萨解围，仅留下阿尔瓦雷斯留守赫罗纳。这样一来，对法国人来说，北方的压力大大降低。

双方都在等待时机。圣西尔的军队已经把巴塞罗那周边村镇的粮食吃得差不多了，巴塞罗那这座大城市也快闹

◎ 雷丁将军

饥荒了。后方大量的民兵和民防兵又开始威胁交通线，圣西尔只好派小股部队扫荡游击队的据点。据估计，从1月初到2月初，在同游击队大大小小的遭遇战中，法军消耗了大约200万发弹药，人员也受到一定程度的损失。因此，圣西尔收拢部队，防止交通线拉得过长。而西班牙军队经过雷丁的努力，又恢复了战斗力——得到大量增援，补给也比法军要好得多，还收到了英国援助的大量枪支弹药。一切准备就绪后，雷丁开始采取行动：卡斯特罗将军指挥第2师驻扎在伊瓜拉达（Igualada）附近，威胁法军右翼；雷丁则指挥第1师留在塔拉戈纳附近。两支军队通过圣科罗马（Santa Coloma）、萨瑞尔（Sarreal）和蒙布朗克（Montblanch）一线保持联系。鉴于目前法军仍未有所行动，且西班牙军总人数又超过法军，雷丁觉得两支部队一起行动，同时进攻法军的正面和侧翼，胜算会大得多。然而，这个部署实际上很危险，因为两支军队中间相隔了整整60英里，要想会合至少要花三四天时间，而法军的集结地正好处在这个半圆形的中心。因此，雷丁和卡斯特罗随时可能遭到处于内线的敌军优势兵力的打击。一旦会合的道路被切断，他们就极易被分隔开，然后被各个击败。

事实证明，圣西尔并非一个坐以待毙的将军，他早已注意到西班牙军战线拉得过长的情况，因此决定好好发挥内线作战的优势——在雷丁和卡斯特罗会合之前就给北侧的西班牙军沉重打击。法军和西班牙军几乎同时按照各自的计划开始行动，

一场遭遇战不可避免。2月15日，卡斯特罗得到命令把军队集结在伊瓜拉达附近，随后向圣塞杜尼（San Sadurni）和马尔托雷尔（Martorel）方向进军，打击驻扎在那里的法军。驻守赫罗纳要塞的阿尔瓦雷斯也得到命令南下吸引巴塞罗那城中守军的注意。雷丁得知卡斯特罗准备就绪后从塔拉戈纳出发，对他当面的法军苏昂师发动攻势。这时，圣西尔也按制定的计划开始进攻，皮诺、沙博和沙布朗的部队集结在伊瓜拉达东南7英里外的卡佩拉德斯（Capellades）。这样一来，圣西尔和卡斯特罗分别处于河谷的南侧和北侧，法军非常容易就能切断他们的退路。

然而，法军在集结过程中出了点意外，由于沙博师走的道路状况比皮诺师和沙布朗师好很多，因此，沙博师（只有3个营兵力）很早就到了卡佩拉德斯。卡斯特罗发现这支孤立的先锋部队后立刻派4000人发动进攻，沙博被迫后退同皮诺于2月17日会合。见到法军主力到达，西班牙人重新退回河岸另一侧。第二天，圣西尔派皮诺师的一个旅迂回西班牙人的右翼，其余所有部队在河岸列阵摆出一副战斗的姿态。鉴于占有地利优势，西班牙人和法军一直在交火。圣西尔和皮诺到阵前观察情况时，落入一队民兵的埋伏圈，多亏马快才得以逃离。圣西尔没有留下此次遭遇的记录，其他地方可以找到较为详细的记录，皮诺的一名副官还在战斗中受伤。当天晚些时候，卡斯特罗得到敌军迂回到后方，正朝着伊瓜拉达进军的报告后，立刻下令全军撤退。由于退往塔拉戈纳的道路

◎ 战斗中的加泰罗尼亚民兵

被切断，西班牙军大部和火炮向塞瓦韦拉（Cervera）方向撤退，但后卫在战斗中同主力失去了联系，被迫调转方向退往曼雷萨（Manresa）。圣西尔称法军在途中抓了不少俘虏，但大部分西班牙士兵还是溜掉了。其实相比俘虏，储存在伊瓜拉达的大量食物和弹药对法军来说要重要得多——有了这些物资，圣西尔终于可以暂时不为补给发愁了。

2月19日，解决了西班牙军的左翼后，圣西尔留下沙博和沙布朗看守伊瓜拉达，自己带着皮诺师和全军所有火炮南下。当他途径圣马尔吉（San Margin）和圣克鲁塞斯修道院（Abbey de Santas Cruces）时，情报显示那里驻扎有雷丁师的一支分队，因此他希望自己能够出其不意打击雷丁的侧翼。据估计，暂时处于孤立地位的苏昂很可能已经遭到雷丁优势兵力的攻击。因此，圣西尔命令苏昂离开本德雷尔，在比利亚多尼亚（Villarodoña）附近同他会合。在圣马尔吉，法军遇到雷丁师一个旅的兵力，约1200人和2门火炮。西班牙军处于绝对劣势，因此沿着山谷后撤。附近的道路状况糟糕得难以想象，找不到什么有用

的地图作为参考，圣西尔只好一路尾随后撤的西班牙军。按圣西尔回忆录的说法，他释放了一名受伤的西班牙军官，并派人暗中跟踪他。第二天，圣西尔跟着这名军官发现西班牙军撤入了圣克鲁斯修女院，利用加固的工事据守着。由于缺乏攻击防御工事的火炮，圣西尔封锁这个临时堡垒两天后继续南下，离开山谷进入平原，终于在2月21日同苏昂师会合。其实，苏昂早已料到了圣西尔的行动路线，在命令抵达之前他已离开本雷德尔寻找主力。

这时，雷丁终于开始行动了。收到伊瓜拉达战斗的消息后，他面临两个选择，要么反击面前孤立的苏昂师，要么北进救援卡斯特罗。他采取了后一个方案。2月20日，雷丁带领主力从塔拉戈纳出发（携带大量行李辎重，护卫队就有约2000人），沿途收拢部署在各地监视敌军的分部，连被困在圣克鲁塞斯修道院的那个旅也突破封锁同雷丁会合。卡斯特罗也收拢兵力在圣科洛马（Santa Coloma）附近同雷丁会师。雷丁很快有了一支近2万人的部队，有些军官建议应该立刻收复伊瓜拉达，但雷丁非常在乎塔拉戈纳的安危，害怕圣西尔和苏昂会集中兵力威胁这座城市。雷丁召开了一次作战会议，多伊尔（Doyle）上校力主进攻，但雷丁犹豫不决，大部分军官也不愿意冒险。最终，雷丁给瑞士将军温普芬4000~5000人监视伊瓜拉达的法军，自己带着主力——1万多名步兵、700名骑兵，2个炮兵连——返回。由于携带着火炮与辎重，雷丁决定走通过蒙布朗克和巴尔斯（Valls）的大路，其中，巴尔斯已

被法军占领。25日清晨，雷丁抵达巴尔斯以北约2英里名为戈伊（Goy）的大桥。经过一夜的行军，士兵已疲惫不堪。

同苏昂会合后，圣西尔得到了雷丁向圣科洛马进军的消息。正当准备北上救援伊瓜拉达时，又传来雷丁沿着河谷地区南下，可能要返回塔拉戈纳的消息。于是，圣西尔决定把守雷丁可能经过的要道。他把苏昂部署在巴尔斯，皮诺部署在普拉（Pla），两军相隔8英里，可以在短时间

内相互策应。但他没预见到雷丁会在24—25日夜间行军，因此，接下来爆发的遭遇战出乎双方指挥官的意料。

25日清晨6点，西班牙军长长的行军纵队开始出现在戈伊大桥，随即和苏昂师的前哨发生交火。枪声迅速传遍四周，苏昂急忙带领主力从巴尔斯赶来，指挥2个旅试图阻止西班牙军。雷丁一开始希望尽快打通回到塔拉戈纳的道路，快速过河部署对法军发动反击。

◎ 晚年的苏昂将军

随着战斗的进行，西班牙军兵力上的优势逐渐显露出来。中午时分，苏昂的部队被逐回到巴尔斯近郊，雷丁有机会让辎重过河，且通往塔拉戈纳的道路已经打开，西班牙军可以不受干扰返回。但雷丁却下令让部队原地休息了很长时间——或许是为了掩护后方的辎重能够尽快过河。战场陷入了平静。此时，圣西尔带着皮诺师的师属骑兵（2个团）火速从普拉赶来，并且指示皮诺尽快集结步兵增援巴尔斯。但由于1个旅收到了错误的命令，过了中午皮诺的整个师才集结完毕向巴尔斯进发。圣西尔抵达战场后立刻把新赶到的意大利骑兵部署在第一线。雷丁看到这些以后，认为法军还有大量的增援会赶到战场。可能是不想同法军在开阔地交战，他再次改变作战命令，让刚刚渡河的全军又撤回河对岸：先是辎重，随后是中军，最后是先锋部队作掩护。西班牙军撤到河对岸的一片山坡上部署成两线，面前的弗朗科利河（R.Francoli）成为西班牙军天然的屏障，右翼有一条作为掩护的河谷，左翼显得相对暴露。

看到对手出乎意料的调度，圣西尔心中可谓欣喜。一来，他可以安心等待意大利人的抵达，并在此期间重整苏昂师；二来，既然雷丁选择了战斗，那么他就有机会在战场上一举击败他。

从雷丁下令后撤到战斗再次打响，战场上出现了3个小时的空档。法军一边等待援军，一边不紧不慢重整。在此期间，雷丁也意识到了自己犯下的错误，他既没抓住机会打败眼前劣势的法军，又没平安撤回塔拉戈纳。反复思量后，他派马蒂（Marti）将军回塔拉戈纳，要他赶快带生力军赶到战场掩护部队在黄昏时分撤退。[1]太阳离地平线越来越近，15点，皮诺师的先头部队终于赶到。16点后法军才部署完毕，准备进攻。

圣西尔把手中的2个师4个旅组成4个纵队涉水过河。意大利龙骑兵在步兵纵队中间，法国骑兵在离戈伊大桥不远的最右侧纵队的前面引导进攻。西班牙军向纵队倾泻出猛烈的火力，当纵队步步逼近时，这种战术能给人心理上巨大震撼。就像在欧洲其他地方击败普鲁士人、奥地利人和俄国人那样，法军纵队在距离敌军100码的地方发起决定性冲锋，迅速突破阵线，把西班牙军打得溃不成军。后方第二线的西班牙预备队也完全无力阻止败局。雷丁亲自带领骑兵试图发动反冲锋，结果与法军纵队打头阵的第24龙骑团遭遇。混战中，雷丁被法国骑兵团团包围，他的三名副官受伤被俘，包括英国副官里德（Reid）。雷丁本人身负重伤[2]后勉强逃离，11天后在塔拉戈纳伤重不治而离世。多亏了战场附近崎岖的地形和黑夜的降临，西班牙军才免于全军覆没的命运。

---

① 有资料称雷丁在下午早些时候又对苏昂的部队发动了一次进攻，但根据奥曼的考证，所有主要当事人留下的记录都没有提及此事，因而予以否定。
② 一说被法军骑兵砍伤头部，一说被法军骑兵踩伤。

巴尔斯之战的法军序列

苏昂师	步兵	第1轻步兵团（3个营）、第42战列团（3个营）、1个临时团（包括第3轻步兵团的1个营、第67战列团的1个营和第7战列团的2个营），共计10个营5500人
	师属骑兵	第24龙骑兵团，500人
	炮兵	2个连
皮诺师	步兵	第1意大利轻步兵团（3个营）、第2意大利轻步兵团（3个营）、第4意大利战列团（3个营）、第6意大利战列团（3个营）、第7意大利战列团（1个营），共计13个营6500人
	师属骑兵	第7意大利龙骑兵团（也称作拿破仑龙骑兵团）、意大利皇家猎骑兵团，共计800人
合计		13800人

此战，西班牙人损失超过3000人（一半以上被俘），中、高级军官的损失尤为严重，指挥西班牙近卫团的杜蒙特（Dumont）上校、指挥瓦隆卫队团的奥图斯（Autunez）上校、指挥骑兵旅的卡斯特多瑞斯（Casteldosrius）侯爵被俘，2名上校阵亡，圣埃列尔（St.Ellier）准将受伤，除此之外，还有80名军官被俘，所有大炮和辎重全部被缴获。法军的损失大约为1000人，大部分来自于上午的战斗。圣西尔在给贝尔蒂埃的信中称西班牙人作战非常英勇，可惜他们的指挥官一再犯错误。战后，圣西尔从路上封锁了塔拉戈纳，但依旧没有发动强攻，巴尔斯战役的胜利为他赢得了宝贵的时间，他决心北上攻占赫罗纳。如果不能把这颗钉子拔出，以后法军在加泰罗尼亚的行动将会永远受到牵制。

围城苦战——再围赫罗纳

1809年春，残酷的萨拉戈萨围城战结束，絮歇将军成为第3军军长，负责征服并管理整个阿拉贡地区。表面上看起来第3军和第7军可以在短期内相互配合，一劳永逸解决西班牙东北部的战事，但事实并非如此。絮歇和圣西尔之间的交通线依旧处于西班牙民兵和游击队的控制下，负责他两人通信的传令兵甚至要绕道法国才能到另一方那里。整个1809年，从法方视角来看，第3军和第7军的行动依旧是独立的，几乎没什么配合。但西班牙军也有着自己的问题。华金·布莱克（Joaquín Blake y Joyes/Joachim Blake）成为阿拉贡、巴伦西亚和加泰罗尼亚地区西班牙军

◎ 萨拉戈萨投降

队的最高指挥。絮歇在他的左翼，圣西尔在他的右翼，这样一来，布莱克可以留下少量部队牵制一方，带着主力对付另一方。可惜，布莱克不是这两位法军统帅的对手。5月，布莱克在阿尔卡尼兹赢了絮歇一次——这是西班牙军在拜伦战役后独立赢得的第一次战役。可接下来的玛利亚之战和贝尔奇特之战接连被絮歇击败。1809下半年，随着赫罗纳要塞告急，布莱克又试图解围加泰罗尼亚，最终无果。失败原因不乏有士兵素质不高、武器装备低，但最主要的是士兵乡土情结严重，不愿离开家乡到外省作战。因此，1809年的加泰罗尼亚战局仍然处于相对独立的地位。

在巴尔斯战役赢得了一场出色的胜利后，圣西尔并没有乘胜围攻塔拉戈纳，而

是于3月18日返回了巴塞罗那，理由同维克托在梅德林大胜后撤出埃斯特雷马杜拉一样——缺乏补给。从佩皮尼昂到巴塞罗那的大路依旧被赫罗纳要塞阻断着，海上又受到英国海军地中海舰队的严密封锁，法军的补给马上就要见底了，巴塞罗那已无法再供养圣西尔的军队。

拿破仑也注意到了赫罗纳要塞的重要性。早在1809年1月，他就写信给圣西尔和雷耶，要求他们为围攻赫罗纳做准备。但那时圣西尔正忙着对付雷丁，驻守后方的雷耶又兵力太弱。意识到第7军面临的困境后，拿破仑决定再派一批增援，包括来自贝格（1个旅，内含4个营）、乌兹堡2个营和威斯特伐利亚的1个师（内含7个营）等仆从国的军队，前线急缺的攻

◎ **布莱克将军**

城炮和工兵也开始越过比利牛斯。可以看出，到那时为止，拿破仑派到加泰罗尼亚的军队大部分都来自仆从国，因为在他眼里，加泰罗尼亚的战事是整个半岛战争相对独立的一部分，不会对其他地方造成大影响。增援部队陆续抵达后，雷耶开始做围城战前的准备。4月18日，圣西尔带着4个师抵达比克（Vic/Vich）。比克是盛产粮食的平原地区，没有受到战火的破坏，可以暂时供养法军主力。27日，一支从土伦出发的法军补给船队借暴风雨的掩护躲过英国海军封锁舰队，溜进巴塞罗那港口，给城市送去了紧缺的补给。这样，巴塞罗那守军和平民可以暂时不用挨饿了。

圣西尔把部队驻扎在比克，除补给考虑外，还因为这里是交通要道，可以掩护围城部队免受西班牙野战部队的袭扰。不过5月和6月，布莱克的注意力在阿拉贡

地区，无暇进军加泰罗尼亚，巴尔斯之战后躲入塔拉戈纳的加泰罗尼亚残存正规军也仅有6000人，因此法军为围城战做准备时没有遇到太多麻烦，仅有的威胁是当地活跃的民兵。于是，圣西尔派莱基师保护他同雷耶之间交通线的安全。5月4日，得到增援后的雷耶带领1万名步兵（包括刚刚从德意志赶来的援军）、1300名炮兵和工兵从巴斯卡拉（Bascara）出发准备围攻赫罗纳。但就在此时，一份命令从巴黎传来，正在准备对奥地利战争的皇帝不满圣西尔和雷耶"过于保守"，将这两人同时撤换，但命令并没有把撤换理由说清楚。拿破仑依旧对半岛战争法军面临的困难认识不足，此前甚至还命令圣西尔同时拿下赫罗纳、塔拉戈纳和托尔托萨。圣西尔在后来的回忆录对皇帝提出了批评，但事已至此，该让谁来接任呢？奥热罗（Charles Pierre Francois Augereau）元帅在埃劳战役负伤后已赋闲两年，现在是可用的空闲将领，更重要的是，他在1793—1794革命战争期间曾在加泰罗尼亚作过战，皇帝认为他是合适的人选，于是命他在5月赴任。但奥热罗在路上犯了痛风病，不得不在佩皮尼昂休养了数周。在此期间，尽管心怀怨念，圣西尔还是担任着围城战的总指挥。雷耶将军被曾经参与第一次萨拉戈萨围攻战的韦迪耶（Jean-Antoine Verdier）将军代替。

5月18日，莱基带着部队同圣西尔会合，带来了圣西尔被替换的消息，但新任总司令奥热罗元帅还得过些日子才能赶到。与此同时，韦迪耶取代了雷耶，并送

给圣西尔一封信称他从雷耶那里接管的 1 万人太少，请求圣西尔从外围掩护的部队中抽调一批去增援围城部队，否则他将无法开始围城战，他会找机会向巴黎卜诉。圣西尔被韦迪耶的口气激怒了，但因他现在身份特殊，布莱克短期内不会对加泰罗尼亚造成威胁，他只好把莱基师和 1 个意大利轻骑兵团，一些炮兵和工兵送去增援。得到增援后，韦迪耶的部队有 1.4 万名步兵骑兵和 2200 名炮兵工兵。5 月 24 日，围城战正式开始，莱基师部署在赫罗纳城镇西面，其余部队在东面和北面，法军指挥部和弹药储存库在赫罗纳北面的萨里亚（Sarria）和蓬特马约尔（Pontmayor）。赫罗纳南面奥尼阿河一带山区没有法军。

赫罗纳城镇地区绵延在两座高山的山脚下，两座山被加利根（Galligan）河谷分开，这道河谷也是从东面接近赫罗纳的唯一道路。蒙胡伊克要塞（Castell de Montju c/Montjuich）是赫罗纳防御最强的部分，俯瞰着整个河谷北面的高山，堡垒外围还有圣纳西索（San Narciso）圣路易（San Luis）和圣丹尼尔（San Daniel）三座多面堡。加利根河谷南面的高山上建有三座要塞，分别为卡普琴（Capuchins）、安妮女王（Queen Anne）和康斯特堡（Constable），相互之间有堑壕相连。离康斯特堡要塞不足 300 米还有一座名为骑士多面堡的防御工事，俯瞰着河谷下面的圣丹尼尔修女院。除此之外，山坡上还有两座名为"卡普特多面堡"和"城市多面堡"的小型防御工事。从地形图上可以看出，这两座山都非常陡峭，直接进攻位于山顶的堡垒是非常

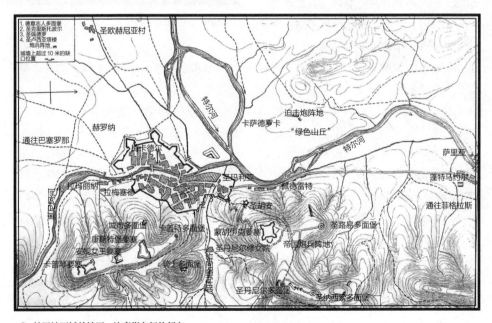

◎ **赫罗纳围城战地图，注意指向标的朝向。**

困难的。但这些堡垒样式老旧，自从西班牙王位继承战争以来都没有按照先进要塞的样式进行加固。奥尼阿河从城镇中间流过，最终汇入特尔河。奥尼阿河以西的城镇是梅卡德尔，以东的城镇被一条长长的中世纪样式城墙保护着，城墙高 25 英尺，密布塔楼，但过于狭窄以至于无法部署火炮，仅在城墙的两端有两座武装较好的棱堡——拉梅塞德（La Merced）和圣玛利亚（San Maria）。当然，由于城东地形复杂，这两座棱堡基本封锁了进攻方可采取的进攻路线。

赫罗纳的弱点在于奥尼阿河以西的梅卡德尔地区——外面由一道 20 英尺高的城墙保护，城墙包含五座棱堡，但没有任何外围防御工事。西班牙人对此也很清楚，因此他们在奥尼阿河东岸加固房屋，设置路障，在城中建了一道防线，就像在萨拉戈萨那样。赫罗纳总督阿尔瓦雷斯在之前保卫赫罗纳一带的战斗中表现活跃，现在也为要塞的防御很拼命。他手下的一名将军这样评价他："我应该这样说，他是个没有什么军事天才的指挥官，却极度相信神灵保佑。换句话说，他相信奇迹的发生。他有一个伟大的灵魂，愿意自我牺牲，拥有令人敬佩的坚强品质，但我必须承认，在我看来，他更像一个基督殉道者，而不是一名职业军人。"城镇中的武装市民也应征参与修筑工事和战斗，并且自称"十字军"，后来甚至还有 2 个连的武装僧侣和牧师也加入了战斗。这场围城战中最有名的是"圣芭芭拉连队（La Compañía de Santa Bárbara）"——300 名参与运

◎ **战场上的"圣芭芭拉连队"**

送补给和照看伤员任务的妇女，很多资料都提到了她们在战斗中的英勇事迹。

围城战初期，守军有 5700 人（不包括 1100 名武装市民）。最大的问题在于，要塞中训练有素的炮兵严重不足，不能满足要塞火炮的需求。武装市民在战役期间实际上一直充当辅助角色，没有像萨拉戈萨的市民那样直接参与激烈的战斗，只有少部分人参与了守卫战斗。头两个月里，赫罗纳守军基本无法指望外部援助：布莱克带着正规部队在阿拉贡同絮歇交战，塔拉戈纳政府的新任总指挥库皮尼（Coupigny）将军手头只有区区 6000 人，

◎ 今日的赫罗纳要塞遗址

并且还在忙于另一件事——同巴塞罗那城中谋划起义的爱国分子里应外合，企图发动一场起义拿下这座城市。但这些爱国者们犯了一个错：为了取得巴塞罗那城外要塞的控制权，他们试图拉拢法军中的两名意大利军官，结果反而被出卖，在行动前就有多名组织者被捕并被处以绞刑，这场行动以失败告终。

法军围攻赫罗纳基本上有两个方案，第一种方案是先攻下西面的梅卡德尔地区，然后向东推进。从地图上看，城镇西面地形平坦，非常适合构筑围城阵地，并且城墙外没有任何进一步的防御工事。然而，这一提议遭到很多指挥官的反对，首先是夏季特尔河可能会洪水泛滥，其次拿下梅卡德尔后还要跨过奥尼阿河进攻城镇另一半地区，城镇里道路狭窄、房屋密布，进行巷战肯定要遭受不小的伤亡，并且还会遭到东面山顶上要塞火力的覆盖。第二种方案是从东面下手，先围攻筑在高山上的蒙胡伊克要塞——这肯定会花费非常多的时间和人力。但一旦拿下，整个城镇都将处在这座要塞的火力之下，接下来的任务难度将大大降低。实际上，赫罗纳投降后，法军工兵查看要塞情况，发现由于位置和角度等原因，高山上的要塞火炮其实打不到城镇大部分地区。但 5 月时法军对这一情况并不了解，韦迪耶本人指挥过第一次围攻萨拉戈萨的战斗，他深知同西班牙人打巷战是一件棘手的事，所以经过商议后决定采取第二种方案。韦迪耶、桑松（Sanson，拿破仑指派的工兵指挥）和塔维尔（Taviel，第七军炮兵总指挥）给巴黎陆军部的信中明确提到，他们不愿意让部队冒着高处要塞的火力去进攻梅卡德尔，并且蒙胡伊克要塞离法军的指挥部和后勤中心近，便于指挥和调度。

5 月 8 日，法军出现在赫罗纳守军的视野，他们开始清除西班牙人的外围哨站。莱基的意大利师封锁了西面，于 30 日清理了西班牙军的小型据点并占领了圣欧赫尼亚村（St.Eugenia）。与此同时，赫罗纳东面的德意志士兵也开始在蒙胡伊克要塞所在的高地构筑阵地，首先把目标对准了要塞外面的三座多面堡。法军在高地上布置了 2 个 24 磅炮组阵地轰击这些工事，还在特尔河另一侧的"绿色山丘（Green Mound）"布置了 1 个臼炮阵地轰击城镇，希望借此动摇守军的意志。到了 6 月中旬，法军布置了越来越多的炮兵阵地，西侧的意大利师也摆出一副进攻梅卡德尔的姿态，让西班牙守军加强了西侧的防御力量。14 日—15 日晚间，法军占领了城北佩德雷特（Pedret）郊区，并把这里作为一个前沿据点。但 17 日早晨，阿尔瓦雷斯下令守军发动一次成功的袭击，将法军在佩德雷特的阵地破坏。这次战斗，双方均损失 100 余人。经过连日炮轰，圣路易多面堡和圣纳西索多面堡成了一片废墟。19 日，

法军以不足百人的代价强攻圣路易多面堡和圣纳西索多面堡得手，但对圣丹尼尔多面堡的强攻却告失败。由于圣丹尼尔多面堡处在圣路易多面堡的火力威胁下，守军第二天夜里撤离了这里。至此，蒙胡伊克要塞外围工事全部失守，但这座要塞建在岩石上，法军想要继续挖堑壕几乎是不可能的，工兵不得不用沙包和木石作为掩护在地表构筑工事。尽管如此，7 月 2 日，法军仍然克服重重困难在离要塞 400 码的地方部署了"帝国炮兵阵地"——20 门 16 磅和 24 磅炮。对面康斯特堡要塞的西班牙军向这里开火，但法军很快压过了西班牙军的火力。仅过了一天，蒙胡伊克要塞城墙上就出现了一道 35 英尺宽的缺口，要塞外的护墙也被轰成了残垣断壁。

在此期间，布莱克在阿拉贡接连被絮歇击败，于是重整兵力进入加泰罗尼亚。为了防止围城部队受到袭扰，圣西尔离开比克，并于 6 月 20 日抵达离赫罗纳仅 9 英里的卡尔达斯·德马拉维拉（Caldas de Malavella）。圣西尔将整支部队呈半圆形展开，基本封锁了南面通往赫罗纳的所有道路。当晚，他的部队俘获了一支从奥斯塔里克要塞出发，试图从南面溜进赫罗纳的西班牙大型运输车队。随后，圣西尔来到围城营地拜访韦迪耶，查看围城进展，然后说既然韦迪耶选择直接听命于巴黎政府，那么围城战的一切都事务都归他管，自己就不负责了。但随后的 7 月 2 日，圣西尔在未告知韦迪耶的情况下就给赫罗纳守军送去命令要求投降，旋即遭到韦迪耶言辞激烈的抗议，称圣西尔的这一举动违

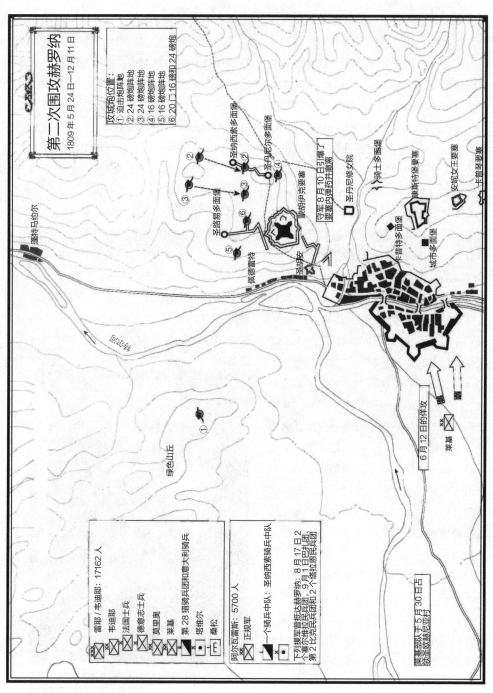

◎ 法军围攻赫罗纳第一阶段的进展情况

反了两人之前的约定。两位将军的矛盾终于公开化。

经过多日炮轰，蒙胡伊克要塞受损情况越来越严重，缺口已经足够 50 人并排进入。7 月 4 日晚，围城阵地的一名前线指挥官擅自发动了一次突击，被守军击退，损失 40 人，于是韦迪耶又做了几天准备，加强了对要塞的炮轰，并于 7 月 7 日凌晨发动总攻。他把手下 20 个营所有的掷弹兵连和腾跃兵连抽出，共 2500 人，组成两个纵队。人数多的一个纵队直接从城墙缺口处突击，另一个纵队从要塞北面半月形城墙的位置登云梯攻入要塞。借着熹微的晨光，法军纵队离开阵地，经过一段长达 300 码的岩石地面来到缺口处，旋即遭到守军猛烈火力的迎击，西班牙人早已把缺口后方的建筑物进行了加固，城墙上的士兵也用滑膛枪和轻型炮向法军纵队射击。法军纵队陷入混乱状态。来到"帝国炮兵阵地"视察的韦迪耶下令部队后撤重整，发动第二次突击，纵队第二次冲到缺口处，依旧未能突破守军的防御。失去理智的韦迪耶又强令部队发动第三次进攻，结果，最后这次攻击比前两次溃败都快。在侧翼登城攻击的另一支纵队也被守军轻易击退。

7 日的战斗让法军蒙受了 1079 人的伤亡，包括 77 名军官，超过了参战部队的三分之一，守军仅损失了 100 余人。这次失败给法军士气非常沉重的打击，再加上军中疾疫的流行，韦迪耶只得谨慎行事，慢慢将围城阵地向前推进。在猛烈的火力攻击下，守军几乎无法修复破损的城墙，

只得四处寻找掩蔽所。8 月 4 日，法军的阵地非常靠前了，利用废墟的掩护开始进行爆破作业。在 8 日—9 日的夜间，法军工兵在要塞前引爆了大量炸药，猛烈的冲击震撼了整个山头。见到形势越来越不利，守军决心集中力量对法军阵地发动突袭。9 日中午，蒙胡伊克要塞守军对法军阵地发动了勇敢的进攻，其余几处据点的西班牙军也进行牵制作战。一开始，西班牙人取得了一些进展，法军阵地受到了一定程度的破坏，但随后援军赶来又将他们逐回要塞。韦迪耶原本计划在 11 日再次发动总攻，但在前一天傍晚时分西班牙人自己引爆了要塞内的弹药后主动撤离。蒙胡伊克要塞终于落入法军之手。西班牙人在 65 天的抵抗中损失了 962 人，法军付出的代

◎ 这是一幅描绘第一次萨拉戈萨围攻战期间，法军维斯瓦军团波兰士兵突击城墙的情景，真实反映了攻城的残酷和血腥。

价约是西班牙人的3倍。

在蒙胡伊克要塞受到炮轰期间，其他地方的西班牙军终于开始采取行动。屡败屡战的布莱克不敢直接面对圣西尔的军队，他采取小股增援的办法。第一批增援的3个营从奥斯塔里克要塞出发，由英国人拉尔夫·马歇尔（Ralph Marshall）带队，溜过了法军第一道封锁线，却在7月10日同皮诺的师撞了个正着。马歇尔仅带着12个人逃入赫罗纳，40名军官和878名士兵被俘，其余人逃散各地。8月4日，又有300名民兵试图从东面进入，误闯已被法军占据的圣丹尼尔修女院，悉数被俘。直到8月17日，也就是蒙胡伊克陷落6天之后，阿尔瓦雷斯才得到第一批增援——800名塞尔维拉民兵从西侧绕过莱基师的封锁进入赫罗纳。看来赫罗纳已经岌岌可危，法军很快就能轰破老旧的城墙破城而入。韦迪耶在信中乐观地声称蒙胡伊克要塞陷落后，赫罗纳要不了十天就会投降，显然这一预言太过乐观了。这场史诗般的围城战到现在仅是第一阶段结束，更为残酷的第二阶段才刚刚开始。

孤城喋血——圣西尔离职与赫罗纳陷落

蒙胡伊克要塞陷落后，赫罗纳城东北完全暴露在法军面前。这里的城墙仍然是中世纪样式，既无法配置足够的火力，又不能很好地承受炮火的轰击，只有几个地段有现代化的"棱堡"加固。但想要野蛮拿下赫罗纳也绝非易事，攻击方会暴露在另一侧山峰上的要塞火力覆盖下。如果法军从蒙胡伊克要塞挖平行战壕接近赫罗纳城，法军就必然要顺着下坡构筑工事，由于角度问题，守军在城墙上可以看到他们的一举一动。经过一番观察，韦迪耶的工兵指挥建议在城东北拉希罗内利亚塔楼（Tower of La Gironella）到圣玛利亚棱堡一段发动进攻。很快，法军就在蒙胡伊克要塞的废墟上架起了新火炮，特尔河对岸"绿色山丘"上的臼炮阵地也一直对城区狂轰滥炸，大量房屋在炮火下倒塌，市民不得不躲到地下室去。更要紧的是，进入8月后，赫罗纳城内的食物开始短缺，糟糕的医疗条件使伤病员得不到很好的救治。8月14日到30日，韦迪耶一直保持着高压姿态，城墙上接连出现四个不大的缺口。但围城的法军日子也好过不到哪里，由于天气酷热、疾疫流行和战斗伤亡，韦迪耶的部队已经减员超过5000人，无法对赫罗纳实行严密的封锁，不断有信使穿过法军围城营地进入或离开这座城市。多数伤病员都被送到费格罗斯和佩皮尼昂的医院，但交通线依旧处在当地民兵的袭击下，想要把痊愈的士兵送回来绝非易事。

8月中旬，在塔拉戈纳政务会的一再求援下，远在塞维利亚的最高政务会给了

◎ 描绘赫罗纳守军不屈抗争的画作，明显做了艺术化处理。

布莱克将军 600 万里亚尔军费，要求他尽快去解救被围的赫罗纳。由于之前在阿拉贡被絮歇接连击败，布莱克花了一番功夫补充重整部队，人数重新上升到 1.4 万人，包括 24 个步兵营、4 个骑兵中队和 2 个炮兵连。这支部队是临时拼凑的，士兵来自巴伦西亚、格兰纳达、阿拉贡和加泰罗尼亚等地。8 月底，布莱克的部队开始和圣西尔的前哨交火，由于圣西尔的掩护部队仍有 1.2 万人，且在骑兵和炮兵上有绝对优势，因此，布莱克决定不和圣西尔正面交火，而是在不同地方进行试探性袭扰，争取把圣西尔的注意力吸引到某一处，放开一条通往赫罗纳要塞的路，以便送去增援和补给。

圣西尔更希望自己在战场上能够一举击败布莱克，因此在得到布莱克接近的消息后，收拢皮诺师和苏昂师，并给韦迪耶写急信要求他分出一半部队同他会合。韦迪耶只好带着 4000 人离开围城营地，留下意大利士兵守卫西侧，威斯特伐利亚士兵守卫东侧。这样，在赫罗纳城外的法军

仅有 4600 名步兵，2000 名炮兵和工兵。9 月 1 日，布莱克的主力出现在圣西尔面前。布莱克派加西亚·孔德（Garcia Conde）师的 4000 人护送大量驮载补给的骡马，绕道圣西尔的侧翼，成功迂回来到赫罗纳西面的平原。守卫这里的意大利师完全没有想到后方会突然出现敌人，被打了个措手不及。加西亚护送补给进入梅卡德尔，受到英雄般的欢迎。当天晚上，从北面赶来的当地民兵也突袭了赫罗纳东面的威斯特伐利亚部队，破坏了一些围城阵地。得知这些后，圣西尔把韦迪耶派回赫罗纳，又向围城部队增派了皮诺师的 6 个营。圣西尔这时还剩 1 万人，决心向面前的布莱克发动进攻，布莱克由于少了 1 个师，兵力也减至 1 万人，于是慌忙向后撤退到奥斯塔里克要塞。由于双方军队都严重匮乏补给，不得不暂时停止交火，在驻扎地挖地三尺搜寻一切可利用的物资。加西亚抵达赫罗纳后，由于食物紧张，无法让所有人留下。最终，约 2700 人留守要塞：巴萨团（Baza）的 2 个营 1368 人，2 个加泰

罗尼亚"民兵团"、塔拉拉（Talara）团2个营716人，格兰纳达团第1营、比克团第2营中部分人员和塔拉戈纳志愿兵，总计2707人。

加西亚带着其余的1200人于9月4日凌晨离开，成功向南撤回了奥斯塔里克要塞。圣西尔本人的记录称他把皮诺师中马祖奇利的旅埋伏在帕劳山（Palau）后，9月3日晚上加西亚差一点落入圈套，但意大利人在黎明时分吹响起床号，惊动了西班牙人，这才让他们逃离。但西班牙方面的材料与此大相径庭，称加西亚本欲在3日黄昏时刻出发，当听到帕劳山附近的枪声后推迟行动，走另一条路逃离。

受到布莱克这次行动的干扰，韦迪耶不得不为下一步进攻重做准备，他占领了一些外围据点，同守军保持着交火。直到9月11日，法军才重新开始炮轰赫罗纳。在这11天宝贵的时间里，守军修复了破损的城墙，加固了城内建筑，还对法军发起一次成功的突袭，毁掉了不少前沿阵地。到19日，韦迪耶终于把围城堑壕推进得足够靠前，认为可以再发动一次总攻了。于

是他写信给圣西尔请求借兵参加总攻，因为他的部队减员严重，实力不足。之前的1.4万名法国、威斯特伐利亚和意大利士兵，到9月中旬还能集结起来战斗的仅有6000人。韦迪耶在信中称："我们差不多可以结束这场战役了，城墙上已经有了四处大缺口，从每一处缺口都可以突入城内，但我不相信这些士兵的战斗力。"圣西尔写信拒绝让他部队参加总攻，仅同意在总攻期间派兵看守围城营地，同时吸引梅卡德尔守军的注意，并在信中称："每位将军都有自己的任务，您的任务是用政府给您的资源和政府任命的将士完成政府交给您攻下赫罗纳的命令。"韦迪耶只好把自己的可用部队，大约3000人，组成四个纵队，分别进攻城墙上的四个缺口。进攻圣克里斯托波尔多面堡（San Cristobal）附近缺口的法军纵队仅有150人，但另外三支纵队人数较多。意大利士兵负责圣卢西亚多面堡（Santa Lucia）的缺口，法国士兵负责"德意志人多面堡"南面的缺口，贝格士兵负责北面的缺口。同时，韦迪耶还派了一支部队佯攻骑士多面堡，以吸引火力。

赫罗纳守将阿尔瓦雷斯看到敌人在前沿阵地集结，很快明白一场总攻即将来临。他抓紧时间加强脆弱部位的防御力量，在城墙破损处的后面设置了第二道防御阵地。下午4点，法军开始向城墙挺近，三支纵队来到"德意志人多面堡"面前，另一支纵队攻击圣卢西亚多面堡。由于佯攻骑士多面堡的分队很快被击败，进攻期间，法军一直都暴露在侧后方西班牙人的火力之下。在拉希罗内利亚塔楼附近，法军从

◎ 今赫罗纳市纪念赫罗纳围城战的雕塑

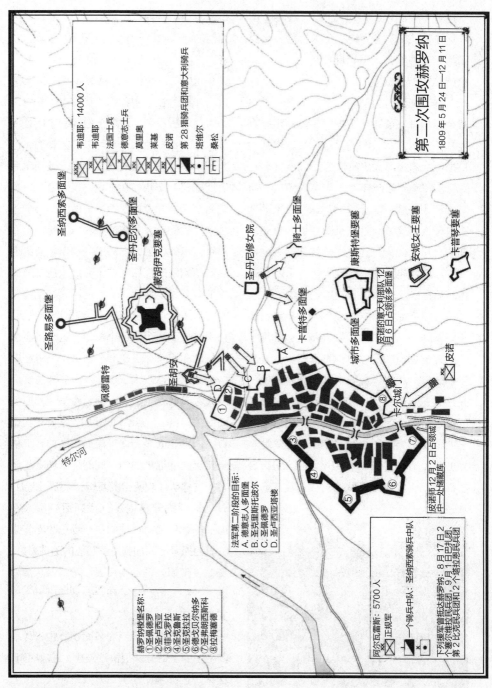

圣纳西多素多面堡

圣路易多面堡

圣丹尼尔伊弗克要塞

圣卢西亚

蒙胡伊多面堡

佩德雷特

圣胡安

圣丹尼修女院

骑士多面堡

康斯特堡要塞

城市多面堡

卡普特多面堡

卡普辛多面堡

安妮女王要塞

皮诺

卡尔多要塞

特尔河

第二次围攻赫罗纳
1809 年 5 月 24 日—12 月 11 日

⊠⊠⊠	韦迪耶：14000 人
⊠⊠	韦迪耶
⊠	法国士兵
⊠⊠	德意志士兵
⊠⊠	莫里奥
⊠⊠	莱基
⊠⊠	皮诺
✕	第 28 猎骑兵团和意大利骑兵
•⎯•	塔维尔
⊓⊓	桑松

法军第二阶段的目标：
A. 德意志人多面堡
B. 圣克里斯托波尔
C. 圣佩德罗
D. 圣卢西亚塔楼

赫罗纳棱堡名称：
①圣佩德罗
②圣卢西亚
③菲戈罗拉
④圣克鲁斯
⑤圣克拉拉
⑥德戈贝尔纳多
⑦圣弗朗西斯科
⑧拉梅德德

皮诺师 12 月 2 日占领城
中一处堡垒仓库

皮诺的意大利部队 12
月 6 日占领该多面堡

卡尔城 J

阿尔瓦雷斯： 5700 人
正规军

一个骑兵中队

⊠⊠	圣纳尔索骑兵中队
✕	一个骑兵中队
•⎯•	

下列援军曾抵达赫罗纳：8 月 17 日 2
个塞尔维拉民兵团，9 月 1 日巴扎团、
第 2 比克民兵团和 2 个塔拉戈民兵团

◎ **赫罗纳围攻战中，法军第二阶段的进展情况**

缺口处攻入城区，遭到躲在掩体里的守军猛烈火力的打击。随后，西班牙人发动白刃战将法军逐出城区。进攻圣卢西亚的意大利人同样在交火之后顶不住压力撤退。幸存的前线军官重整队伍后又发动了第二轮攻势，但面对守军顽强的抵抗依然没能奏效。这次血腥的强攻又让法军付出624人伤亡的代价，西班牙军伤亡仅251人。韦迪耶指责部队懦弱无能，圣西尔得知后，写信给巴黎战争部称韦迪耶错误地认为轰开城墙就能拿下这座城市，指责部队不过是掩盖错误的借口罢了。"进攻的纵队在缺口处受到猛烈的火力打击，在这种情况下他们依然坚持了整整90分钟，就算是挑出的掷弹兵也不可能比他们做得更好。我坚信这次失败的原因仍然是防御力量过于强大。"

19日的失败明显对法军的士气造成了不良影响。韦迪耶给拿破仑、战争部和奥热罗元帅写去三封措辞激烈的抗议信，称圣西尔有意刁难，他无法再与其共事了。还没收到回复，韦迪耶就愤而离开围城营地去了佩皮尼昂。在这过去的五个月里，由于战斗伤亡和疾疫流行，韦迪耶一开始

的1.4万人围城部队已减员过万，到9月底只剩区区4000人。

韦迪耶走后，圣西尔暂时接管了所有围城部队，他把外围掩护的部队也调到围城营地附近，打算把赫罗纳围死。现在，赫罗纳城中只有面粉还有剩余，其他生活必需品都所剩无几，守军开始屠宰骡马充饥。更要紧的是，进入晚秋后，需求激增的木柴也告急了。城中很多物品价格飞涨，卫生环境也极其恶劣，很多伤员因得不到必要的救治相继死去，没有及时处理的尸体也成了流行疾病的温床。阿尔瓦雷斯再次向政务会求援。于是，布莱克准备了第二支运输队，在6000人的掩护下从拉比

◎ 赫罗纳围城战守军的抵抗

赫罗纳城物价变化表（价格单位：里亚尔）

物资	6月份售价	9月份售价
8 蒲式耳小麦面粉	80	112
8 蒲式耳大麦粗粉	30	56
8 蒲式耳燕麦	48	80
1 磅咖啡	8	24
1 磅巧克力	16	64
1 个单位（原文如此）油	2.5	24
1 磅腌鱼	2.25	32
1 磅奶酪	4	40
1 阿罗瓦木材	5	48
1 阿罗瓦木炭	3.5	40
1 磅烟草	24	100
1 只家禽	14	320
1 磅大米	1.5	320
1 磅从特尔河里捕获的鲜鱼肉	4	36

蒲式耳为容积单位，1 蒲式耳等于 36.268 升；阿罗瓦为西班牙重量单位，等于 32 磅。这些物价都是根据当事人留下的材料整理的。从这份物价变动表可以看出，小麦面粉和大麦粗粉的价格并未翻倍，咖啡价格涨了三倍，巧克力和烟草价格涨了四倍，奶酪和燃料价格涨了十倍，家禽甚至涨了二十几倍。

斯帕尔出发，准备从东南方向进入赫罗纳，布莱克则去另一侧声东击西试图引开法军。不过，这次他们没能成功，护送车队的西班牙军撞到了皮诺和苏昂的部队，整个运输队几乎都被俘虏。得知此事后，布莱克于 9 月 27 日撤回奥斯塔里克。

圣西尔挫败布莱克运送补给的企图后也离开赫罗纳，动身前往佩皮尼昂。他在给战争部的信中辩解称他是去督促后方尽快把伤愈士兵送回前线。抵达佩皮尼昂后，圣西尔得知奥热罗元帅的痛风病已痊愈，于是写信庆贺，称自己身体有恙，把指挥权转交给他。实际上，圣西尔的行为虽算不上临阵脱逃，但却是实实在在的违反军纪擅自离职，把围城战直接丢给了奥热罗，就像两周前的韦迪耶那样。连回复都懒得等，圣西尔就直接启程回到了自己的庄园。拿破仑被圣西尔的这一举动激怒，下令把他软禁在家中调查，不过最后仅训斥他指挥权移交不当，没有进一步的惩罚。

就这样，圣西尔以一种"任性而不光彩"的方式结束了自己在加泰罗尼亚的作战。此后，他再也没有回过残酷的半岛战场，后来在欧洲各地参与的诸多战斗也并不比半岛战场轻松多少。他的"任性"招致不少骂名，然而，他在战场上的冷静和果断却少有人能匹敌。正因为此，在困难和压力面前，他能够从容应对，抓住战机扭转战局。圣西尔算得上一位有出色指挥能力的将军，遗憾的是，这样一位优秀的指挥官却没有受到大家足够的重视。

圣西尔走后，苏昂暂时接替了指挥权。10月12日，奥热罗元帅抵达成为总指挥，随他一同抵达的还有刚走不久的韦迪耶。赫罗纳城外还有1.2万名可作战的法军，奥热罗继续采取围困的方式，没有贸然强攻，还给赫罗纳的市民写去一封恐吓口气的公告。在此期间，布莱克组织了最后一次救援行动。玩了两周猫捉老鼠的游戏后，奥热罗决定彻底解除这个隐患。11月7日，法军强攻奥斯塔里克要塞得手，布莱克的据点被摧毁。此后，布莱克再也没有给赫罗纳支援。赫罗纳彻底陷入孤立无援的绝望境地，物资所剩无几。进入10月后，接连的降水和气温的降低更是雪上加霜，柴火耗尽意味着进入冬天后所有人都难逃一死。然而，被称为"疯子"的守将阿尔瓦雷斯仍然坚持抵抗，当军官称食物耗尽后投降不可避免时，他这样回答："食物没了我们会吃掉所有的懦夫，就先从你开始吧。"军官不满和绝望的情绪开始蔓延。

◎ *赫罗纳投降*

11月19日晚，数名军官叛逃到法军营地，其中甚至包括在之前战斗中表现出色的军官。法军有条不紊地向前推进，赫罗纳的外围据点一个接一个陷落。

12月6日午夜，皮诺师中的腾跃兵和掷弹兵突袭"城市多面堡"得手。第二天，守军发动了最后一次绝望的反击，在付出重大代价后被击退，骑士多面堡也落入法军之手。南侧高地上的三座要塞同赫罗纳的联系被完全切断了，那里的守军再也不能从城市获得补给，而他们的食物和弹药都已所剩无几。在重重困难的压迫下，阿尔瓦雷斯病倒了，代理指挥的军官在一次作战会议后，决定向法军投降。

12月11日，仅3000名衣衫褴褛的西班牙士兵出城投降，加上城中1200名伤病员，幸存到要塞投降的仅有4200人。换句话说，前前后后进入赫罗纳参与抵抗的守军至少有9000人死亡。赫罗纳简直成了人间地狱，约有6000名平民在围城期间死亡，街上根本找不到完好无缺的房子，布满了残垣断壁，腐烂的尸体、被毁的枪炮和骡马的骨头，糟糕的环境让奥热罗根本无法在城里驻扎部队。城中储藏库剩下的谷物少得可怜，但弹药还有剩余，共计10000磅火药和100万发子弹。要塞有168门火炮被缴获，绝大部分都已破损。幸存的俘虏没有受到好的照看，他们被押送回佩皮尼昂，很多人在半路就死去。守将阿尔瓦雷斯的命运尤其悲惨，病情好转后，他被押到佩皮尼昂，然后又被押到纳博讷，从巴黎来的一纸命令又让他被押回西班牙作为战犯接受审判，罪名居然是叛国罪，理由是他在1808年向缪拉负责的临时政府宣誓效忠。阿尔瓦雷斯最后的日子是在一个接一个的监狱和地牢里度过的，抵达菲格拉斯的第二天，他被发现死在监狱。有人称他是被谋杀的。

法军在围城战遭受了更大的损失，前前后后减员人数达到了1.3万人，比例非常高。围城期间，巴塞罗那地区没有什么战事，但年关时却濒临饥荒。法军状况可谓糟糕至极，奥热罗元帅没能有更大的作为，并且他在这个位子上也没坐太久。1810年4月，奥热罗被召回，加泰罗尼亚的法军又短暂交给麦克唐纳元帅，最后是军事指挥和政治才能俱佳的絮歇将军。最终，絮歇成功征服了加泰罗尼亚，并把西班牙东北部管理得井井有条，他出色的表现也为自己赢得了元帅手杖。不过，这都是后话了。

总结与点评

圣西尔从1808年11月率军进入西班牙境内，到1809年9月擅自离去，仅在加泰罗尼亚战场待了不足一年的时间。但在这不到一年的时间里，他让这里的战况发生了根本性改变，首先通过接连的胜利扭转了1808年下半年法军不利的战局，随后在围攻赫罗纳期间因同韦迪耶的糟糕合作给这场围城战带来了不小的负面影响。圣西尔冷峻、果断、任性的人格特点在加泰罗尼亚作战期间展露无遗。

【圣西尔的生平】

洛朗·古维翁·圣西尔，出生于1764年，父亲是一名制革业工人，母亲在他不足四岁时就离家出走，据说是加入了里昂的某个共济会组织。年幼时失去母爱、弟弟夭折，父亲的粗暴对待，对洛朗日后的人格造成了极大影响，别人评价他"个人主义强烈，敏感而又专横"。他很少流露自己的真实情感，容易被善意的玩笑激怒。成年后，他不愿继承父亲的职业，于是在18岁那年前往意大利，四年后又回到法国，向着艺术家的方向努力。或许是出于对母亲的怀念，洛朗把母亲名字中的"圣西尔"加入到自己名字中，于是，此后人们便称呼他"圣西尔"。

大革命爆发后，1792年9月，圣西尔参军，加入了共和党猎兵第一营。11月，晋升为中尉。不久，他的绘图才能被屈斯蒂纳将军发现，遂被提拔加入了屈斯蒂纳将军的参谋部。在此期间，德塞结识了圣西尔，并成为圣西尔为数不多的好友。随后的几年，圣西尔辗转各地参与莱茵军团密集的对外战事。1794年6月，他被提拔为准将，5天后又被提拔为少将。1795年，他同表妹安妮·古维翁结婚。1796年10月2日在比伯拉赫战役中，圣西尔同德塞联手打了一场漂亮的胜仗。1797年底，临终的奥什将军将莱茵军团和摩泽尔军团的临时指挥权都交给了他。

1798年3月，圣西尔被派往意大利指挥罗马军团，抵达后强令部分法国领事归还了巧取豪夺的珠宝和艺术品，这件事让圣西尔树立了一群政敌，不久后即遭到解职。

1799年初，圣西尔指挥多瑙军团，5月又被调往意大利军团，在8月的诺维战役中指挥右翼，这场战役最终以法军失败告终。但随后在11月—12月的战事中，圣西尔又取得了胜利，尤其是在11月4日—6日。在诺维，他凭借出色的谋略击败了奥地利人，一雪前耻。同年12月7日，圣西尔重回莱茵军团，招来莫罗的不满，两人之间甚至爆发了公开的争执，从此之后，圣西尔"坏同僚"的名声开始流传。但耐人寻味的是，这段时间他同日后的法兰西帝国元帅奈伊成了好友。1800年战事结束后，圣西尔辞职回国。

拿破仑当第一执政期间，圣西尔短暂出任过驻西班牙大使，由于他不属于拿破仑的亲信，甚至还有一些公开的不合作行为，受到些冷落。在后来的回忆录里，他对拿破仑颇多指责与奚落，直到1812年的一次作战会议后两人的关系才有了很大改善。

1805年初，圣西尔获得大鹰级荣誉军团勋章，同年战事重启后，指挥意大利军团右翼，于11月24日在卡斯泰尔夫兰科（Castel-Franco）打了一场漂亮的歼灭战。12月，当他得知即将受马塞纳元帅指挥时怒不可遏，未经允许便擅自回国，返回巴黎后又被遣回那不勒斯。随后的几年，圣西尔指挥过布伦附近的预备部队，生活悠闲，于是又开始花时间在艺术创作上。

1808年8月，圣西尔受命取代迪埃姆任加泰罗尼亚军团司令，后来，这些部队被重组更名为第七军。直到1809年年初，圣西尔都连战连捷，挽救了法军在加泰罗尼亚的危局，随后于1809年5月开始围攻赫罗纳。得知奥热罗元帅将接替他的位置后，圣西尔像之前那样，在围城战遇挫后再次自作主张离去。

1812的征俄战役让圣西尔再次出彩，他指挥巴伐利亚人居多的第六军，但巴伐利亚人显然对拿破仑帝国的忠诚度不够，进入俄国仅数周第六军就因士兵开小差导致实力大幅缩水。8月，在第一次波洛茨克战役中，减员严重的第六军支援乌迪诺元帅的第二军，两位军长又发生了争执，圣西尔甚至对乌迪诺说："您是拿破仑封的元帅，我是谁？一个将军而已，怎能给您建议？"第一天的战斗两人都负伤，乌迪诺的伤势更重，他认为这一仗败局已定，干脆把两个军的指挥权全交给圣西尔。但圣西尔却在第二天独立指挥时赢得了一场辉煌的胜利。作为嘉奖，拿破仑授予他元帅手杖。两个月后，俄军卷土重来，在第二次波洛茨克战役中，圣西尔再次负伤，部队顶不住俄军的进攻，只好撤退。接下来到11月底，法军且战且退，最后总算保留了足够别列津纳战役用的部队。不久，伤寒让圣西尔回国休养，直到1813年8月。

1813年8月，圣西尔再次回到大军团担任第十四军军长。他奉命驻守德累斯顿，在德累斯顿战役初期面对反法联军来势汹汹的攻击。他在重压之下从容指挥，为拿破仑主力援军的到达争取了宝贵时间。进入9月，局势恶化，圣西尔依旧防守德累斯顿，莱比锡战役后，守军于11月投降。但联军故意违反投降协议的规定，没有放他们回国，而是作为战俘押至波西米亚。

直到1814年6月，圣西尔才获释归国，波旁王室封他为贵族，但他没有指挥军队，回到自家庄园过日子，百日王朝期间也没有站在任何一方。路易十八第二次复辟后，圣西尔代替达武成为战争部长。他试图保护百日王朝期间支持拿破仑的一些人，召开军事法庭审判奈伊元帅就是他的主意。他本意是利用这样一个正式程序保住奈伊的性命，同僚们或许会同意对奈伊从轻处罚。不幸的是，事与愿违，奈伊被带到贵族院受审，圣西尔投了驱逐票，但在波旁王室的压力下，奈伊还是被投票处决了。对波旁王室大失所望的圣西尔退休回家，之后在1817—1819年间短暂出任战争部长，随后再次退休回家，于1830年去世。

不可否认，圣西尔小时的经历深刻地影响了他的性格和发展。多数同僚不喜欢他，认为他高傲自大、不可理喻，连拿破仑也对他不满。同样，圣西尔也不喜欢多数同僚，包括前面提到的莫罗、马塞纳、韦迪耶和乌迪诺等人。由于掺杂了太多个人好恶，圣西尔回忆录里很多地方的描述并不属实。

圣西尔同他人合作时常常因为不和而带来麻烦，比如赫罗纳围城战。圣西尔是名义上的总指挥，内心肯定不愿意同韦迪耶真心合作，这也或多或少导致法军在这场残酷的围城战中付出了惨重代价。当然，圣西尔也有与人成功合作的经历，比如比伯拉赫战役同德塞联手取胜。

同不太好的合作能力相反，圣西尔的独立指挥能力异常出众，像第四次诺维战役、卡斯泰尔夫兰科战役、加泰罗尼亚诸战役、第一次波洛茨克战役，都是他个人用兵艺术的完美体现。他在危急时刻能够保持清醒的头脑，明白自己的战略意图，善于抓住对手的失误。进入加泰罗尼亚时，法军的情况非常艰难，没有任何天时地利人和，交通线被切断、补给跟不上、增援部队又不充足。在巨大的压力下（包括拿破仑的催促），圣西尔明白他不可能先停下来围攻赫罗纳要塞，因此只能把赫罗纳丢在身后，但又必须攻克罗塞斯要塞，保证后方菲格拉斯的安全。罗塞斯投降后，圣西尔破釜沉舟，不携带任何火炮和多余辎重，一头扎入并不熟悉的山区快速行军，逼迫敌人接受战斗，在卡德德乌一举击溃西班牙军。解救巴塞罗那后，他又闪电般地清除洛布里加特河一带的敌军，把巴塞罗那周边平原牢牢掌握在自己手里。2月，双方重整旗鼓再次进入战场，圣西尔抓住雷丁分兵的错误，在巴尔斯击溃敌人。到这时，西班牙在加泰罗尼亚的主力正规部队可以说已不再是威胁，布莱克也暂时把注意力放在阿拉贡，圣西尔终于可以腾出手来解决后方的心腹大患——赫罗纳要塞。结果，拿破仑的一纸命令改变了这一切，圣西尔被解职，但由于奥热罗身体原因他还要担当总指挥。不满之下，他同韦迪耶出现嫌隙擅自离去。

当然，圣西尔在半岛的军事成就同西班牙军大批高级将领的无能是分不开的。西班牙军的历任最高司令都没有过人的军事才能：帕拉芬奥侯爵和比韦斯将军由于懈怠错失了最初的良机，雷丁将军的责任感和勇气毋庸置疑，但同圣西尔对垒时暴露了他在战略调度和战术指挥上的缺陷。在赫罗纳要塞被围困期间，其余地方的西班牙军没能给予更大帮助，布莱克的行动多半是无奈之举，除了冒险送增援和补给外，他根本没有实力完全解除围困。半岛战争期间，西班牙军队指挥艺术出众的高级将领屈指可数。

顺便提一句，在 1813 年春季战役中丢掉汉堡的法军将领是克劳德·卡拉·圣西尔将军，不是本文的主角洛朗·古维翁·圣西尔。

【关于补给】

毫不夸张地说，补给是法军在整个半岛战争中最大的问题，拿破仑对此有不可推卸的责任。拿破仑征服半岛的计划中有一个错误，就是他坚持把西班牙当作德意志或意大利，认为西班牙完全可以养活他的军队。大军团在德意志和意大利已经习惯以战养战，因此到了伊比利亚后，除了抢劫外似乎没有其他养活自己的好方法。但在西班牙只有屈指可数的地区可以这样办：在安达卢西亚或者巴伦西亚平原和更肥沃的莱昂盆地，一支军队可以不带着大的运输车队前行，但在半岛其他土地上，一支军队试图靠那些少得可怜的乡村生存一定行不通。西班牙没有很多富裕的村镇，道路状况也极为糟糕，山脉遍布，再加上民兵游击队的活动，补给部队不是一件容易的事。法军补给绝大部分都要翻山越岭从比利牛斯山的另一侧运来。加泰罗尼亚的法军一直缺衣少粮，想运送补给要么从法国本土走路上交通，要么走海上路线。然而在战争初期，赫罗纳要塞卡死了唯一一条可以大规模运输物资的道路，海上也被英国海军封锁了，法军行动因此受到极大牵制。

然而，拿破仑始终没能认识到这一点（或许是不愿承认），他在离开西班牙之前，曾留给苏尔特元帅一份追击约翰·摩尔爵士的命令。他告诉苏尔特，如果他在 1 月 9 日到达卢戈（Lugo），英国人安全地从海上撤退，那么他就要立刻向波尔图进军，并且应当于 2 月 1 日左右抵达波尔图，然后在 2 月 10 日左右占领里斯本。事实上，苏尔特在英国人撤退后，于 1 月 19 日占领拉科鲁尼亚，但他的士兵已疲惫不堪，物资也已耗尽，寒冬降临的加利西亚省没多少战争资源可以提供给他。他们一直休整到 1809 年 2 月 20 日才再次进军，于 3 月 29 日到达波尔图。苏尔特还没占领里斯本，亚瑟·韦尔斯利爵士就第二次来到半岛，突然向苏尔特进攻，并于 1809 年 5 月 12 日把法军赶出了葡萄牙。1809 年结束对奥地利作战后，拿破仑决心终结伊比利亚的战事，派出马塞纳元帅统领葡萄牙军团第三次入侵葡萄牙。这一次，法军的阵容可谓强大，但在威灵顿子爵（韦尔斯利爵士在塔拉维拉战役后受封子爵）坚壁清野的策略下，补给又一次出了问题。威灵顿在里斯本外面设置了一条铜墙铁壁般的要塞防线，马塞纳对此毫无办法，僵持数月后只能选择撤退。从此之后，法军再也没有对葡萄牙这个英军大本营造成威胁。

谈到半岛战争中的补给和管理，必须要提的一个人就是絮歇将军，絮歇是一位军事指挥和行政管理能力都出众的统帅。他接任第 3 军军长后在阿拉贡的管理非常有效，任用当地人担任行政官员，安抚民众恢复生产，重建社会秩序，废除了很多陈腐封建的规章制度，对付游击队也有一套。他成功让阿拉贡在战时为法军提供了大量战争资源，并且陆续征服了加泰罗尼亚和巴伦西亚。这些成功让他成为唯一一位在西班牙受封元帅的法军将领。此外，他还获得了阿尔布菲拉公爵头衔。当然，他所做的一切还是没能从根本上改变整个战争格局，反抗军的实力仍然一天天壮大，到 1813 年已经有了师级规模。远征加泰罗尼亚和巴伦西亚期间，阿拉贡的抵抗力量牵制了絮歇的很多行动。同交战双方种种骇人听闻的战争暴行相比，絮歇的所作所为

无疑是残酷战争中闪耀的光芒。"囚徒国王"费迪南七世被放回前亲自感谢絮歇的善举。絮歇去世后，萨拉戈萨的市民甚至为他举行了弥撒。当时的西班牙国王在给絮歇遗孀的信中称："阿尔布菲拉公爵获得阿拉贡人民的爱戴是多么的当之无愧。"

【关于集结】

很多人不理解拿破仑为什么在半岛时不集中主力一鼓作气把英国人赶下大海，这里做一下解释。半岛战争中，由于地形、道路和补给原因，双方集结军队都不是容易的事。在持续数个星期的行军作战前要花几个月的准备时间，并且当军队集结完毕开始行动后，他们只能维持到粮食吃光，随后就不得不解散去谋生。这应了那句老话："在西班牙，大规模的军队挨饿，小规模的军队挨宰。"上文提到的马塞纳远征葡萄牙就是例证，法军花了非常多的时间做准备，出发后还要一路围攻西葡边境上重要的城市和要塞，这都给了威灵顿充足的时间。1809 年威灵顿第二次来到半岛，奇袭苏尔特把法军赶出葡萄牙后快速行军刺入西班牙中心地带，同西班牙军在塔拉维拉取得了一场胜利。但胜利后的威灵顿也面临不少麻烦：战线过长、补给不力、同西班牙人合作不愉快，再加上苏尔特的包抄，他不得不在胜利后退回葡萄牙。

1811—1813 年，交战双方多数战役采取的策略都是秘密收集补给、集结军队，然后在敌人收拢部队之前突然打击战线的关键地带。如果行动得当，攻击方可以用大约两周的时间在敌人集结前击败敌

人，或者占领一些重要的地点和城镇。1811 年，马尔蒙元帅就给威灵顿玩了这样的把戏——趁威灵顿不在，解除对罗格里戈城的围攻，差一点在援军到来之前捉住英军的几个师。但他们错过了最初的攻击机会，给了威灵顿时间撤回外围的军队，因此，法军最终无功而返。1812 年，威灵顿成功地以其人之道还治其人之身。他首先在北部集结军队，在马尔蒙来到之前用了 11 天的时间强攻占领罗德里格城，然后又急忙南下花了 19 天攻打巴达霍斯要塞（Badajoz）。当然，这次攻城战公认是半岛战争中最血腥的，因为留给威灵顿的时间不多，他必须要抢在敌人援军赶来之前拿下巴达霍斯，否则将功亏一篑。这时，还在安达卢西亚的苏尔特得知威灵顿行动的消息后试图北上支援，但他得先要花时间收集补给，等准备就绪，刚出发不久就得到了巴达霍斯陷落的消息。这或许是威灵顿生平最出彩的一次战略行军，随后在萨拉曼卡战役中，英军大破马尔蒙元帅指挥的法军，乘胜将约瑟夫国王赶出马德里。

【关于围城战】

整个拿破仑战争期间，同其他地方相比，伊比利亚战场的围城战显得格外夺目。拿破仑时代的围城作战大体上沿用沃邦时代的方式，进攻方利用平行战壕战术接近要塞，用密集的炮火压制要塞火力，在城墙上打开缺口后适时采取强攻一举拿下。守城方则想方设法在枪林弹雨下修复要塞、设置障碍，凭险据守。在这方面，法军做得非常出色，革命战争以来，法军

的炮兵勇冠欧陆，是围城战胜利的基本保障。但法军指挥官常常错误估计西班牙人的抵抗决心，战争初期，他们认为简单的强攻能征服一座城市。1808 年的第一次萨拉戈萨之战、蒙塞元帅远征巴伦西亚和迪埃姆第一次攻打赫罗纳要塞，法军将领都抱着这样的想法，草率命令部队直接登城攻击，结果遭到顽强的抵抗。第二次萨拉戈萨围城战，法军改变策略，采取传统方式逐步推进，西班牙人也加固城中的房屋死战不退。最终，法军采用爆破推进，大量房屋都毁在炸药和炮火下。由于疾病的流行，萨拉戈萨坚守到 1809 年 2 月后投降。法军占领萨拉戈萨后可能有过不同规模的抢劫行为，但大规模的屠杀肯定是谣传。此战，绝大多数平民伤亡来自于瘟疫。除此，法军还取得过一连串的围城战胜利，比如 1810 年围攻罗德里格城、阿尔梅达要塞。苏尔特元帅围攻加的斯是失败的一例，但看过地图的人都明白在没有制海权的情况下围攻那座城市有多困难。

相比之下，威灵顿的英军在围城战中的表现要逊色得多。缺乏有效的重型火力和充足的工兵，使英军在很多要塞面前都遇到困难。比如 1812 年 3 月—4 月血腥的巴达霍斯围攻战，威灵顿在一个晚上付出 3700 人的惨重代价后才靠强攻拿下了这座关键的要塞。随后在萨拉曼卡战役，威灵顿大破法军，乘胜进入马德里，但北上围攻布尔戈斯要塞时再次受阻。这一次，威灵顿的攻城炮少得可怜，强攻被法军击退，再加上苏尔特威胁着他的后路，他只好后撤退回葡萄牙。

两晋南北朝
中原遗脉专题

元嘉草草，封狼居胥，赢得仓皇北顾。
四十三年，望中犹记，烽火扬州路。
可堪回首，佛狸祠下，一片神鸦社鼓。
凭谁问，廉颇老矣，尚能饭否？

仓皇北顾

刘宋第一次元嘉北伐回眸

作者：爱澜

　　"元嘉草草，封狼居胥，赢得仓皇北顾"，此语出自南宋爱国词人辛弃疾之手，是其晚年名作《永遇乐·京口北固亭怀古》中流传千古的佳句之一。在这首词中，词人以古讽今，对即将到来的宋开禧北伐提出了委婉的劝谏，希望从政者能汲取历史教训，做好充分准备，完成光复河山的目标。然而，结果还是被他不幸言中，开禧北伐成了一次政治与军事冒险，最后以宋朝失败、宋金议和告终。历史真的是在不断轮回反复吗？词人口中念叨的"元嘉草草"又是如何一番情景呢？

　　距离辛弃疾生活的时代700多年以前，中国南方也有一个偏安政权，这个政权的名字跟词人忠于的朝廷一样，都是宋，且这个宋也受到北方游牧民族的威胁，也期望能通过北伐来恢复汉晋故土。在这个朝代最鼎盛的时期——元嘉年间，执政者宋文帝发动了三次北伐，这就是历史上著名的，也是本文要叙述的元嘉北伐。

A 从少帝被废说起

刘宋景平二年（424年）五月二十五日[1]，都城建康发生了一起惊世骇俗的政变——才做了两年皇帝的刘义符，被父皇留给他的辅政大臣徐羡之、傅亮、谢晦三人废黜，远在荆州的宜都王刘义隆被迎立为皇帝。

刘义隆乃是刘宋朝开国皇帝宋高祖武皇帝刘裕的第三个儿子，身高七尺五寸（按西晋王浚妻子华芳墓出土的象牙制标准晋尺，1尺为24.2厘米，折合今日约1.82米，在当时的营养条件下，这样的身高算很高的了），从小便受到了比较良好的教育，读过当时主要的儒家经典和史书，擅长书法。景平二年时，他正十八岁，担任使持节都督荆益宁雍梁秦六州，豫州之河南广平、扬州之义成松滋四郡诸军事，镇西将军，荆州刺史。他都督的六州正好是整个皇朝的西部，而且荆州自东晋以来就以"西陕"之名实，据长江上流，与下游以扬州为核心的东部呈分庭抗礼之势。

然而，刘义隆能坐上皇帝之位倒不是自身实力所致，而是封建皇位传承顺序和机缘巧合。就前者而言，宋武帝的儿子皆为庶出，所以最符合礼法的传承顺序就是长幼之序，即应该是长子刘义符、次子庐陵王刘义真，然后再轮到刘义隆。那么为什么接班的不是刘义真而是刘义隆呢？刘

义真要做皇帝有两大阻碍。其一，他自己跟辅政大臣们的关系不好，也不被他们看重。当初刘裕考虑接班人时，就安排谢晦考察过他，但谢晦明确表示反对。其二，刘义真身边的人，如著名文学家谢灵运、颜延之也与辅政大臣存在矛盾，一直受到他们的排挤。刘义真曾经说，如果自己有一天得志（也就是做了皇帝），要提拔这些亲近的人做大官。这样一来，辅政大臣们是绝对不敢捧刘义真出来做皇帝，给自己找不自在，并且在废黜刘义符之前就要先想办法处置掉这位庐陵王，废掉他的政治继承权。

处置掉一个王爷，这在普通人看来可能是匪夷所思的事，但对于掌握权力的人来说却轻而易举。首先，刘义真作为一个娇生惯养出来的纨绔子弟，性格往往有重大缺陷——情商低，容易任性胡为，所以很容易找出他的错误。按照当时的礼制规定，父母亡故要为之守丧三年。在此期间，穿什么服装、住什么地方、吃什么东西、哪些事不能做都有讲究。比如，守丧期间是不能进食鱼肉和酒的，但刘义真却带着手下喝酒、吃车螯。车螯是文蛤的一种，也就是说，这位庐陵王仍然在吃海鲜大餐。这样的错误本来可大可小，更何况诸位王爷都有居丧无礼的情形，但既然要搞掉刘

---

① 本文时间均为农历，纪年使用帝王纪年，第一次出现时使用括号标注公元纪年，之后不再重复标注，请读者注意。

义真，那就要把他当反面典型了。接下来就是挖空心思罗织罪名，这就根本不需要刘义真犯错了。辅政大臣及其爪牙反复审视刘义真的日常行为，认定他的回朝请求是"潜怀异图"（即暗地打算造反），在旁人面前发的牢骚是"讪主谤朝"（即诽谤皇帝和朝廷），这些都是"罪大恶极"的行径。罪定了，还不能轻易处分，需要最大程度争取政治舆论的认可。于是，为了充分寻求惩罚皇子的依据，辅政大臣们甚至抬出死去的宋武帝刘裕，说先皇早有安排，曾当面跟刘义符以及辅政大臣说，只要庐陵王不听管教，就放黜他。当这些材料一股脑儿陈列在少帝刘义符面前时，本就对弟弟不满的他倒是乐见其成，于是，辅政大臣们借皇帝的手顺理成章将刘义真废为庶人。后来，他们又派亲信直接谋杀了刘义真，以断绝后患。刘义真一死，刘义隆便成为刘义符之下皇朝法统的合理顺位继承人。

中国民间有句俗语叫"皇帝人人想做"，高坐龙椅接受万民仰拜也算是一个传统的中国梦了。可是与普通人的想象不同，那个龙椅一点儿也不舒坦，特别是在当时那个环境。为什么呢？这里有两大原因：

其一，当时皇帝与大臣之间的政治权力争夺超乎寻常。从东汉后期开始，确立优势经济地位的世家大族在中央与地方逐渐掌握政治权力，形成士族门阀势力。汉魏兴替前后，曹魏统治者采用的九品官人法被世家大族利用，加速了这一进程。到了东晋，中央内形成士族与皇族分享皇权的独特的门阀政治局面。到了东晋末年刘宋初年，两大政治集团在中央的权力平衡开始改变，皇权政治出现了复兴迹象。可是，历史的演进不是一帆风顺的，既得利益集团总不愿意轻易放弃或出让自己的权益，通过朝代更替跻身既得利益集团新成员的人又想坐享旧的政治遗产，确保自己的权益。

其二，每个朝代开国皇帝与第二代接班人的权力交接都是历史难题。作为刘宋开国功臣的辅政大臣们，是跟随刘裕枪林箭雨过来的，相互之间有充分的了解、基本的信任，对皇帝的权威也是俯首帖耳，但刘裕的儿子呢？黄毛小儿，既无恩威，又未必互信，出现矛盾就在所难免了。刘义符与辅政大臣之间矛盾激化，进而导致政变的最根本原因就是在此。

现在，刘义隆被尊奉为皇帝，也需要面对类似的问题，特别要直面第二个原因引发的问题。正因如此，他和许多幕僚对离开荆州去建康继位是害怕的。直到亲信幕僚王华、王昙首、到彦之反复分析利害，觉得利大于弊，他才下定决心冒险走一回。王昙首还安排了特殊的安保措施——由荆州的士兵担任刘义隆一方的护卫，不让任何中央派来的接驾人员靠近，统帅荆州核心军力的镇西中兵参军朱容子甚至抱着刀守在刘义隆所在船舱的外面，吃饭睡觉都不离开。在这种奇怪而严密的保护下，船队自七月十五日从江陵出发，于八月八日抵达建康，路上一共花了22天。按照当时江陵至建康水路航程3380里计算，船队顺流直下平均一日150余里，算是正常的速度了。半路上，刘义隆还见到了黄龙负舟的奇异景象（这自然是迷信的穿凿附会）。面对这个"好兆头"，他表面谦虚说自己无德，心里恐怕是喜忧参半。

八月九日，刘义隆去郊外拜谒了父亲刘裕的陵墓初宁陵（今南京市麒麟门外麒麟铺）。随后，他回到宫城的中堂，经过四次虚伪的推让之后，举行了登基仪式，改年号为元嘉。三十日，他又去太庙敬告列祖列宗。至此，刘义隆算是正式完成了权力交接的仪式，成为刘宋第三位皇帝。[①]他就是后来被史书多加粉饰，称赞缔造了元嘉之治的宋文帝。

◎ 宋文帝像，原载日本庆安四年（1651年）翻刻的《君臣图像》。

◎ 今日宋武帝刘裕初宁陵前的天禄（微博网友"诚意侯"摄）

---

① 按照现有相关研究，在汉代逐渐成形的登基礼节包括登基大典、告庙、逾年改元、南郊告天等，一般除开国皇帝因宗庙尚未建成，可能有所缺漏之外，正常情况应该遵从。然而，不知是史书记载不完整，还是真的礼仪简省，晋代、南朝诸多皇帝多有疏略，因此，陈戍国先生认为可能晋代没有定制，而南朝趋于简化。笔者认为，宋文帝的谒陵则有仿照东汉帝登基典礼的嫌疑，而且意在证明自己皇权传承自武帝，而非自己的兄长。其未逾年即改元，本不合礼制，只能作否定兄长之解。

◎ 今人所绘景平二年政变的情景（龚延明主编《中国通史》绘画本P286）

B 开启元嘉时代

宋文帝登基之初，王朝的大政依然掌握在辅政大臣们手里，但双方基本还是融洽的。对辅政大臣们而言，更换皇帝不是小孩子做游戏，不可能任由心意今天废这个，明天废那个，朝政和谐是他们期望的，要尽快稳定局势，确保他们的政治利益延续。对宋文帝而言，初来乍到，需要冷眼观察辅政大臣的动向，并逐步培养自己的力量，不宜过早出手，打草惊蛇。宋文帝为了安抚他们，将徐羡之从司空之位荣升司徒，傅亮加授左光禄大夫、开府仪同三司，谢晦从抚军将军晋级卫将军。这些加官和晋升基本是荣誉性质，显示尊崇而已，

并无太多实际意义。

当然，辅政大臣们也不是善茬。徐羡之早在刘裕南征北伐之时，就是刘裕在朝中总管家刘穆之的副手。刘穆之病死后，他又成为刘穆之的接任者。他不仅受到刘裕的充分信任，而且以"晓万事，安异同"受朝野推崇。傅亮则是刘裕的心腹谋士，整整十年的表策文诰均出自他手①。他不仅亲自充当逼晋帝退位的执行人，还在刘裕登基后"总国权"。谢晦多谋善断，堆积如山的公文和繁杂的事务能迅速恰当地处理完，深受刘裕赏识和信任。在刘裕代晋时，他就奉命担任警卫工作，后来又总

---

① 《宋书·傅亮传》："高祖登庸之始，文笔皆是记室参军滕演；北征广固，悉委长史王诞；自此后至于受命，表策文诰，皆亮辞也。"根据《宋书·武帝纪》征广固结束在义熙六年（410年），受命在永初元年（420年），考虑到前后均未满年，按10年计。

管宫中保卫事宜。檀道济是晋宋之交的名将，自刘裕起兵时就一路跟随，屡立战功，在军中颇有威望。此外，他们为了废黜少帝，还拉拢了政治门阀、琅琊王氏的领军人物王弘。应该说，他们在朝中的势力盘根错节，具有极大的政治能量。

同时，他们对宋文帝是有提防的。他们安排自己人谢晦去补荆州刺史的缺，控制住这个西陕要地，作为他们势力的外援。万一宋文帝对他们采取什么措施，他们可以同时在朝廷内和荆州遥相呼应。也就是说，宋文帝虽然顺利登基，却面临一个多方掣肘、自身难以发挥的政治局面。然而，一个正常人一旦拥有了行使无上权力的资格，他就会努力将其变成现实并予以确保，更何况他不是一个人，有许多人正想帮助他来维系自己的权益。要知道，宋文帝的部属也非等闲之辈。当还在做地方官时，刘裕就为他的幕府配置了不少高才，如王华、王昙首。两人均为著名的琅邪王氏之后，曾祖父同为东晋名相王导。王华蒙刘裕青眼，刘裕甚至亲自主持丧礼，为王华多年失踪的父亲发丧，以"收其才用"；王昙首则被刘裕称为"沈毅有器度，宰相才也"。前文所述，在是否要到建康做天子的问题上，两人不仅是宋文帝的铁杆支持者，还起到了决定性作用。另外，殷景仁和刘湛也加入到宋文帝方面来。殷景仁是王导孙子王谧的女婿，他的岳父王谧与王弘、王昙首的父亲王珣关系匪浅，他的堂叔殷仲堪与王珣又属同一政治集团，共同对抗过晋末权臣司马道子与王国宝。他本人与刘义符有过一段主仆关系，文帝即位后迅速成为文帝腹心。刘湛则属于宋

文帝弟弟彭城王刘义康的心腹，与殷景仁是好朋友。在面对辅政大臣势力的问题上，作为皇族成员的彭城王刘义康自然是宋文帝可以团结的力量之一。

在这个关键时刻，辅政大臣集团的短板开始显露了，因为他们是为了反对刘义符而团结起来的，当外部威胁减轻时，内部矛盾就尖锐起来。并且他们更多的是贪恋既得利益，而不是自己有非分之想（比如傅亮居然与到彦之、王华往来结纳，以求自保）。宋文帝由此突破、分化瓦解辅政大臣集团，利用王昙首的关系和三公之一的司空头衔拉拢了他的兄长王弘，又将最初反对废少帝，被拖上"贼船"的征北将军、南兖州刺史檀道济团结到自己旗下。一面破，一面还要立。他迅速成立了自己的近身决策班子——由王华、王昙首、殷景仁、刘湛出任侍中。侍中随侍君主，可以商讨国家大事，这就为密谋策划提供了方便。藩邸旧人、宜都王文学谢弘微担任黄门侍郎，利用这个职务的"侍从左右，关通中外"实现了内外朝联络的方便。此外，藩邸腹心，铁杆支持他到建康做皇帝的到彦之被任命为中领军，不仅统管禁军部队，还一定程度上掌握了全国军权。王华又兼任中领军之下的右卫将军，王昙首兼领归中领军管辖的骁骑将军，控制住骁骑营，加上殷景仁本身就担任左卫将军，将禁军的控制真正落到了实处。四人与檀互为表里，与辅政集团的内外呼应形成针锋相对之势。

经过一年多的密谋和准备，宋文帝终于出手了。元嘉三年（426年）正月，一

场干净利落的政治运动横扫辅政大臣集团。傅亮被诛杀，徐羡之被迫自杀，亲戚党羽也纷纷被处置。随后，宋文帝御驾亲征荆州，到彦之、檀道济率大军仅用两个月时间就平定谢晦，将其俘送建康问斩。至此，宋文帝和他的府邸集团终于彻底扫除了辅政大臣的势力，掌握了朝廷威权，正式开启了元嘉时代。

◎ 现代画家苏文绘制的王昙首

◎ 殷景仁像（《中国历代人物像传》P1043）

C 元嘉之治的起点

常言道"靡不有初"，掌握了大权的宋文帝自然想有一番作为。对一个封建帝王而言，所谓"作为"不过是内修文治和外立武功。正所谓"夫欲攘外者，必先安内"，所以我们先来谈文治。

首先不得不说，宋文帝继承了一笔不错的政治遗产——"义熙土断"。这是义熙八年（412年）和义熙九年（413年）间，刘裕尚是东晋臣子时主持的。土断的核心就是清查户籍，它包括两个主要方面，一是将不用交税服役的流民临时户籍（即白籍）改为需要交税服役的国家正式户籍（即黄籍）；二是对世家大族虚报户口、藏匿劳力进行清查。土断的结果能使国家增加许多纳税服役的户口，增强国家实力。此前，东晋权臣桓温主持的"庚戌土断"是

东晋在淝水之战中取胜的一个重要经济因素。刘裕主持的"义熙土断"通常被认为是东晋南朝时比较彻底的一次土断，大大改善了东晋末年和刘宋初期财政、兵源的供应，保障了晋末宋初的平叛和开疆拓土的需要。由于土断过去仅十多年，因此其良好的作用尚未完全消退。

其次，宋文帝励精图治，着实推行了一些缓和阶级矛盾、促进政治清明、有益于百姓的举措。元嘉三年五月，宋文帝下诏派遣十六位使臣巡视四方，考察地方官的治绩和作为，听取各地的舆论及治国建议，并督促郡县赈济老人、鳏寡孤独及重度疾病生活无法自理的人。从已知的巡视官员反馈情况看，这个举动起到了相当正面的作用。

其一，确实有不少问题通过这个渠道反映到了朝廷。比如始兴太守徐豁谈了武吏课税太重、征税年龄起点太低，郡内银矿课税死板、矿工生活艰难，中宿县少数民族俚民聚居区不产银矿却以银课税三大问题，并提出了自己的建议。

其二，一批政绩出色的官员得到了奖励。比如"清勤均平，奸盗止息"的宣威将军、陈南顿二郡太守李元德进军号宁朔将军；"廉恪修慎，在公忘私，安约守俭，久而弥固"的彭城内史魏恭子得绢五十匹，谷五百斛；"治政宽济，遗咏在民"的前宋县县令成浦、"在事有方，民思其政"的前鲖阳县令李熙国、"自少清廉，白首弥厉"的山桑县令何道，各得绢三十匹，谷二百斛；徐豁更是以功绩突出，获奖绢二百匹，谷千斛。通过奖励这些人，朝廷树立起了良吏的榜样。

其三，鼓励社会上的良风益俗，提倡节俭，反对浪费。宋文帝对报上来的孝行代表河南秦绵、吴逵，吴兴潘综，梓桐张楚，会稽郭世道、严世期都予以了表彰，批准了富阳县令诸葛阐之禁止与夏至日五色丝穿着相关的风俗。前者很好理解，那么后者呢？

据汉代应劭的《风俗通义》记载，汉代在五月初五日用五色彩丝系在手臂，传说可以延年益寿，辟除鬼邪疾病。南朝宗懔的《荆土岁时记》大致说法相同，但多了彰显妇人养蚕功绩的作用，以及夏至日吃粽子时亦用"练叶插五彩系臂"的提法（练叶即白绢做成叶形）。也就是说，五色丝要从五月初五用到夏至。据说，今日一些地方仍有类似风俗，戴一段时间后烧掉或者抛入河中。古代没有化工产业，彩丝染料取自天然，制作颇费人工。制作出

◎ 江苏泗县出土的东汉时代画像石，描绘的是纺织场景。（本图原载赵丰、徐峥《古代丝绸染织术》P48）

◎ 清朝乾隆时画家徐扬绘制的《端阳故事图》第六幅《系彩丝》，说明宋文帝的禁止没有效果，这种风俗在民间得到良好保存。

来的彩丝纯粹为了装饰，之后又白白损耗，是有浪费之嫌。然而，民间风俗流传已久，以国家强力手段禁止又稍嫌苛刻，自然不会成功。但是，这一禁令将皇帝反对奢侈浪费的态度明白无误地传达给天下人和各级官吏，有一定积极意义。

其四，推荐了一批隐世的人才，特别是文化人才。明据可查的便有雷次宗、陶潜、刘凝之、宗彧之。雷次宗是儒学大师，对三礼(《仪礼》、《周礼》、《礼记》)和《毛诗》（《诗经》）特别有研究。陶潜就是著名文学家陶渊明。

刘凝之以德闻名，与富户出身的妻子甘贫乐道，乐善好施，妻子丰厚的嫁妆都分给了亲朋好友，有余钱或地方官给予的钱都用来周济穷苦人。宗彧之亦以德行和文章著称。虽然这四位都谢绝出仕，但反映了宋文帝在文治方面的态度。后来，在多次努力下，雷次宗终于在元嘉中后期两次出山去建康讲学，影响深远，不能不说这次征召有其积极意义。

此后，宋文帝继续坚持节俭与恤民的方针。元嘉四年（427年）二月，主管皇家车马的车府令建议更换皇帝御辇的车篷，并为车席边缘包裹代表尊贵的紫皮。宋文帝认为竹制的车篷还没有损坏，而紫皮又过于昂贵，所以没有同意。针对各地的水旱疾疫，他却不吝派人赈灾。特别是元嘉四年夏季的京师瘟疫，他不仅派遣医生和发放药品，还对无家属的死难者免费提供棺材，予以收埋。面对自元嘉四年秋开始的大旱灾，他在次年正月下《罪己诏》，

◎ 雷次宗像（《中国历代人物像传》P1041）

◎ 陶渊明像（《中国历代人物像传》P1039）

认为"责深在予",要求政府各部门直言朝政不足之处,不得隐讳。

此间,在经济政策上值得大书一笔的,就是他积极筹划铸钱事宜,这是自西晋以来一个半世纪之后又一次官方铸钱活动。尽管元嘉四铢的实际开铸始于元嘉七年(430年)十月,此时第一次北伐已经开始,但讨论和准备应早于此时。根据目前对考古发现的元嘉铸钱陶范和钱币实物的研究,当时开铸的四铢钱有效仿汉武盛世改革之义,虽然多年未铸钱导致铸造技术退步,铜矿资源不足又稍有减重,但新钱仍然厚实足量,有利于市场流通,堪称善政。

宋文帝还给予了帝乡的百姓特殊照顾。这里所说的帝乡,不是彭城县,而是刘裕迁居的丹徒县。丹徒不仅是帝乡,还是刘宋王朝支柱北府兵的重要来源地,当地的乡亲有许多参加过刘裕的起义,甚至倾家荡产追随他南征北战①,为刘宋王朝的建立立下了汗马功劳。在封建社会,对这样一片"龙兴之地"给予超常规的政策倾斜是合理的,也是必要的。元嘉四年二月,宋文帝来到丹徒县,拜谒祖宗的陵墓。三月初三,他又仿照汉朝开国皇帝刘邦的故事②,在丹徒行宫大宴父老乡亲,并下

◎ 上海博物馆藏元嘉四铢钱(来源:上海博物馆网站)

诏加恩免除丹徒县当年的租布,所有犯了五年以下徒刑的丹徒籍刑犯均立即予以释放,参与开国战事的军人家庭以及现在为将的家庭给予抚恤。当然,宋文帝的政策力度比不上刘邦的世代免除赋税徭役,这是大一统王朝与偏安政权在气度上的差异,更是南朝国家对民户控制力弱、经济实力不强,不允许在福利政策上开口太大的缘故。

除了百姓得益之外,朝廷上层政治的稳定与否也是衡量最高统治者作为的重要标准。作为一个封建王朝,君权交替是不可避免的大事,因此,太子被认为是国之根本(简称国本)。早定国本,确立名分尊卑,被认为是减轻王朝内斗的一种策略。宋文帝接纳了这一观点,元嘉六年(429年)三月二十五日,他立年仅4岁的嫡长子刘劭为太子。

权力分配和运作方面,随着辅政大臣集团被清洗,缺少了共同的敌人,表面团结一致的群体也开始分化,旧有的裂痕显现出来。起初朝廷的政治格局是王弘以录尚书事的身份主掌外朝(即为宰相),王华、王昙首以侍中身份主掌内朝。王华作为王

---

① 《宋书·刘康祖传》载,世居京口的刘简之听闻刘裕起兵"杀耕牛,会聚徒众,率以赴高祖"。
② 《史记·高祖本纪》:"高祖还归,过沛,留。置酒沛宫,悉招故人父老子弟纵酒……谓沛父兄曰,'……其以沛为朕汤沐邑,复其民,世世无有所与……'"

氏不同分支的代表，本就与王弘、王昙首存在微妙的利益争夺，且他一贯功利心重，不甘人下，甚至直截了当感叹"宰相顿有数人，天下何由得治"，对不能大权独揽不满，加剧了内部斗争。幸喜的是，元嘉四年王华病逝，并未造成严重影响。

王华死后，王弘与王昙首这对亲兄弟同时控制内外朝就显得特别碍眼了。政治智慧丰富的王弘深谙月盈则缺的道理，也明白自己虽然跟幼弟王昙首政治协作关系尚算良好，但终非宋文帝的腹心，开始挖空心思找理由辞职。元嘉五年（428年）元旦，他以大旱多灾失德臣子有责为名，上表请求辞职。作为皇帝，自然是期望削

祝总斌先生在《两汉魏晋南北朝宰相制度研究》中认为，"宰相顿有数人，天下何由得治"，是冲徐羡之等辅政大臣所发，并以谢晦造反时所发的檄文为据。此证尚不够充分，不仅王华在刘义隆幕府内争利史有明载，而且还有其他旁证。如《宋书·王华传》"上即位，以华为侍中，领骁骑将军，未拜，转右卫将军，侍中如故"，《宋书·王昙首传》"及即位……以昙首为侍中，寻领右卫将军，领骁骑将军"。依据丁福林先生《宋书校议》考订，王昙首传"领骁骑将军"前有"改"字。这一次看似完全没必要的职务微调，透露出王华与王昙首经历了一次换位。按刘宋王朝的官制，右卫将军与骁骑将军同为领营（有直接隶属其指挥的部队）的禁卫武官，品阶相同，但右卫在位次上高于骁骑将军。刘义隆荆州军府之中，王昙首为长史，本为首，而王华为"司马、南郡太守，行府州事"，掌握了实际权力。刘宋一般多以长史兼该州首郡，而在军事为重情况下，也有司马兼首郡，重要性超逾长史的情况，荆州过去正是有这样的例证。所以笔者猜测，王华对于这一武职任免有不同意见，认为自己理应在王昙首之上，而一贯善于折冲斡旋的王昙首及时做出退让。但退让不代表两人关系真的和谐无匹。西晋末年为司马睿巩固江东，安东司马王导曾与丹阳太守顾荣交换位置。刘宋建国前，王弘也曾接受徐羡之跃居其上的事实。基于王家人处

理权力斗争的一贯套路及王昙首行事风格的了解，我们可以认为，王昙首对王华很可能使用了类似的身段。它无意透露出，即便看似谦退自持兄友弟恭的王昙首，未必将王华真正地看作"自己人"。反之，以王华的性格，不与人争，绝无可能。此外，《南史·谢弘微传》载，宋文帝曾感慨"谢弘微、王昙首年逾四十，名位未尽其才，此朕之责也"，同样43岁早早离世的王华却未得这样的评价，也可以看出宋文帝与这三人亲疏关系微妙的不同，以王华的敏感和个性，生前有所怨望实属正常。

◎ 王导像

弱一下王氏力量的，但不能王弘刚提出来就乘势让他走人，这样会伤到大臣面子和自尊，显出皇帝对宰相的不信任，所以宋文帝没有同意，反而下《罪己诏》承认为政过失。之后，王弘一边再三请求，一边提出调彭城王刘义康入朝分担自己的工作。宋文帝很好地把握了政治火候，他没有批准王弘的辞职申请，只是将其从司徒降级为卫将军，但继续保留开府权力，同时批准了刘义康入朝，与王弘共同"录尚书事"，分担具体的行政工作。

元嘉六年正月，刘义康正式上任。这位年仅21岁的王爷相当聪明，记忆力出众，见过的人和事都记得很清楚，在细节问题上十分精明，能从文件的细微处发现问题。政治老道的王弘索性将万事都推给他处置，自己悠闲自得——这实际上就是宋文帝想要的结果。不过，就管理尚书事而言，宋文帝对刘义康也不是没有制衡。刘义康上任后，琅琊王氏另一支的王敬弘从尚书左仆射提拔为尚书令，宋文帝的堂弟、

《世说新语》的编纂者临川王刘义庆接任尚书左仆射，亲近宋文帝的江夷——刘裕的心腹、曾听从刘裕安排去监管晋朝宗室司马德文[①]——出任尚书右仆射。不问政事混日子的王敬弘只是一座政治花瓶，他实际也没真正坐到这个烫屁股的位置上[②]，掣肘的关键还是在后两位身上。

当然，不仅是外朝，整个政治格局都保持着微妙的平衡。比如当时内外军的军权掌握在殷景仁及其族叔殷穆之手，内朝王昙首仍然是宋文帝决策的左膀右臂。这些力量都在相互牵制。此外，王昙首继承了祖先"镇之以静"的施政方针和努力谋求各方势力平衡的政治传统，显示出在多个鸡蛋上跳舞的能耐。他煞费苦心地一面将刘义康的心腹刘湛外放荆州，一面又劝兄长王弘拿出自己军府兵力一半给刘义康，从一定程度上遏制刘义康的过度扩张，又不让他损失太大的权益。正是这种各方相互牵制的布局，政治操盘高手的悉心维护，元嘉初期政治呈现出相对稳定。

D 元嘉初年的南北形势

相对于内修文治，外立武功就要困难许多了，因为此时刘宋王朝的外部形势可不

容乐观。要知道刘宋王朝的建立存在先天不足，自一代枭雄高祖刘裕登基伊始，他南征

---

① 《宋书·江夷传》："高祖命大司马府、琅邪国事，一以委焉。"当时的大司马琅琊王乃是司马德文。江夷就是辅助并监视他的人。

② 《宋书·王敬弘传》："性恬静，乐山水……敬弘每被除召，即便祗奉，既到宣退，旋复解官，高祖嘉其志，不苟违也……元嘉三年，为尚书仆射。关署文案，初不省读。尝豫听讼，上问以疑狱，敬弘不对。上变色，问左右：'何故不以讯牒副仆射？'敬弘曰：'臣乃不以讯牒读之，政自不解。'上甚不悦。"如此昏聩不办实事的王敬弘仍然从元嘉三年到六年高居尚书仆射之位，甚至还提拔为尚书令，可见其功用了。

北讨打下的半壁江山就开始遭到北方游牧政权的蚕食。为了自己一人的皇帝梦，刘裕在收复关中之地后便匆忙返回建康，结果根基不稳的关中被匈奴后人赫连勃勃的夏国政权夺取。这次失利不仅丢掉了失而复得的汉晋故土，还损失了相当多的猛将谋臣和精兵。被皇帝宝座冲昏头脑的刘裕只得咽下这枚

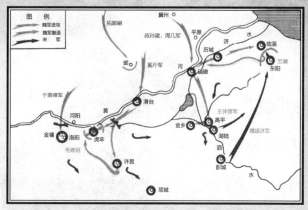

◎ 永初景平年间，北魏攻刘宋图

政治苦果。可是，他没有想到，在接下来的岁月里，他的子孙还将继续为此付出惨重代价。刘裕活着的时候，其威名尚著，北方各少数民族政权都很忌惮。等到他驾崩，尸骨未寒，当时控制了黄河以北的北魏政权就果断发兵南下。由于皇朝绝对权威的消失，朝廷内部各种势力忙于调整组合，辅政大臣与新皇帝刘义符正斗得你死我活，刘宋的应对一塌糊涂。虽然依靠一些健在的猛将精兵的奋战，全局未崩溃，但丢失了河南之地（即今河南中部地区）。名将毛德祖率孤军坚守虎牢整整两百天，因得不到增援城破被俘。河南之地的丢失，导致沿黄河的防御体系被打开缺口，形成楔入刘宋心脏地带的一个突出部。幸运的是，北魏君主明元帝在战争末期病死，北魏军队停止战事，才给了新登基的宋文帝以喘息之机。

到元嘉三年时，刘宋王朝的北方还存在八个少数民族政权，他们分别是北燕、北魏、夏、仇池、西秦、北凉、吐谷浑与柔然。下面我们简单来看一下各政权的情况：

北燕为胡化汉人冯跋所建，位于今辽宁西南部和河北东北部一带，与北魏、柔然接壤。北燕实力虽弱，但境内经冯跋十余年统治，暂保偏安之局。在外交上，它与柔然、刘宋保持友好，因遭到过北魏的侵略而对其保持警惕。

北魏为拓跋鲜卑所建，已控制了现今河北省的全部、山西省的大部以及河南、内蒙古、辽宁各一部的疆域。自开国道武帝以来已历三君，但依旧处于上升期，一面对抗北方柔然的入侵，一面对外积极扩张。它与刘宋、夏、北燕、柔然都互为敌手。

夏，即前述的匈奴赫连氏政权，它控制着今陕西、甘肃、宁夏、内蒙古各一部分，具备一定的实力。它是刘宋的国仇，但自身最大的世仇和敌人是北魏。但在与北魏争锋最关键的时刻，一代战神、开国君主赫连勃勃病死，诸子不和，实际上丧失了扩张的能力。

仇池为氐人所建的政权，仅占据今甘肃成县以西的地区，但其地理位置十分重

◎ 擅长骑射的胡人

要，是刘宋西部的门户。在历史上，与南方政权友好是其主流，所以尽管刘宋代晋以后有所龃龉，并接受北魏的封号（有两头下注之意），但随着元嘉三年尊奉元嘉正朔，其君主杨玄被宋文帝封为使持节、征西将军、平羌校尉、北秦州刺史，并认可其继承武都王王位后，双方关系逐步融洽。

西秦是陇西鲜卑建立的政权，控制着今甘肃、青海一部分土地，处于夹缝生存的状态，虽然乞伏炽磐颇有才能和号召力，是地方一小霸，但力量有限。刘宋王朝建

立后，曾加封西秦统治者乞伏炽磐为安西大将军，显然是想让西秦对夏进行牵制。而实际上，乞伏炽磐却屡屡兴兵北凉，以求扩张，因此宋书其后就罕见正式交往的记载了，也就是说关系趋冷。

北凉是卢水胡沮渠氏政权，占有今甘肃西部、新疆东部及青海一部。其君主沮渠蒙逊已在位二十余年，有一定的政治军事手腕，但囿于自身格局，不过制命一隅。在对外关系上，由于北凉远离中原，又伪作向慕王化[1]，所以一直受到刘宋礼遇，

---

[1] 《晋书·沮渠蒙逊载记》，记载其上书称："承车骑将军刘裕秣马挥戈，以中原为事，可谓天赞大晋，笃生英辅。臣闻少康之兴大夏，光武之复汉业，皆奋剑而起，众无一旅，犹能成配天之功，著车攻之咏。陛下据全楚之地，拥荆扬之锐，而可垂拱晏然，弃二京以资戎虏！若六年北轸，克复有期，臣请率河西戎为晋右翼前驱。"但实际呢？同书记载："蒙逊闻刘裕灭姚泓，怒甚。门下校郎刘祥言事于蒙逊，蒙逊曰，'汝闻刘裕入关，敢研然也！'遂杀之。"

高祖、少帝、文帝登基时，均给予过封赏。

柔然在《魏书》中称"蠕蠕"，在《宋书》中称"芮芮"，其本源难以细考，据说它的统治贵族集团与北魏的建立者拓跋鲜卑本源出一脉①，但在历史长河中分道扬镳。当拓跋鲜卑进入中原求取富足生活时，柔然继续留在漠北，并利用这个机会爆炸式发展，暂时征服了各零散的游牧民族和群落，成为北方的强者。统一漠北之后，它又继承了北方草原游牧民族的历史传统，依靠强大的骑兵屡屡南下侵犯与劫掠，针对的就是已经离开漠北，初步在中原扎稳了脚跟的北魏政权。元嘉初年，柔然实力强大，又正值以勇武闻名的大檀在位，全力与北魏争雄，对北魏构成了严重的威胁。

吐谷浑据说是辽东鲜卑迁居河陇一带的后裔，在今青海、甘肃西南部、四川西部一带游牧为生。晋末宋初，吐谷浑不断东侵，与包括西秦、北凉在内的多个政权交战。为了能取得政治支持，自少帝年间起，吐谷浑逐渐加强了与刘宋的联系，其主阿豺在元嘉三年受封"督塞表诸军事、安西将军、沙州刺史、浇河公"（这本是少帝景平年间就批准授予的，但没有来得及正式册封）。

从上文可以看出，这些政权可以分为三类：一类是北燕、仇池、西秦、北凉，他们都是地狭户少的小政权，各自在相对封闭的有限空间里挣扎生存，基本上对刘宋不构成威胁；一类是吐谷浑和柔然，他们属于游牧民族政权，占地广阔，虽然积极扩张中，但兵锋所指并非刘宋；剩下的北魏和夏又是一类，即刘宋的仇敌，其中北魏最具侵略性，对刘宋的威胁最大。

由此而论，所谓武功针对的便是北魏和夏，而且首选是北魏。一来，北魏对刘宋的威胁最大；二来，就算要攻夏，也得先收复北魏占领的河南之地。于是，刘宋与北魏这对命中注定的死敌，在元嘉初年便开始了新一轮生死较量。

E 刘宋的准备工作

从前文的记述可以看出，就中原地域而言，刘宋和北魏是两大强者，两者的对决显然需要大量的准备和策划工作。而且，当时政权众多，关系复杂多变，也需要一系列外交与军事手段，来结交己方的盟友和削弱敌人的支持力量。

关于双方的具体准备工作，已知的历史材料并不多。首先从刘宋方面来说，宋

① 《魏书·蠕蠕传》记载了柔然王子阿那瑰投奔北魏，面见孝明帝时的情景："再拜跪曰：'臣先世源由，出于大魏。'诏曰：'朕已具之。'"据此通常认定，柔然和拓跋鲜卑是同出一源。

文帝的雄心壮志由来已久，他一心想要恢复汉朝的辉煌，将游牧民族赶回草原。元嘉三年清除辅政大臣势力时，宋文帝就用了北伐的名义。虽然这是为了秘密调动军事力量，但也反映了他内心的强烈渴望。随后，从元嘉三年到六年，他对北方边境诸州的军民主官进行了微调。其中，最值得关注的是南兖州、南豫州和豫州这三州军政主官的更替：平定辅政大臣集团才七十七天，擒捉谢晦的功臣檀道济就从征北将军、南兖州刺史位置上调离，改任征南大将军、江州刺史。三天后，宋文帝的堂弟长沙王刘义欣接任南兖州刺史。从名义上看，檀道济的地位更尊崇了，但实际被放到一个无用武之处的地方。檀道济调任的同一天，宋文帝心腹爱将到彦之出任南豫州刺史。元嘉五年闰十月，属于宋文帝亲近之人的右军司马刘德武出任豫州刺史①。

元嘉五年正月十五日，宋文帝在玄武馆举行了大阅兵。跟现代举行阅兵式的意义不同，当时的阅兵除了检视军容风貌，还包括演习，这释放出了军事征伐的信号。具体检阅和演习的内容是什么呢？这就需要根据玄武馆的位置和北伐的需要去推测。玄武馆具体的位置，现已不可考，按《建康实录》记载的"阅武于北郊"推测，

大致应该在今日玄武湖一带。而北伐需要舟师运转、车骑步兵配合，我们可以想见宋文帝应该检阅了水、车、步、骑诸军种，并观看了各军种配合的演练，最后甚至可能还进行了围猎。

就在大阅兵的那年，刘宋进行了小规模的试探性攻击，以了解北魏军队的边境布防情况、反应速度以及战斗力（从后来实际北伐的路线看，可能还有战术欺骗的目的）。这次行动兵分两路：十月，安北将军、徐州刺史王仲德派遣步骑约二千余人攻击济阳（今河南兰考县东北）和陈留（今河南开封市东南）②；闰十月，兖州刺史竺灵秀派王玄谟指挥步骑二千人进攻荥阳（今河南荥阳），威胁虎牢（今河南荥阳市汜水镇一带）。两路军马与北魏边防部队仅进行了有限的接触，随即撤退。这里需要指出的是，兖州州治本在滑台，失陷后可能寄治在彭城，所以竺灵秀不需要远程越境机动就可以攻击到荥阳这个位置。

外交战线也在同时运作。通过上一章节对各个政权的分析，我们可以知道，如果刘宋兵伐北魏，可资利用的盟友有夏、柔然、北燕三家。这三家各有缺陷。夏的最大问题就是政治心理关。夏为刘宋的国仇，今要做战场盟友，确实需要充分的觉

---

① 史书对刘德武并无详细记载，何以判断？因为宋文帝登基之后，原来抱刀守护他去建康的朱容子被封为右军将军。这个职务其后可查证的最早担任者为衡阳王刘义季。其本传无载，但据《王徽列传》"年十六，州举秀才，衡阳王义季右军参军，并不就"，"元嘉三十年，卒，时年三十九"，则可知元嘉七年时即为右军将军。两人交接时间或者其中是否有第三者，不详。假设无第三者，则两人均有可能。朱容子是宋文帝心腹可知，则其幕僚按常理以同心可能为大。刘义季若元嘉五年即为右军将军，年仅14岁，其幕僚亦由朝廷安排，是亲近宋文帝之人可能性亦为大（尤其是像司马这种掌军事事务的）。最后可见后文《颟顸的河防》一节，豫州合并也是个间接的证据。

② 此陈留应为《中国历史地图集·东晋十六国南北朝时期》P46—47上的陈留城。

悟和出色的政治智慧。而且夏愿意拿出多少诚意配合也是问题。柔然则远隔山海，文化差异又大，如何取得沟通和互信是关键。至于北燕，自保有余，助力不足，不能倚仗。可惜的是，今天我们重新审视这段历史时，却很难发现有价值的有关元嘉初年外交措施的线索，也就是说，我们很难知道宋宋是否跟上述三家进行了具体的沟通。也许宋文帝和他的臣子们有过尝试，但没有取得值得记载的成绩①。

　　针对北魏的外交行动就直接得多了。元嘉三年八月，宋文帝派遣殿中将军吉恒出使北魏。殿中将军是负责宫殿内部警卫的军官，其品级仅有六品。出任这种职务的人一般都是头脑简单、四肢发达、文化不高却死忠皇帝受到皇帝信任的武夫。以这种身份的人出使，也可以看出刘宋对北魏的轻视，一面在外交上刻意树威，一面又想传递明确的政治信息。其后在元嘉六年（429年）四月，宋文帝又派殿中将军孙横之出使。这一次，宋文帝让孙横之带话给太武帝，河南乃刘宋故土，要他趁早归还，要不然就会刀兵相见。应当说宋文帝此举过于冒失，因为谁也不会平白无故把得来的土地拱手让人，这等于是宣战。占据绝对优势的强者，对弱者发布这种最后通牒式的威吓，才能达成效果。实际上，当时刘宋与北魏的实力在伯仲之间，这种

威吓根本起不了任何作用，反而暴露自己的目的给对手警了醒。从当时北魏正与柔

◎ 夏国石马像（人民美术出版社《中国美术全集·雕塑篇3·魏晋南北朝雕塑》P30）

◎ 江苏南京东晋墓出土的持盾武士俑，刘宋军队也近似。（刘永年《中国古代军戎服饰》P87）

① 《宋书·索虏传》"岁时遣使诣京师"，未言始于何时。《宋书·文帝纪》"（元嘉）十九年……冬十月甲申，芮芮国遣使献方物"，为史书明载的第一次朝贡记录。但实际可能未必。《宋书》对柔然又称大檀，很可能初次交往始于可汗大檀在位时。大檀称可汗时刘宋尚未建立，元嘉六年亡故。又，《宋书·张邵传》"元嘉五年……会蠕蠕国遣使朝贡"，可知最晚元嘉五年已有联系。不过，从建康到漠北行程有三万余里，对军事同盟而言，配合方面存在相当难度。

然水火不容的形势来看，可能宋文帝及决策班子打算借机施压，让北魏选择妥协退让。但是，他们显然没有充分了解太武帝及北魏决策层的态度、决心和魄力，也未能把握好这一策略的分寸，甚至错误估计了形势的走向，自始至终采取一旁观望的状态，没有果断地准备好军事力量在太武帝北攻柔然时打他个首尾不能相顾，给对手留下了可乘之机。北魏方面，太武帝对刘宋方面虚张声势的作风洞若观火，他大肆嘲笑宋文帝为"龟鳖小竖"，果断先出兵亲征柔然，以千里奔袭方式直取柔然王庭，一举重创了这个庞大而松散的游牧帝国。此后，柔然一蹶不振，刘宋也永远丧失了最佳的南北夹击机会。

F 北魏的针锋相对

相对于刘宋紧锣密鼓的北伐准备，北魏又是另一番风格了。这首先源于政权组织和管理方式的差异。尽管拓跋鲜卑已经进入中原主政，并在一定程度上仿照中原组织方式建立了职官制度，但他们尚未接受汉化，缺乏文治的理念和人才，从上到下本质上还是一个游牧军事联盟式的组织架构。他们的官员没有俸禄，要靠战争中的掠夺或者搜刮百姓、经商等手段养活自身。这种主要依靠劫掠的生存模式，注定了这个政权需贯彻铁血扩张的政策，并保持一支强大的常备武力。北魏的军事力量由两部分组成：禁卫军和军镇军。禁卫军是中央卫戍部队，军镇军则是驻扎在各地的军镇内的部队。这些部队均由世袭军户组成，军户则主要来源于拓跋鲜卑部落及被征服的各少数民族部落。其中，作为军队核心军团的拓跋鲜卑实行全民皆兵。由于不断劫掠和扩张，北魏的军队始终处于战场的磨炼中，拥有丰富的战斗经验，可谓"招之能来，来之能战"，所以他们不需要大量的基础性准备，只需要领导层谋划和实施正确的战略。在这一点，北魏着实胜了刘宋一筹。

接下来是政权的决策与领导核心。与宋文帝进行较量的北魏君主，是该政权的第三位皇帝，可能仅比宋文帝年轻一岁的拓跋焘[①]。别小看这个年轻人，在历史的长河中，我们经常遇到一些天才，他们小小年纪时，未经历长期的教育和培训就在某些方面具备超乎寻常的判断力和能力，拓跋焘就是其中有代表性的一位。《魏书》称其"聪明雄断，威灵杰立"。自16岁登基伊始，就表现出雄才大略和出类拔萃的

---

① 宋文帝出生于义熙三年，太武帝出生于天赐五年（即义熙四年），由于均无月日详细说明，不能简单按今人观念判断一定只差一岁。

统帅素质。那时，柔然牟汗纥升盖可汗（意为制胜可汗）大檀以为北魏新君年幼可欺，兴兵南下。拓跋焘亲率军队抵御，被柔然骑兵包围了五十多层，敌人的骑兵直冲他的马头。众人恐惧时，他却纹丝不动，镇定指挥，

◎ 今人所绘太武帝像，原载于龚延明主编的《中国通史》（绘画本）第344页。

击退了柔然骑兵。第二年，为报此仇，拓跋焘指挥五路大军北伐柔然。大军在漠南留下辎重，仅携带15天的干粮轻装奔袭漠北，柔然人不敢接战而遁逃。并且，从其谥号太武帝和庙号世祖①，就可以看出后人对其武功的认可。

太武帝身边辅佐的人才以胡人为主，特别是鲜卑军事贵族。这些人中以太尉长孙嵩（鲜卑）、司空奚斤（鲜卑）、司徒长孙翰（鲜卑）、尚书左仆射安原（辽东胡人）、侍中古弼（鲜卑），以及分典四部的八大人尉眷（鲜卑）、刘库仁（鲜卑）等人为代表。这些人的特点是：多以武勋立身，好勇善斗，一般政治远谋不足，欠缺文化修养。因为汉人出仕受到歧视，辅助太武帝的汉官比较少。这些人虽然不像宋文帝小圈子的那些人出众，但其中也有

龙虎人物，最有名的自然是崔浩。他出身河北汉族门阀大姓清河崔氏，高门大户使他有学习的优厚条件，所以遍览经史及诸子百家著作，上至天文下至地理，无所不知，是北魏朝高官中少有的学问丰富之人。他出仕北魏后，曾为道武、明元两帝之臣，尤其为迷信阴阳术数的明元帝信任，"恒与军国大谋，甚为宠密"。太武帝继位之初，他虽然一度遭到鲜卑军功贵族的排斥，但是凭借太武帝的倚重，重新回到决策层中，从太常卿晋升侍中、特进、抚军大将军、左光禄大夫。太武帝不仅"每幸浩第，多问以异事"，还下旨指示各部尚书"凡军国大计，卿等所不能决，皆先谘浩，然后施行"。还有一位则是尚书令刘洁，他并非出身高门，已胡化，以作战勇猛和军功闻名，与鲜卑军事贵族

① 皇帝的庙号一般的规则是"祖有功，宗有德"。通常，除了开国皇帝为祖，后世基本为宗，但在特殊历史条件下，会出现庙号滥封的情况。魏晋南北朝就是这样的特殊时期之一。尽管如此，当时不少封祖者还是有一定依据的。太武帝能封祖，便是对其开疆拓土的武功认可。

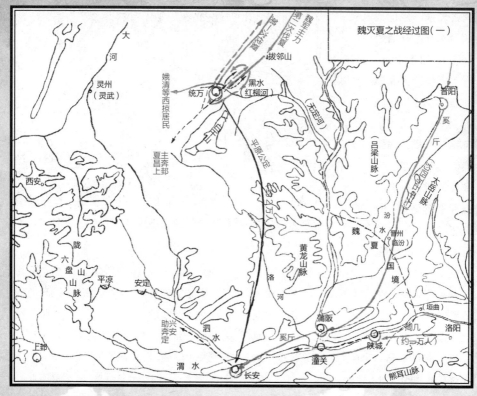

◎ 元嘉初年北魏攻夏图（底图摘自台湾三军大学的《中国历代战争史》）

关系紧密且亲善①。

太武帝和北魏决策班子分析了北魏要面对的各方势力，北魏尚未统一北方，四周树敌尚多，显然没有力量做灭亡刘宋的尝试，所以将眼光放到了稳定北方、削弱刘宋助力的方面。在外交战线上，北魏保持与刘宋往来，选派合适的外交使节出访。如元嘉四年出使者为员外散骑常侍步堆、谒者仆射胡觐。两人元嘉二年（425 年）曾出访过刘宋，对情况比较熟悉。两人的官职均属于第五品，要比刘宋的使者规格高。而且，员外散骑常侍相对清贵，谒者仆射则是谒者台的主官，负责朝廷上的礼仪和秩序的维护、官员位次的引导，比刘宋派殿中将军为使要像样一些。对于其他势力，北魏采取远交近攻的对策。比如与仇池、北凉保持来往。元嘉三年，还与西秦结盟，共同进攻夏。

北魏军事打击的目标则是夏和柔然。

---

① 《魏书·刘洁传》曰："世祖即位……及议军国，朝臣咸推其能。"对照崔浩在世祖继位之遭遇"左右忌浩正直，共排毁之"，简直天渊之别，由此可知当时刘洁与鲜卑军事贵族关系亲密。

元嘉三年，夏政权开国皇帝赫连勃勃去世，诸子不和，太武帝乘机御驾亲征，占据了长安。四年，太武帝再度亲征。他拒绝了群臣的进谏，以轻装野战军深入夏政权腹地，诱敌决战，取得大捷，并拿下了夏的都城统万。五年，北魏军队继续追击，俘虏了夏国君主赫连昌。虽然夏国另奉赫连定为主，并一度收复了长安，但实力已经大大损耗，只有苟延残喘的份了。

在重创夏国的同时，北魏太武帝还积极筹划对北方柔然的军事行动。元嘉六年，太武帝故技重施，以大军挺进漠南，舍弃辎重后轻装急袭漠北。这一次，他修改了出兵时间——不是原先秋高马肥的十月，而是草原刚开始返青的四月。这一招让柔然措手不及，部落许多重要人物被杀，大檀只好烧掉自己的毡帐，丢下大量畜产，带领本族人落荒而逃，当年即病死在异乡。原来柔然征服的诸如高车等部落见柔然贵族西遁，纷纷杀死柔然监视人员，投降北魏，人数超过六十万[1]。这一战，不仅沉重打击了柔然的势力，还为北魏带来了丰富的人力与物力资源，为后来的征战打下了基础。

北魏的一系列军事胜利，使北方的局面朝着有利于北魏、不利于刘宋的方向发展。如果再坐看北魏削平北方各势力，加强自身实力，则局面将更不利于刘宋。于是，一直在调整和等待中的宋文帝终于发动了北伐。

G 匪夷所思的攻势方案

元嘉七年三月初二，宋文帝正式下诏北伐[2]："河南，中国多故，湮没非所，遗黎荼炭，每用矜怀。今民和年丰，方隅无事，宜时经理，以固疆场。"按照宋文帝和刘宋决策层的设计，此次出兵的目的不是驱逐索虏、恢复华夏，而是收复河南之地，消除战略突出部，重建被北魏切断的以黄河为天堑的东西防御体系[3]。应该说，这个战略设计是理智的，是考虑了刘宋的实力、双方军力的优长、作战地区地

---

[1]《魏书·蠕蠕传》称此战"高车诸部杀大檀种类，前后归降三十余万"，又云当年八月讨东部高车"高车诸部望军者数十万"。《魏书·高车传》则说："闻高车东部在巳尼陂……至于巳尼陂，高车诸部忘军降者数十万落。"《魏书·崔浩传》又记载："高车杀蠕蠕种类，归降者三十余万落。"不知孰是。如果是按人计数，则"数"至少是三，人数为60万以上。如果是落，则按每落平均4人计算，无论30余万落还是数十万落，人数均在百万以上。两者综合，谨慎地说超过60万人当合理。

[2]《宋书·文帝纪》："三月戊子，遣右将军到彦之北伐，水军入河。"《宋书·索虏传》："七年三月，诏曰……可简甲卒五万，给右将军到彦之，统安北将军王仲德、兖州刺史竺灵秀舟师入河。"

[3]《建康实录》曰："三月戊子，遣右将军到彦之、安北将军王仲德、兖州刺史竺灵秀等率师北伐索虏，克复河北。"此为孤证，且《建康实录》语及刘宋北伐多夸张褒词，就当时情况来看，刘宋决策层做出收复河北的战略规划过于狂妄自大，故不予采信。

利的条件和盟友的情况之后制定的合理战略目标。

有了目标，接下来就是能投入多少资源了。因为年代久远，档案资料缺乏，我们现在很难统计刘宋在经费和劳役上的投入了，但对军队力量可以进行估算。笔者选用的方式有二。一是用三国时吴国兵户每户的兵员数量、兵户数与正常民户数（含民户和屯田户）的比例系数为基础，结合刘宋的民户数推测刘宋实际兵户和兵员的数量。因为刘宋、东晋缺乏资料，三国吴国是最接近刘宋真相的母版。而用民户与屯田户之和，则是因为三国时代有大量屯田户，不属民籍，晋统一后屯田户改为编户，因此以民户和屯田户共同作为基数，相对更为科学。参照陶文牛先生《三国户口考》一文，可知吴国每兵户兵员 1.74 人，民、屯编户数 82 万户，兵户数 13.2 万[1]，则吴国正常民户与兵户之比约为 0.161∶1。那么，刘宋的民户数是多少呢？《宋书·州郡志》记载统计，在宋孝武帝大明八年（464 年），全国共约 90.17 万户。这个数据无疑是大打折扣的，因为南朝土断并不彻底，大量地方豪强隐匿户口。加上从元嘉到大明，刘宋内部屡经战火，对外又失地，也有大量户口的损失。但是，豪强隐匿的黑户口无法向国家提供兵源和徭役，不能计算在内。综合上述因素，我们以 120 万户作为基数计算，参照前述系数，

可得出刘宋兵户数大约在 19.3 万，兵数大约在 33~34 万之间。

另一种方法是用刘宋时民户每户人口数作为系数，将东晋时某兵户群体兵员与家口的总数还原成户口数，然后根据该兵户群体的兵员数量，得出单个兵户的兵员数，再套入前一方法得出的兵户数中，计算兵员总数。按《宋书·州郡志》记载全国约 90.17 万户，517.4 万人，每户人口约 5.74 人。《宋书·五行志》："（晋孝武帝太元十六年）是年春，发取江州兵营甲士二千人家口六七千人，配护军及东宫。"按兵户军人、家口 8500 人计算，约 1480 户，每户有兵员 1.35 人。全国总兵数大约在 26 万。这个方法优势在于参考母本是东晋资料，比吴国更接近刘宋，但问题在于民户每户口数是否与兵户相一致，缺乏明确的证据；东晋的样本是地方个案，不是全国性的数据；兵户计算仍需要借助吴国底本的推测等。

综上所述，姑且取第一种方式的结果。参照当时兵户之配置，并不是全国均摊的，边境、军事守备要点必然多，内陆相对稀少。我们大致将刘宋境域划分为西部战区（益、梁、秦）、中部战区（荆、雍、湘）、东部战区（豫、兖、徐、青）、京畿外围警备区（南、豫、扬、江和南兖、南徐位于江南的侨郡县）、京畿中央禁军区（建康）和其他区域（宁、交、广）。最后一个几

---

[1] 陶文牛根据《续汉书》注引《帝王世纪》所载，确定吴国兵户数 13.2 万，又按吴国灭亡时兵数 23 万大致推出每兵户 1.74 人（已故的高敏先生认为吴灭亡时的 23 万是兵户数而非兵数，存此一说）。吴国时有民户 52.3 万，陶先生又推理出有屯田户约 30 万，在此取 82 万之数。

乎可以忽略不计，剩下的西部战区应该最弱，而中央禁军力量应该最强。照此估算，东部战区、京畿外围警备区和中央禁军力量大约在20~25万之间。实际北伐中，调动的也基本是这三个区域范围内的力量[1]，大约10万人。因为还需要留下必要的守卫兵力和机动应急兵力，所以这基本是当时可投入的最大力量了。他们所使用的装备，也几乎动用了建康中央武库的全部家底[2]。

那么又该如何分配和使用资源，去达成战略目标呢？要进攻河南之地有东、中、西三线。东线是沿黄淮与江淮间诸多天然水系和人工水道进入黄河，然后溯河而上，进军洛阳（今河南洛阳）。中线是从寿阳（今安徽寿县）出发，从淮河以北诸支流沿岸北上，兵逼许昌。西线是从襄阳（今湖北襄樊市襄阳区）出发，穿越南阳盆地，进入河南之地。当年，刘裕兵伐后秦就是三线并进，一举拿下。如今的局面与伐后秦时略有不同，不需西线的策应，因此为集中兵力，放弃了该线。而且常言道"北人善马，南人善舟"，对南方军队而言，

利用舟船来运输部队和物资是最主要的机动方式，不仅运输量大、成本低，而且隐蔽性也较好[3]。于是，水运更为便利的东线就成了主攻方向。

东线的推进将充分利用天然水系和人工河道。各军走淮、泗、中渎诸水，在彭城集结，然后经菏水（南济水东段）、桓公沟（由东晋权臣桓温下令开挖，以利于水运输送部队物资）、济水入黄河。这是兵伐后秦时，刘裕亲帅主力走的路线。整个东线将投入8万人，其中5万人出击，3万人留在北伐的大本营彭城作预备队。中线则沿淮河以北支流河岸进军，以一支精锐的骑兵队直插虎牢，一支步兵部队随后策应。这基本上是当年王镇恶、檀道济前锋军的行军路线。这次投入骑兵8千人、步兵1万人。依照诏书的要求，两路军马"便速备办，月内悉发"，以求兵贵神速。

可接下来拟定的作战计划就令人大跌眼镜了。宋文帝拍板的居然是一个奇特的"相机而动，后发防人"的方案。这八个字是笔者的总结，实际按照宋文帝的意思

---

① 《宋书·王玄谟传》记载，王在元嘉七年北伐失败之后曾上书说："臣请以西阳之鲁阳，襄阳之南乡，发甲卒，分为两道，直趣浦、沔，征士无远徭之思，吏士有屡休之歌。若欲以东国之众，经营牢、洛，道途既远，独克实难。"尽管这里"独"用"东国之众"，似乎没有使用西陕（即荆、雍、湘）的兵力，可能不尽然。据《宋书·赵伯符传》，宋武帝时赵伯符为宁远将军，"总领义徒，以居宫城北"。他手下的义徒便是来自荆雍之地的士兵。后文提到他作为将领参与了这次北伐，则可能带了这些部属一起出征，即从广义上讲荆、雍士兵也参与了本次北伐。所以，笔者用了"基本"两字以示慎重。
② 《宋书·顾琛传》曰："元嘉七年，太祖遣到彦之经略河南大败，悉委弃兵甲，武库为之空虚。后太祖宴会，有荒外归化人在坐，上问琛：'库中仗犹有几许？'琛诡答：'有十万人仗。'旧武库仗秘不言多少，上既发问，追悔失言，及琛对，上甚喜。"尽管这里顾琛讲的是个假数据，但从文意理解，可认为这个数字并非武库储备甲仗的容量上限。再深入品味，这个十万很可能接近正常储备数字。无论按前后哪种推测结果，刨去水分和必要的留存，北伐应动用了几万甲仗。
③ 按东汉刘熙《释名·释船》中"上下重床曰舰，四方施板以御矢石，其内如牢槛也"可知，水军之舰四方有板，推测若掩饰得宜，可藏匿载员。又，《宋书·王镇恶传》载，北伐后秦时，"镇恶所乘皆蒙冲小舰，行船者悉在舰内，羌见舰溯渭而进，舰外不见有乘行船人，北土素无舟楫，莫不惊愕，咸谓为神"，可为一旁证。

◎ 王镇恶隐匿舟师官兵的情景图（原载浙江人民美术出版社《孙子兵法》（连环画）第6册P155）

可以晓谕人间的祸福。元嘉七年（430年）三月（具体哪一天不知，很可能是北伐诏书颁布之后），负责天文观测的官员报告"太白犯岁星于奎"。这里笔者特意用了报告二字，而不是从天象写起，是因为这个天象很可能不存在，但又确实被动机不明地记载了[①]。这句话是用当时天文界的专业术语描述的，字面意思是金星在奎宿这个位置冲犯木星。那么，它的内在含义又是什么呢？占星在古代是一门高科技的"科学"，仅一个"太白犯岁"的方式不同、表现不同，具体解释也就存在差异。这里因为历史资料的缺乏，我们仅能参照《开元占经》中转《荆州占》的内容："太白与岁星斗，相乱，有灭诸侯，人民离其乡；一曰民多死者。岁星逢太白，曰斗，有土功，岁旱，天下大饥；先举兵不胜，必受其殃。太白与岁星合斗于东方，有兵于外，必有战斗。于西方，必有亡国，死王，白衣之会。"加上奎宿对应人间分野，就当时而言，大致是徐州和兖州的部分地区，而三月份其在天空的位置大约是偏东。

是，如果北魏军队已经动员南下，那么部队立即挺进黄河一线，抢在北魏军队之前控制河南之地；如果北魏军队没有南下集结，那么部队就驻扎在彭城一线不动。这个计划相当的别扭和荒诞，明明是去北伐的，为什么敌人不来，就不动了呢？笔者认为，最好的解释是，宋文帝对自身的力量没有自信，又自作聪明想当得利渔翁。在一边是北魏，一边是刘宋、夏、柔然的对峙局势下，他不想先招惹北魏，使之矛头对己，造成北伐困难。他期望夏和柔然成为出头椽子，然后刘宋再从中取栗。除非北魏将自己列为第一打击目标，否则不需要尽快行动，避免失去先机。

当然还有一个解释，那就是天象。对迷信的古人而言，天象是人间万事的镜像，

---

① 笔者尝试用名为"Stellarium"的虚拟天文软件对公元430年3月11日—4月8日（即元嘉七年整个三月）南京的星空进行了观测，使用软件提供的两种时间变量体系，分别为Espenak & Meeus（2006）、莫里森和斯蒂芬森（2004、2005），结果均推测出整个三月不存在太白犯岁的现象。

◎ 北魏帝国的祖庙石室——嘎仙洞

我们大致粗浅地整理一下，可知三点：一是有战乱，会导致徐、兖一带地方长官丧亡，人民流离失所；二是谁先挑起战争谁失败，反受其害；三是必有对外的战事。面对来自上天的信息，那个时代的人心有所怵也合理了。

总之，因为史料缺乏，我们无法确定宋文帝这一奇特方案策划的真实动机了。

然后，宋文帝还做了一件更出人意料的事。他在宣布北伐后，先派遣殿中将军田奇出使北魏，向太武帝再一次重申了自己的意图："河南旧是宋土，中为彼所侵，今当修复旧境，不关河北。"他把自己只收复河南失地，不进军黄河以北的想法明白无误地告诉了对方。这话本身并不算暴露战略目的，因为外交战线的斗争本就虚虚实实，但这种软弱的表述和反复重申充分反映了宋文帝底气不足，实质上等于告诉对手：自己不想扩大事态，畏惧与北魏正面冲突。这就好比一个强壮的孩子抢了弱小孩的玩具，弱者不停地哭叫："你把东西还给我，你把东西还给我，你不还给我我就抢回来！我就把我的玩具抢回来不动你其他的东西！"这其中的高下立判。

◎ 使用Stellarium虚拟天文软件，在Espenak & Meeus（2006）时间变量体系下，在430年农历三月时间段无法测得太白冲岁，而在430年11月8日发现一次，符合史籍有关十月太白犯岁的记载。

H 贤愚驳杂的将帅

无论调动了多少资源，策定了怎样的计划，最终还是要交给人去完成，所以北伐军事指挥官的选择特别重要，甚至从很大程度上决定北伐的成败。宋文帝精心选择的总统帅是自己的堂弟、时任后将军、南兖州刺史的长沙王刘义欣。这位不满三十岁的王爷将坐镇彭城①，在名义上节度全局，并指挥驻扎在彭城的预备队。刘义欣的父亲是刘裕的弟弟长沙景王刘道怜，后者虽然久历戎职，但"素无才能""贪纵过甚"，主要依赖军府中的能人将佐辅弼。犬父是否犬子这个不好乱说，我们只知道刘义欣在这次北伐前也是遍历军职，甚至做过中领军这样的职位，却没有明确的史料表明他在这些职位上立过任何功勋。也就是说，眼下的他在旁人眼里是个靠血缘纽带吃饭的公子哥，他能出任这个职位得益于政治可靠和对军队比较熟悉。此外，就在刘义欣离开南兖州进驻彭城的同时，由高祖时代的元勋老臣、已经五十五岁的胡藩出镇广陵，暂时代理南兖州的军政事宜。

与总统帅相比，前线实际指挥官就像样一些了——宋文帝选择自己的心腹爱将到彦之出任，明确归他节制的将领包括王仲德、竺灵秀、尹冲、段宏、赵伯符、竺灵真、庾

俊之、朱修之等。到彦之还兼任东线的总指挥官，统帅东线出击的五万人马。

也许在普通文史爱好者眼里，只有以万里长城自喻的檀道济是刘宋的名将，其实刘裕这个农民出身的人手下猛将如云，在刘宋开国之前比檀道济位高功重的军事元勋大有人在，而到彦之就是其中之一。他是彭城郡武原县人，跟宋武帝刘裕是户籍上的老乡，曾追随刘裕讨伐农民起义军孙恩部，立下过不少战功。刘裕起兵反对桓玄时，作为老部下自然是要跟从的，但不知什么原因，家在广陵的他听到刘裕军队攻克广陵才去投奔，结果错过了会合的时机。据说，到彦之是在准备出发时恰好听到了捷报，事后刘裕批评他来晚了，他也不做解释，而接纳他来投奔的人员又不替他申明，于是就在刘裕心里落下疙瘩，继续从原职做起。实际上，历史真相到底如何，谁也不知道，在那个世道，首鼠两端或者先心存观望都是正常的。其后到彦之又屡经戎阵，既有打击农民起义军辎重部队惨败和被谢晦挫败的灰头土脸，也有守荆楚二十战的威信卓著。在刘宋建立前，他因军功被封为佷山县子（爵）。要知道，那时檀道济也只有男爵，比他低一级，倒是王仲德是侯爵，比他高。总之，

---

① 尽管《宋书》明确记载了刘义欣的亡年和寿命，但许福谦先生指出，按《宋书》记载推导出的刘义欣和刘义庆出生年份与其兄弟关系不符，故而认为记载有问题。详见《魏晋南北朝八书二史疑年录》。

就当时来看，宋文帝的这个选择不算最孚人望，也不能说坏。不过，过去的辉煌只代表过去，现在是英雄是狗熊，只有到战场上真刀真枪走一回才能分辨。

在到彦之麾下的众将中，倒也不乏刘裕时代的元勋旧将。列第一位的王仲德本名王懿，因名犯司马懿，而以字称呼。他参与刘裕讨伐桓玄；北伐南燕二十余战"每战辄克"；面对卢循大军逼境，不仅坚决反对迁都，还攻守皆有成绩"功冠诸将"，被封新淦县侯；北伐后秦又是前锋部队总指挥，后又担任诸军总指挥。这样一

◎ 江苏丹阳市建山金王陈村南朝佚名墓出土的武士画像砖（原载《中国美术全集·画像石画像砖三》P683）

位可独当一面的大将，本是北伐元帅或前线总指挥的有力竞争者，但因为血缘和人脉两不如，只能屈居此位。竺灵秀、段宏也都是跟随刘裕沙场征战的开国将领。竺灵秀曾在王仲德隶下北伐后秦。段宏则是鲜卑人，原南燕臣子，国亡投奔刘裕，曾辅佐刘义真和刘义符，经历了关中之败。

剩下的诸将里，尹冲为后秦臣子，卷入政治内斗而投奔刘裕，曾为征虏司马、南广平太守。理论上他也应该参与了刘裕伐后秦的作战。赵伯符为国舅爷赵伦之的

公子，"少好弓马"，以讨伐蛮人有了将帅的名声（因为身边有高人辅助），喜欢主动参与灭火和讨伐十匪的活动，受到过刘裕的称赞。当然，赵伯符的本质不过是位喜爱冒险的"公子哥"。竺灵真在史籍中缺少生平记载，但观其名可能是竺灵秀的兄弟或亲戚。庾俊之的信息也极少，只知道他在宋文帝登基之前担任仓部郎中，主管全国的仓储事宜。南北朝时代，文臣和武臣没有明确的界限，一位官员历经文武多职的情况很普遍，所以不能因此确定他一定没有军事才干。笔者怀疑他在军中负责的就是后勤事宜，这对一个前任仓储管理头头来说是再合适不过了，只可惜缺乏史料印证。朱修之亦是相类，他先前曾经做过益州主簿和司徒从事中郎，都是文职，现在却领兵出征，其表现有待观察。

当然，勾查诸史料之边边角角，还有一些零散的将领。比如高进之、杜骥、垣护之、李元德、申谟、沈庆之、崔模、姚耸夫、王蟠龙等等。高进之本是檀道济的左膀右臂，以足智多谋、精于计算、善制攻城器械而闻名。到彦之久闻其名，专门

请他来襄助。然而，高进之颇有自己的见解，认为到彦之不是帅才，此去必败，所以虽然至军前，却自请担任押运粮草事宜。杜骥的高祖就是西晋名将、平定吴国的杜预。他是在刘裕平定关中时，与家族一起投奔的，担任各位刘氏王爷的辅佐，眼下正担任刘义欣后将军府的录事参军。他将跟随到彦之前进，更像是刘义欣安排在大军中的眼线。垣护之可谓元勋旧将，刘裕平南燕随家族投效，之后参与平定司马休之，以殿中将军之职出征。李元德恐怕也是宿将，参与景平年间抵抗北魏入侵，元嘉初年担任宣威将军、陈南顿二郡太守，因治绩升宁朔将军，可能正以此职率部出征[1]。沈庆之就是前文指点赵伯符伐蛮的高人，"忠谨晓兵"。可惜的是，这样一位将才在 30 岁才被赵伯符的父亲赵伦之相中，开始崭露头角。作为一名后起的"老"秀，时下已经 45 岁，只挂了个殿中员外将军职务，以偏裨之身跟随赵伯符行动。姚耸夫亦是偏裨将领，是开国元勋刘粹部

◎ 清代画家任薰《历代名将图》中的沈庆之

属，以勇武果断、力大无穷著称，是个敢死队长的材料。其余史籍缺载，详情无知。

最后，值得书一笔的是，刘宋时代最声名显赫的将领——檀道济，此时却被继续闲置在江州。不到最危急的时刻，宋文帝是不愿意使用这颗烫手的政治山芋的——如果让檀继续立功，该怎么安置他呢？

Ⅰ 一个人的不动如山

显然，刘宋如此大规模的军事调动和准备想绝对保密是困难的，更何况北魏派

了许多间谍在刘宋境内活动。比如镇南将军、徐州刺史叔孙建就派遣了一个名叫僧

---

[1]《宋书·索虏传》"攻颍川太守李元德于许昌"，这是少帝景平年间北魏入侵时的事，则可知李元德在更早就该出仕了。《宋书·良吏传》："元嘉初，太祖遣大使巡行四方，兼散骑常侍孔默之、王歆之等上言：'宣威将军、陈南顿二郡太守李元德，清勤均平，奸盗止息……乃进元德号宁朔将军。'"对照前文，宋文帝派大使巡行是在元嘉三年五月。

◎ 浙江余杭闲林埠出土的南朝僧侣画像砖，作间谍的僧护可能就是这副打扮。（本图原载姚义斌《六朝画像砖研究》P159）

护的僧侣到彭城刺探情报（古今中外，间谍最好的伪装身份之一就是宗教人士）。根据他的报告，刘宋北伐军前锋徐卓之部已挺进到彭城，到彦之的主力尚在泗口（今江苏省淮安市淮阴区袁集乡桂塘村附近），沿途戒严，并征发马匹，明显是要出兵了。

类似的情报应该不止这一份，于是在刘宋边境卫成的将领纷纷上表，请求增兵三万人，采取先发制人的手段，打击正在集结和运动中的刘宋军队，挫其锐气，使之不敢犯境深入。他们还凶残地建议杀光边境地区的河北流民，避免这些人成为刘宋军队的向导。

太武帝没有急于表态，而是将此事交给大臣们商议。嗜血好斗的

◎ 崔浩像

鲜卑贵族纷纷赞成主动出击，只有汉臣崔浩反对。他认定，北魏先前对周边政权的一系列军事胜利已经让刘宋破胆，而当下的刘宋军队行动只是一种防御姿态。如果现在就杀过去，因为对方防御要点戒备森严，而且会拼全力争夺，恐怕很难占到便宜。就算对方一时侵入魏国境内，也不用担心，等到秋后马肥，北魏的骑兵可以很容易驱逐他们。他甚至还对南方的边防将领倒打一耙，说这些人看见北方和西方防御柔然、夏的边将屡立战功，大发战争财，因此故意夸大南方的威胁，也好立功发财。他的话说服了太武帝，放弃了主动出击的念头，继续观察局势的进展。需要说明的是，现在在学界有一种流行观点，说崔浩是个身在魏营心向宋的人，因此处处维护刘宋，甚至其死也与通宋有关。这些真相已不可辨，但仅就这段评述来看，他确实抓住了问题的关键：第一，北魏军长于野战，短于攻坚；第二，野蛮贪婪的鲜卑军事贵族期望通过战争，掠夺敌人领土的人力、物力资源。

尽管南方将领的意见遭到否定，可他们并没有放弃努力。既然皇帝不同意主动进攻，那么换成积极防御试试——他们再次提出刘宋军队已经来了，自己兵力极少，难以抵御，请求派遣幽州以南地区的精兵南下，并在漳水大造船只分派给黄河渡口，以完善防御。这次朝廷公卿们又是集体表

示赞同，要出动五千铁骑助守，还建议派遣东晋在北魏的流亡人员去边境引诱边民。

在这个节骨眼上，崔浩又一次扮演了反对派。他大肆批判这些都不是上策，认为北魏如果采取这些举动，会让刘宋误认为北魏要灭宋扶晋，会动员全国力量抵抗。当宋军集结后，发现北魏并非集结了灭宋的力量和具备了灭宋的计划，那么他们会乘自己兵力集中的机会进击北魏。宋军的虚张声势反而因为北魏的冒失变成现实，这是相当得不偿失的。他又嘲讽东晋的流亡人员都是些微末人物，只能招揽一些无

赖之徒，根本起不了作用。他建议等四月份出使刘宋的人员回来，听了他们的情况汇报后再作计议。

这次崔浩的意见没有立即被太武帝接纳，于是，他又祭出了天象命理这个大杀器，罗列了五条：第一，现在不好的气聚集在扬州；第二，今年是庚午年，存在着自刑，谁先出兵谁败；第三，日食让白天晦暗，发生时太阳正处于斗、牛宿的位置；第四，引发祸乱的荧惑位于翼、轸宿的位置，有发生变乱和国丧的可能；第五，太白星尚未显现，谁进兵谁失败。有关这五

◎ 檀道济

条，需要小小解释一下。第一条很好理解。第二条需要注意一点，这里的刑并非后世命理学所谓的"刑冲克害"的刑，而需要按星象学的解释，理解成克的意思。庚午自刑即午火克庚金，自相残杀。而在自刑这种情况下，谁先有举动，谁先受创。第三条斗、牛宿的分野位置就是扬州，这话的意思是说日食这一对君主不利的天象对应的是宋文帝。第四条翼、轸宿对应的是荆、湘、江诸州，也就是暗示时任荆州刺史刘义恭、江州刺史檀道济等可能有变。第五条参照《开元占经》转《荆州占》："太白已入而未出，先起兵者，国破亡，祸及一世。"这五条综合起来而言，翻译成白话就是两句：其一，今年的运势对宋文帝很不利，国内要大乱，甚至还有丢失皇位和性命的危险；其二，今年谁先出兵动武，谁就会失败。

最后，崔浩总结自己的观点，认定刘宋既不修人事，又忽视天象不利，还将面对春天水少不利舟行的情况，所以必败无疑。

从表面上看，崔浩的理由似乎编得很勉强，但应该看到北魏军队主力在北，他们刚参加了去年下半年对柔然和高车部落的进攻，需要休整和喘息。而且，自元嘉三年以来，北魏年年皆有大仗，强行从北方迁来的各部族经常激变，需要派兵防备。当年春天，北魏政府强行西迁河西的部分敕勒（即高车）就叛乱而走，引动魏军追讨。就这一背景而言，崔浩反对连续作战倒也合理。同时，北魏正处于对己方外交战成果不明了的状态，需要做必要的了解。而且，他对刘宋王朝的内部矛盾都点到了要害上，可谓卓有政治眼光。但是，等待与战备并不矛盾，崔浩让北魏束手坐等情势明朗，究竟是书生之见还是别有用心就见仁见智了。

太武帝对崔浩的观点是基本认可的，越是未开化的人越容易崇拜超自然的力量，天象命理之事很可能已经说服了他，但统治者的理性告诉他"有备"才能"无患"，要给他的臣民一个交代。于是，他听从了群臣的意见，决心采取积极的对策。他下令幽州以南选拔一批士卒集结于黄河，又在相、冀、定三州（今河北南部）造三千艘船只备用。

J 龟步河渚与逐步设防

就如同北魏间谍报告的那样，刘宋的十万北伐军誓师出发了。尽管出于军事保密需要，未必大张旗鼓，但说他们威风凛凛，旗甲鲜明还是不过分的。踌躇满志的北伐军总统帅刘义欣向河南之地的吏民发布告示，以王师自居，称："（我）莫府忝任，裹承庙算，剪爪明衣，誓不顾命，提吴、楚之劲卒，总八州之锐士，红旗绛天，

◎ 陕西省平利县乌金乡出土的车马出行画像砖。笔者认为此图也可以视作军队出行来理解。（原载《中国美术全集·画像石画像砖三》P701）

素甲夺日，虎步中原，龙超河渚。兴云散雨，慰大旱之思，吊民伐罪，积后己之情。师以顺动，何征而不克，况乎遵养者昧，绥复境土而已哉！"言下之意，此次北伐战略得当、兵精甲足、顺天应人，所以刘宋必胜，北魏必败，因此要求他们"幸加三思，详择利害"，及时输诚归化，不要站错了立场。

为了管理可能收复的河南之地，早在三月初八，宋文帝就预先任命北伐军中的尹冲为督司雍并三州豫州之颍川兖州之陈留二郡诸军事、奋威将军、司州刺史。从任命内容来看，宋文帝不仅预备让尹冲担任河南之地的行政、军事长官，还期望他对关中（雍州）和河东（并州）有所进取。

可北伐军的进军，并不像刘义欣在告示中鼓吹的那样神气活现。主力自四月份从淮河沿线推进，到七月份才进入济水抵达须昌（今山东东平西北），据说是因为泗水水浅，舟船行动困难，每天只能推进十里。这样的速度莫说是"虎步"，简直

是龟速挪移。况且，南方军队依赖舟船转运，春季雨水不足这样的因素应该早有针对预案；泗水又基本在刘宋境内，对河道水文应该早有调查，如何会出如此纰漏？更甚者，如此进军，在目前的史籍中却无任何批评或调整战略的记载，让人匪夷所思。联系先前的北伐方案，也许可以这样解释，即北伐军的缓进是在计划内的，为了等待合适的时机。也许有人问，北魏不是已经在战备了么？笔者认为那种准备是有限的，不符合宋人预想中的大举兴兵。

北伐军推进得慢，北魏方面也从容地逐步加强战备。此间，首先是太武帝见到了刘宋的使臣田奇，后者清楚地转达了宋文帝的意思。太武帝是个强势的君主，在言辞上也不肯落人下风，他很强硬地回复："我刚出生，胎毛还未干的时候就听说河南是我们大魏的领土，你们有什么道理来拿？你们一定要来，那就来好了，我先让让你，到冬天黄河封冻，我自己再拿回来！"太武帝这番话可以与刘裕伐南燕

◎ 《历代古人像赞》中的宋武帝刘裕像

时回复后秦王姚泓的话对比，其中颇有刘裕之风骨，比宋文帝更像其父。倘然刘裕长寿些，与太武帝对阵，是否会有生子当如拓跋焘的感慨呢？

架空不叙，细品太武帝的话，可知他已经乾纲独断，采纳了崔浩的反击战略。当然，作为一个军事家，他自己有更完备的设计。他很清楚自己的优势在骑兵，刘宋优势在舟师，夏秋多雨，利于敌，秋后马壮，利于己。更何况连年战事，自己消耗很大，西线夏国军队又在蠢蠢欲动，所以没必要现在就与刘宋为河南之地进行决战。他采取以退为进、诱敌深入的方式，以空间换时间。

当然，事情得一件一件办。五月十三日，太武帝借刚平定敕勒叛乱之机，发布诏书："近遣尚书封铁翦除亡命，其所部将士有尽忠竭节以殒躯命者，今皆追赠爵号；或有蹈锋履难以自效者，以功次进位；或有故违军法私离幢校者，以军法行戮。夫有功蒙赏，有罪受诛，国之常典，不可暂废。自今以后，不善者可以自改。其宣敕内外，咸使闻知。"战事将近时，赏功罚过，严肃军纪，并且不仅在朝廷内部宣示，还对万民公开，其训诫警示用意十分明显。六月，他又任命平南大将军、代理丹阳王拓跋太毗[1]驻扎黄河之上，统率幽州以南选拔出来的军队。同时，东晋宗室司马楚之被封为安南大将军、琅琊王，驻扎颍川（今河南许昌市东）[2]，招纳反刘宋的势力。

有关拓跋太毗，史料记载极少，只知道他曾参与讨伐夏政权，从后来他被人替换，史籍无名来看能力有限。司马楚之是司马懿的弟弟司马馗的八世孙，因刘裕为代晋诛杀司马氏族人而流亡民间。后来，他聚众于长社（今河南长葛县老城）与刘宋对抗，有一定的军事指挥能力。当然，太武帝主要期望他能扰乱刘宋后方，并不奢望他能左右形势。

---

① 《魏书·世祖纪》："六月，诏平南大将军、假丹阳王太毗屯于河上。"其前记载伐夏时，有"常山王素、太仆丘堆、将军元太毗步兵三万为后继。"推测此元太毗与太毗即一人。鲜卑军队高级指挥官都是鲜卑贵族，故中原本地元姓可能性不大，而孝文帝时代鲜卑改汉姓，皇族拓跋氏改元氏，则其原姓应为拓跋。
② 胡阿祥《宋书州郡志汇释》说颍川郡治在河南鄢陵县东（胡书出版于2006年，今鄢城已改区，应为漯河市鄢城区东）。这应该是宋初遭到北魏侵略后，郡治南迁邵陵县的结果。根据《宋书·索虏传》记载在永初末、景平初"攻颍川太守李元德于许昌。车骑参军王玄谟领千人，助元德守，与元德俱败。虏即用颍川人庚龙为颍川太守，领骑五百，并发民丁以戍城"，可见无论是刘宋还是北魏，都认为许昌是郡治，则此处的颍川应在许昌县，又按谭其骧《中国历史地图集·东晋十六国南北朝时期》为今日许昌市东。

K 虚幻的兵不血刃

七月初，一路磨磨蹭蹭的刘宋北伐军终于转入黄河，开始逆河而上扑向北魏的边防军镇。北魏边防军队按照太武帝的布局，选择不战弃城而走，走之前还点火烧掉城里的一切。自东而西，两千余里战线的四座重要军镇——碻磝、滑台、虎牢、金墉，分别于七月初三、七月十四、七月二十六（后两座同一天）弃守。北伐军轻而易举地进占河南之地（颍川一带除外）。据各正史，北伐军的行动是兵不血刃，但《建康实录》记载（很可能是转引《宋略》）王玄谟在虎牢击败了北魏军队，斩了其大将大赤歇末——个人觉得这段记载很可能夸大，北魏军队后卫与刘宋军前锋存在小规模冲突的可能性更高。

对于前线总指挥到彦之而言，出发前他一定设想过边境城塞攻防苦战的情形，但是如今形势的发展出乎意料，简直让他喜出望外。要知道，这次北伐就是宋文帝让其建功树威的，能有个良好的开局便是成功一半了。他安排朱修之驻扎滑台，据守这一全军进退的关键枢纽。又以尹冲、杜骥、姚耸夫三支部队逆黄河而上，尹冲军进占虎牢，杜骥军屯驻金墉，巩固要点；姚耸夫部机动作战。剩下的主力大军集中

驻扎于黄河渡口灵昌津（今河南延津东北）南岸。这里距离河北的政治中心邺城大约150里之遥[1]，摆出了一副随时进军河北的架势——难道是到彦之被表面的胜利冲昏头脑了？笔者觉得，此事包含了多重可能性。就当面的情势而言，北魏将不战而退的边境军队和幽州以南的征调军队都集结到黄河北岸，他们在数量上与到彦之率领的北伐军主力相当，甚至更大（分析见后文），对黄河南岸的刘宋军队形成巨大威胁。而到彦之的决定正是针对这一威胁，他的进攻架势可以迫使北魏军队加强对邺城一线的保护，就地转入防御，不敢轻易在其他地点重兵南下。就整个战局情形而言，自八月起，夏国也似乎有了针对北魏的实际行动（具体见《不可靠的盟友》一节）。盟军的加入，很可能会造成更好的战略态势，所以事先把军队集结到一个合适的攻击出发阵地，也是应对局面变化的准备。还有一个方面容易被人忽视，即这一举动也许是刘宋决策层对北伐战略进行调整的结果。因为在七月二十三日，一向沉稳持重的王昙首病故，年轻急躁的宋文帝和弟弟刘义康在决策中的影响力变大，面对进军的空前顺利，他们是否有了更多

---

[1] 据严耕望《唐代交通图考》推定滑州至相州（即滑台至邺城）130里，又据《太平寰宇记》灵昌县在滑州西南70里，灵昌津在灵河县东北25里，则灵昌津在滑台西南45里。在谭其骧《中国历史地图集·隋唐五代十国时期》之唐河北道图上作三角计算，得出灵昌津至邺城的大致距离在150余里。三角计算只考虑直线关系，所以此为估测值，但不会相去太远。

冒险的念头？虽然历史资料不足，但留下了令人遐想的空间。

北魏方面也依据形势的变化不断调整各种政策。七月十七日，太武帝下诏："今诸征镇将军、王公仗节边远者，听开府辟召；其次，增置吏员。"这实际上是要求边镇自行扩充幕僚和实力，准备应对非常事态。次日，他又任命自己的舅舅、驸马都尉、大鸿胪卿杜超为都督冀定相三州诸军事、太宰、诸军节度，进爵阳平王，坐镇邺城，统管集结在黄河北岸的军队。他还加封已经不在人世的外公杜豹为镇东大将军、阳平景王，外婆为钜鹿惠君。杜超既与太武帝是舅甥关系，又娶了南安长公主（未知其与太武帝辈分关系），亲上加亲，因此在政治上十分可靠。只是，他先前虽然参与过高层军政决策，却未真正担任过军队职务，缺乏军事指挥经验。在这一点上，太武帝与宋文帝的思路同出一辙，毕竟风雨欲来之时，稳定才是压倒一切的。

杜超统帅的大军是一支庞大的力量，虽然正史并没有记载这支部队的具体数目，但可以根据史籍中的蛛丝马迹进行推测。首先是来自幽州以南的临时调动的地方军队，即杜超都督的冀、定、相三州镇军。按照先前群臣请求的三万人来看，实际调动的部队可能符合这个数目或略大于这个数目，也就是说有 3~4 万人。还有一支便是河南四大军镇撤回黄河北岸的部队。翻遍史书，大约可以明白，北魏一地之军镇未必只有一军，一军正常在五千，也有不足的情况。目前对于四大军镇未发现一军以上的充分证据，为谨慎起见按 4~5 军计算，则合计数目为 2 万 ~2.5 万。前后数据相加，杜超部队的人数大约是在 5.5 万 ~6.5 万。而此刻隔河对望的到彦之，除了彭城的预备队以及金墉、虎牢、滑台驻军外，实力不足 5 万[1]，反而比北魏军队要弱。

在这种并不完全占优的情况下，到彦之还是做了一次进攻尝试。八月十二日，姚耸夫率领机动部队数千人渡过黄河，进攻重要的渡口——冶坂（今河南孟州市吉利区西南黄河北岸）。刘宋军队此举的动机可能是模仿刘裕的却月阵之战，在河北以一次干净利落的作战，打击正在河内地区集结的北魏军队，挫败他们的战斗意志，使之彻底不敢渡河南下。然而，两次战斗实际情况却存在诸多不同。首先，却月阵之战有刘裕亲自统率的大军在南岸，而这次南岸除了金墉和虎牢的守军外，并无强有力的统帅与军力后盾。其次，上次担任战地指挥官的是出身将门，"果锐善骑乘"的朱超石。从却月阵之战中可以看出，他掌握战争节奏十分到位，又带断槊作为最后终极杀器，具有智勇双全的素质。而且部下像胡藩、刘荣祖皆勇猛善射之人，尤其后者"少好骑射"擅长"以寡克众"。

---

[1] 关于金墉、滑台的驻军参见后文各章相关文字，虎牢基本参照金墉的数据。合计三城兵力大约在2万，到彦之合东西两线兵力为6.8万，减去2万得出不足5万之数。

关于军镇力量，《魏书·杨椿传》"自太祖平中山，多置军府，以相威摄。凡有八军，军各配兵五千"（这里的中山即定州）；《魏书·太祖纪》"以龙骧将军日南公和跋为尚书，与左丞贾彝率郎吏及兵五千人镇邺"；《魏书·尉古真传》"太宗初，为鸿飞将军，率众五千，镇大洛城"；《魏书·刘洁传》"洁与永安侯魏勤率众三千人，屯于西河以镇抚之"；《魏书·王慧龙传》"后拜洛城镇将，配兵三千人镇金墉"。从中可以看出，正常的一军数量大约在五千人。刘洁的三千应属镇抚河西敕勒的临时例子，王慧龙则非鲜卑核心集团的将领，配给部队未必完全。又，关于四大军镇军数的计算，有两处可疑。一是虎牢镇曾设镇大将，见于《魏书》于栗磾、陆俟两传。有镇大将是否意味着统率超过一军的兵力？史籍没有明确的证据。为慎重起见，该镇按1~2军计算。一是前述王慧龙事仿佛在说明金墉镇有两军，但洛城镇与金墉的关系不详，可能就是金墉城或洛阳周边驻军营地均属洛城镇管辖，且王慧龙"配兵"的兵从何来也很可疑，可能是来自原金墉镇的驻军划分而出，故而暂以1军计算。

◎ 内蒙古呼和浩特北魏墓葬出土的北魏武士俑（刘永华《中国古代军戎服饰》P94）

此外，参战的重要将领丁旿是刘裕的贴身卫士队长[①]，曾经亲手殴毙刘裕的对手诸葛长民，民间流传"勿跋扈，付丁旿"的谚语。其所率七百人，亦是刘裕近身亲卫部队为基干。然而，这次呢？前文在介绍北伐军将领时就已经谈过，这位姚耸夫是一位敢死队长的材料，并不适合脱离统帅独立率部作战，更何况是第一次独当一面。姚耸夫的部下虽然未必缺乏猛士，但如果领导他们的人缺乏谋略，那就危险了。

---

① 《宋书·乐志》："督护哥者，彭城内史徐逵之为鲁轨所杀，宋高祖使府内直督护丁旿收敛殡埋之。"直督护是丁旿的官名，即直兵参军督护的简称，从字义上理解是直属部队的参军督护。又据《宋书·百官志》"参军督护，江左置，本皆领营，有部曲，今则无矣"，江左即东晋时代，义熙年间尚属东晋，可知丁旿统领刘裕府内直领亲兵无疑。此外，《宋书·朱超石传》记载却月阵之战"高祖乃遣白直队主丁旿"，白直据胡注《资治通鉴》为"选白丁之壮勇者人直左右"，即卫士队长。可知，刘裕居内丁旿以直兵参军督护的身份护驾，刘裕出征，则出任卫士队长。

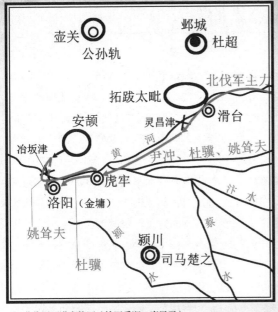

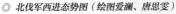

◎ 北伐军西进态势图（绘图爱澜、唐思雯）

◎ 当年却月阵杀伤情景图，原载曹余章《上下五千年（三）》第204页。

北魏军队的反应也很快，他们迅速调整部署，以名将安颉统率部队迎击，并安排平南将军公孙轨率一部驻屯壶关（今山西壶关县东南），以备不测。姚耸夫部渡河之后，遭遇的正是安颉的部队。安颉出自辽东胡人，以"辩慧多策略"和"善绥士众"而出名，曾经在缺粮缺马的不利境地下，自选壮勇，巧妙作战，生擒夏国君主赫连昌。当勇将遇上智将，结局就可想

而知了——刘宋军队大败，被斩首三千余级。凶悍的姚耸夫还是凭借一身蛮勇冲杀了出来，甚至还斩杀了拓跋焘的叔叔英文特勒[1]。他带着残兵和英文特勒的脑袋一路退到黄河边，由于北魏军队追赶得急，姚和一部分人得以登船，还有一部分人被黄河的波涛吞没。

挨了这当头一棒，到彦之不再蠢动，他要安心保住自己已得的胜利果实。

---

[1]《宋书·杜骥传》："始随到彦之北伐，与虏遇，耸夫手斩拓跋焘叔父英文特勒首。"由于记载太略，不知这个"与虏遇"是何时。按到彦之北伐先期基本兵不血刃，与北魏军队有接触可能性比较低。姚耸夫史有明文记录的战斗便是攻冶坂，所以笔者暂将此段故事放置于此战。

L 不靠谱的盟友

前文说到，刘宋可争取的具备一定实力的盟友有两家，一是柔然，一是夏。柔然新破，无法组织起反抗的力量，甚至还对北魏示好，因此能有所作为的就剩夏了。因为史料缺乏，我们并不知道夏与刘宋之间的合作细节，特别是关于夏开始实施军事行动的具体时间。尤为可叹的是，《资治通鉴》对这段历史的陈述存在严重的问题[①]，产生了极为恶劣的影响。

根据现有素材梳理，笔者推测在八月十二日姚耸夫进攻冶坂之前，夏与刘宋已有了明确的沟通，并提出了所谓合兵灭魏，瓜分河北之地，恒山以西归夏，以东归刘宋的方案（参见注《魏书·铁弗刘虎传》引文）。夏军进行了动员，由君主赫连定的弟弟赫连谓以代率一支万人以上的军队为先锋，兵逼鄜城（今陕西洛川县土基镇富城村），先进行试探性攻击。赫连定本人集结数万人为后援，视情形而动。

面对西线突发的情况，太武帝果断地调集军队，准备先解决来自侧面的敌人。

这时，北魏的群臣集体站到了太武帝的对立面。他们认为刘宋的北伐军还在黄河一线，乘坐舟船机动，可以随时北上进攻，如果主力向西先跟夏军作战，等于敞开房门让刘宋军队打进来，一旦发生这样的事，太行山以东都保不住了。太武帝见又是大家都反对，便征询崔浩的看法。跟前两次相同，崔浩还是不赞同群臣的意见。他为太武帝分析了局势，认定刘宋与夏的盟友关系十分淡薄，他们都希望对方大举行动自己从中获利，所以"有似连鸡，不得俱飞，无能为害也"。他还指出，照他最初的预计，刘宋北伐军是奔着收复河北来的，应该将舟船屯聚在黄河之中，兵力兵分两路，东路攻取冀州（今河北冀州市），西路进兵邺城。如果真遇到这种情况，北魏就不该兴兵向西，而应该先集中兵力击破刘宋军队，避免腹背受敌。但是现实中，刘宋军并没有采取这种作战方案，反而将部队推进到整个河南之地，把大军分散在西至潼关、东到滑台的两千余里战线上，分点

---

① 《资治通鉴》中记载："（九月）己丑，夏主遣其弟谓以代伐魏鄜城，魏平西将军始平公隗归等击之，杀万馀人，谓以代遁去。夏主自将数万人邀击于鄜城东，留其弟上谷公社干、广阳公度洛孤守平凉，遣使来求和，约合兵灭魏，遂分河北；自衡山以东属宋，以西属夏。魏主闻之，治兵，将伐夏……"也许不读更原始史籍的人，就据此陈述历史了，殊不知《资治通鉴》皇皇巨著，司马光并无法事事详细考究，甚至因为能力所限，引用和编辑史籍不当，造成错误的复构。根据《魏书·太武帝纪》记述的"九月己丑，夏主遣其弟谓以代寇鄜城，平西将军、始平公隗归等率诸军讨之……杀万馀人，谓以代遁走"可知，这个九月己丑，乃是隗归击破夏军的时间，而并非夏军出兵的时间。夏从定策、准备到出兵需要一段时间。查《二十史朔闰表》，己丑是初六日。则夏定策至少也在八月了。再看《魏书·铁弗刘虎传》记载："（赫连定）与刘义隆连和，遂分河北，自恒山以东属义隆，恒山以西属定。遣其将寇鄜城，始平公隗归讨之。"也就是说，夏联系宋在前，出兵鄜城在后，出兵是摆出履行盟约的姿态。《魏书·太武帝纪》更是明确指出，"（八月）乃治兵，将西讨"。太武帝应在八月就知道夏宋联盟，并准备西征夏国。所以，司马光的叙述完全颠倒了时间顺序。

据守。就此看来，他们根本就没有进攻河北的意思，纯粹是利用黄河天险，想保守住河南之地而已。最后，他建议太武帝不要心存犹豫，乾纲独断先出兵扫平夏国残余势力，挟胜利之威出潼关，以猛虎下山之势横扫河南之地，可获全胜。

太武帝其实并不是不知道这其中的道理，只是在群臣反对时，要寻找一个人来说出他想要的观点，为他决策拍板提供依据。于是，西征很快纳入轨道。八月二十日，太武帝在南山围猎——这当然不是享受，对游牧民族而言，围猎就是军事检阅和演习的一种手段。应该在差不多时候，西征的先锋军由平西将军、始平公拓跋隗归指挥的部队增援鄜城前线了。为了避免后顾之忧，八月二十四日，太武帝还任命六十一岁的老将长孙道生为征西大将军，加强在黄河上的兵力，配合拓跋太毗——这一支应该是从驻扎平城的中央禁军中选

拔的有生力量。

北魏征西前锋军的行动十分顺利。九月初六，拓跋隗归在鄜城一举击破夏军，生擒其将王丕，斩杀万余人。赫连谓以代逃回了夏地。捷报传来，西征主力的行动也加快了。九月二十一日，他的御驾抵达夏国故都统万城，在此集合军队，布置对夏国的最后一击。

夏国皇帝赫连定也没有坐以待毙。赫连谓以代失败后，他就留下弟弟上谷公赫连社于、广阳公赫连度洛孤守卫都城平凉（今甘肃华亭县西），自己率数万大军赶到鄜城防御拓跋隗归。然而兵贵神速，他率领这么大一支主力军，在短时间内未能击破北魏征西前锋部队，导致自己陷入被动。

太武帝没有指挥大军与鄜城一带的赫连定正面交战，而是极为聪明地攻敌必救——直扑平凉城。途中他还故意将平凉郡和安定郡封给西秦，促使西秦出兵，袭

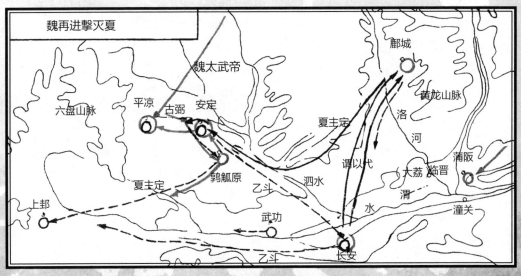

○ 元嘉七年北魏攻夏图（底图摘自台湾三军大学的《中国历代战争史》）

扰夏的后方。十一月初三，太武帝抵达平凉城外。他先让随行的赫连昌以前任君主和兄长的资格出面劝降，遭到赫连社于拒绝。随后，太武帝便在平凉、安定（今甘肃泾川县城以北泾河北岸）之间布置了大包围圈，等待夏军主力自投罗网——标准的围城打援。

此时，听说后方告急的赫连定，急匆匆从鄜城前线奔回。他可能意识到太武帝正在等着他，但他没有多少选择的余地，只能拼力向前决战。他留下一部分军队守卫安定，自率主力三万步骑来救平凉。结果没有任何悬念，夏军落入包围圈里，被困在鹑觚原之上，只能结阵自保。由于这座山缺乏水源，数日之后，夏军便口渴难耐，如果继续坐守只有死路一条了。十五日，赫连定率部突围，但脱水的军队毫无战斗力，迅速被击溃。赫连定幸运地单骑脱逃，西奔上邽（今甘肃天水市）。魏军乘机攻下安定。到十二月十五日，平凉守军出降。太武帝顺势东下，关中一带夏国

◎ 彩绘骑马吹号角俑，1953年陕西省西安市草场坡北魏墓出土，可以想见北魏骑兵发动冲锋前吹号角的情景。（《神韵与辉煌——陕西历史博物馆国宝鉴赏：陶俑卷》P59）

守将均弃城而逃，除了上邽鼻屎之地外，夏国基本被平定。现在，太武帝可以彻底放手出来对付刘宋了。

M 颠顶的河防

北魏军队针对刘宋的反击，要比一般人想象中来得早。对军队战斗力有充分自信的太武帝，未等击败赫连定，就授权黄河前线部队展开反攻。制定这一决策的具体时间不详，但是在九月二十日，正赶赴统万城途中的太武帝下令，为其未见过面的生母——密太后杜氏修建祭庙，地点就

在杜氏的家乡，也是杜超挂帅镇守的邺城。如果说地点纯粹出于巧合，那这个时机就太意外了。显然，太武帝此举有以亲情与皇恩加诸舅舅的嫌疑，可能就在那天的前后几天里，他做出了反击的决策。

太武帝的反击显然经过精心谋划，他确定的方案是先以黄河以北西线的军队进

攻洛阳，再东进虎牢，仿佛是一记标准的右勾拳，砸向刘宋河防的左翼。由于决策的过程史书无载，后人只能根据基本的形势作推测，如此行动大致有两点长处：一是北魏军西进已经吸引夏军将主力集结到渭水以北，而长安以东地区也将采取守势，没有能力东进配合刘宋军队，进攻洛阳、虎牢的部队将无侧翼之忧；二是一旦攻占洛阳、虎牢，将剪除刘宋军队的左翼，占据黄河上流的地形优势，再行东下如破竹之势，且侧翼之忧最小。第二个侧翼之忧需要解释一下，因为刘宋军队主力依赖水运，西线并非主攻，所以以步兵威胁东下部队的侧翼的能力不足，难度也较高。而如果在邺城一带渡黄河进攻，不仅直接面对刘宋军队主力，刘宋军队还将利用黄河与济水进行增援，甚至从战线东侧包抄北魏军队。

北魏军队西线进攻的主官是足智多谋的安颉。他首先投入一支精锐部队渡过黄河进攻洛阳一带，这是试探性的攻击，只要进攻顺利，北魏大军便会全面渡河。

此时在黄河南岸的数万刘宋军队，正处于一种沿河分散防御的状态，享受着"千里河防无战事"的轻松。尽管老将王仲德认为狡诈的北魏军队不战而走是一种假象，他们此时正在河北集结大军，准备等待黄河结冰后再南下。但是，太武帝自九月开始的西征，带来了新的战局变化，这很可能导致刘宋指挥官们的误判。笔者分析，在到彦之以下大部分将领看来，北魏实力虽厚，但不具备两线开战的力量。当下，其主力军西征夏国，就算取胜，今年内也将无力南下，而河南大势已定，只要各自加强防御，便可高枕无忧。来年北魏若思进犯，也要再等秋高马肥，则数月之间河南之地的防御体系将进一步加强，完全可以应对。所以，众将是一片欢天喜地，没有注意到危险的临近。

在这种松懈的气氛中，到彦之又做了两个决定。一是调整部署。他留下沿河防御的部队后，与王仲德一起率主力离开灵昌津，于十月初五退驻到滑台以东[①]。其实北伐军主力留在更上流的位置对北魏是一种威胁，对整条河防来说，也是一个有力的支撑，那为什么到彦之却选择退呢？据《建康实录》记载，当年"九月河冰可涉，灵昌众军还固"，意思是黄河在九月就结冰了可以行走，所以采取了后退固守的策略。魏晋南北朝是中国历史上的小冰期，

---

① 《建康实录》关于九月河冰可涉的记载虽然夸大，但透露出刘宋北伐军主力调整驻地的实际时间是在九月。以此观之，《魏书·世祖纪》所载"冬十月庚申（初五——作者注）到彦之、王仲德沿河置守，还保东平"，应是刘宋军队已退驻东平的日子，而非离开灵昌津的日子。其次，此处东平是北魏官方的记载。北魏曾有两个东平郡，一个是兖州东平郡，当时位于刘宋境内，并且在济水以南，可能性不高。另一个是济州东平郡，位于滑台以东，黄河南岸上，从地理角度讲比较合理。更为重要的是，该郡于北魏明元帝时设置，到孝文帝晚年取消，从时间上讲，正好处于刘宋北伐的时间段内，北魏官方口吻叙述的"东平"应是此地。再结合《宋书·文帝纪》记载的"（十一月壬辰）右将军到彦之自滑台奔退"，宋人对撤退地的表述可能泛泛而云并不精确，所以与滑台比较接近的地方都可认为是滑台，从地图上观之，济州东平郡与滑台相当接近，至少比那个兖州东平郡更能自圆其说。

气候相对寒冷，但九月河南段的黄河就冻结到可行走的地步还是令人匪夷所思。漫巡典籍，对两晋南北朝时相关事宜梳理，虽然未发现充分的证据，但零散的记载显示黄河"冰合"的时期要稍迟一些，而现代科学与文献结合的研究也有间接佐证。（见P106 两晋南北朝黄河结冰期辨析）因此，笔者怀疑这是某位原始记录者为了给到彦之开脱，故意虚构的。在笔者看来，到彦之后退实际原因应是枯水期又至，兵马集中在前线，物资转运供应压力较大（据说前线已经出现了粮荒）。既然前线尚无要紧战事，那么可以将主力后撤到进退合宜的阵地，方便救粮和休整，紧要时再增援一线。

到彦之的另一决定是安排最勇猛的姚耸夫去执行拖钟的任务。在中国古代，音乐是政治和道德教化的重要手段，孔子就认为人之学"兴于诗，立于礼，成于乐"。具体来说，官方宫廷雅乐与国家政治密不可分。所谓"国之大事，在祀与戎"，无论是祀还是戎都需要音乐的辅助，特别是前者。《易》云"先王作乐崇德，殷荐之上帝，以配祖考"，到东汉明帝时又扩大至"宗庙宜各奏乐，不应相袭，所以明功德也"，即每位过世的皇帝都有自己的祭祀雅乐（不能理解为哀乐）。要演奏雅乐，就要相应的乐器。宫廷雅乐需要"八音迭奏"，即金、石、土、革、丝、木、匏、竹八种质地的乐器一起演奏。金为八音之首，包括钟、镈、錞、镯、铙、铎。然而，中原蒙尘，无从将西晋时代成套的国家乐器带到江南，所以东晋建立时窘迫到了"无雅乐器"，不得不"省太乐并鼓吹"，完全不成体统。第三位皇帝晋成帝虽然努力恢复，但"尚未有金石也"，即无法组成完整的雅乐乐队。直到晋孝武帝太元年间，这些乐器才齐备，此时距离开国已逾60年了。尽管乐器齐备了，问题还是存在，

◎ 今日的黄河下游，冬季已难见到整河封冻的情景，倒是冬末春初要防凌汛（上游来的河冰）。图为濮阳市台前县2008年1月凌汛的情景。

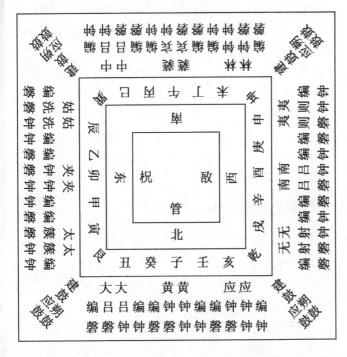

◎ 中国古代宫县组织形式，所谓宫县即皇室乐队。两晋南朝宗庙祭祀时，"宫县在下，琴瑟在堂"。（图载王光祈《中国音乐史》P169，原图出自陈旸《乐书》）

因为这些后造的物品与先前的多少毕竟有些差异。更为重要的是，既然宫廷雅乐如此重要，能演奏它的乐器自然而然也被赋予高度的政治象征意义。当时，如何体现江东政权是天下正朔，是真正合法的天命所授呢？能继承西晋的国家乐器就是重要的衡量标准之一。所以，有志于天下的刘裕在平定后秦后，曾安排专人收罗关中洛阳一带的旧编钟，载运回建康。可惜的是，当时有一口大钟失落在了洛阳附近的洛水，还没等打捞起来，北魏军队就进占了河南之地，它也就没机会再见天日。现在，既然北魏军队短时不会来，就赶紧把它运回来吧。于是，姚耸夫带了一千五百名健壮军士去执行这一重大政治任务了。

在到彦之进行谋划的同时，朝廷也针对前线局势进行了相应调整。十月初一，南豫州与豫州合并为一。这一举措充实了豫州管区的力量，作为北伐将领之一的时任刺史刘德武，可以调动更多的人力、物力资源加强防御。同一天，宋文帝的亲弟弟竟陵王刘义宣以左将军军号出任使持节、都督徐兖青冀幽五州诸军事、徐州刺史，但未进驻彭城，而是驻扎石头城遥领。这一件事殊难理解。按照常理，坐镇徐州多年的王仲德参与北伐离开徐州，必然留下可信官吏处理行政与军府事务，朝廷理应给予信任，以安其心，但为什么要在这个关键时刻，让一个未成年的王爷取代他，并在后方遥领此职呢？（刘义宣的年龄《宋书》记载有矛盾之处，据许福谦论定出生于义熙十一年，至元嘉七年仅 16 岁）从王仲德的经历看，刘裕伐秦他为帅；刘裕登基分封功臣，他封户达 2200 户，仅次于檀道济的兄长檀韶；他又是太子左卫率辅助和警卫太子；可见王仲德是刘裕信任的将帅，而不是宋文帝的腹心。所以，他不仅不能出任北伐主帅，还属于被新皇帝敲打的主要对象——未成年王爷出镇，府州僚佐由朝廷派遣，这样就能直接插手徐州的府州事务，撼动王的私人势力，使其顺从新皇帝的权威。宋文帝要整治元勋老臣有其政治合理性，但他显然选错了时机。现在北伐尚在进行，这样明枪暗箭地来搞政治压制，会让军营中的王仲德乃至其他将领倍感寒心。此举堪称经典臭棋。

两晋南北朝黄河结冰期辨析

史籍记载	结冰时间（转换公元时间）	结冰大致地点
《魏书·序纪》：（建国）三十年冬十月，帝征卫辰。时河冰未成，帝乃以苇絙约渐，俄然冰合，犹未能坚，乃散苇于上，冰草相结，如浮桥焉。	公元 367 年 11 月 8 日—12 月 7 日	河套段黄河
《魏书·徒何慕容廆列传》：（登国十年）冬十月，宝烧船夜遁。是时，河冰未成，宝谓太祖不能渡，故不设斥候。十一月，天暴风寒，冰合。	公元 395 年 11 月 29 日—12 月 27 日之间	河套段黄河
《魏书·世祖纪》：（始光）三年冬十月丁巳，车驾西伐，幸云中，临君子津。会天暴寒，数日冰结。	公元 426 年 11 月 25 日	河套段黄河
《晋书·慕容德载记》：隆安二年，乃率户四万、车二万七千乘，自邺将徙于滑台。遇风，船没……其夕流澌渐冻合，是夜济师，旦，魏师至而冰泮，若有神焉。《魏书·太祖纪》：天兴元年春正月，慕容德走保滑台。	公元 398 年 2 月 3 日—3 月 3 日之间	滑台附近黄河
《晋书·慕容超载记》：义熙三年……是岁广固地震，天齐水涌，井水溢，女水竭，河济冻合，而淄水不冰。	公元 407 年，具体时间不详	黄河下游段
《宋书·文帝纪》：（元嘉二十七年）冬闰（十）月癸亥，玄谟攻滑台，不克，为虏所败，退至碻磝。《宋书·张畅列传》：大军未至而河冰向合，玄谟宜反旆，未为失机，但因夜回师，致戎马小乱耳。	公元 450 年 11 月 26 日之后，具体时间不详	滑台附近黄河

　　从上述表格内容看，比滑台附近黄河更北的河套段黄河，结冰冻合的时间都在公历 11 月上旬以后。又参照《魏晋南北朝时期的中国东部温度变化》一文，根据现代科学与文献学结合研究，魏晋南北朝的气候又分为三个阶段，3 世纪 70 年代到 4 世纪 50 年代为一冷谷，5 世纪 50 年代到 6 世纪 30 年代又为一冷谷，其间则为一相对温暖期。后一个冷谷要低于前一个冷谷，而且最冷期出现于 5 世纪 80 年代至 5 世纪

末的 30 年。则 450 年在冷谷，而本次北伐的 430 年与 365、396、398、407、426 年在温暖期。由于文中未能给出每一年的

温度距平估计，若以这些年份温度相近论，430 年的农历九月（10 月 3 日—11 月 1 日）出现结冰可走人的可能性极低。

N 西线崩溃

与刘宋军队的麻痹大意相反，北魏军队明显做了充足的反攻准备，这点从主将安颉选择渡口上就看得出来。在当时洛阳以北的黄河沿岸，集中了多个渡口可以使用，分别是孟津、富平津、小平津、冶坂津、委粟津、碻石津等。由于古今变迁比较大，所以不少渡口今日已经很难精确定位。可以肯定的是，前三津位于今日孟津县会盟镇的境内，也就是相对东边的位置。其中孟津、小平津在东汉时节就是环卫洛阳的八关之一，而富平津则是西晋时杜预造的浮桥所在。这些津渡连接着前往洛阳城的主道，通行便利，但刘宋军队防守和监视的严密程度肯定很大。后三津则位于会盟镇以西的白鹤镇境内，按从东向西排列依次是冶坂津、委粟津和碻石津。冶坂津太靠东面，曾有浮桥（北魏明元帝时于栗磾所造），又是姚耸夫曾来之处，刘宋方面比较熟悉，而碻石津则太靠西，相对而言，委粟津是个合适的选择。还有一点值得说，就是从西面的津渡过河，有可能利用邙山西部的豁口和山谷进军，直插洛阳西北，这样可以绕开东三津延伸过来的主干道，一定程度上能掩蔽行动，达成军事上的突然性。可惜，史籍记载不详，笔者也未能

实地探查，无从证实了。

除了利用地利，安颉还充分利用了人和，即利用熟识南方情况的向导——由晋室宗亲司马灵寿召集的两千名所谓“义军”出现在北魏军队序列中。司马灵寿的伯父司马国璠与父亲司马叔璠早在桓玄与刘裕争锋时就逃往南燕。刘裕灭南燕，他们逃往后秦；刘裕灭后秦，他们又逃往夏；北魏占领夏国都城统万，他们又归顺北魏。可能就是在他们的招引下，司马灵寿和弟弟司马道寿也来到北魏。身负灭国亡家之痛，又急于在鲜卑人面前证实自己的价值，他们自然十分卖力。

十月二十二日，在进行了充分的动员后，安颉率领部队乘坐新制的战船，从委粟津成功渡过黄河，登上了南岸。一场血与火的厮杀就此揭开序幕。

北魏军队过河后，首先就扑向洛阳城。此时，负责洛阳一带防务的正是建武将军杜骥。与安颉的气势汹汹比较起来，后者可谓是热锅上的蚂蚁。杜骥能掌握的兵力应该只有数千人，与北魏军相较，没有多少优势可言，唯一能够依赖的就是洛阳城西北角的要塞金墉城。金墉城始建于魏明帝时期，是为了加强洛阳的防御而建。其城

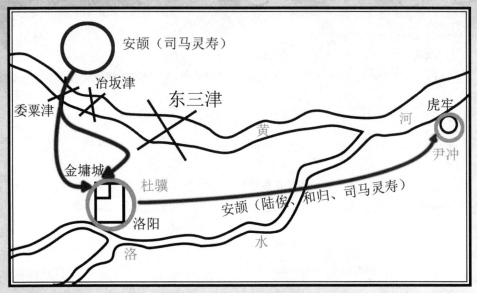

◎ 北魏军西线攻势图（图中安颉渡委粟津后的两条蓝线，东侧一条行经主干道，西侧一条为非常规路线，具体走的哪条暂不详）（绘图爱澜、唐思雯）

区属于整个大洛阳的一部分，西墙和北墙就是洛阳的外郭，东、南两墙为另筑。城圈南北长约 310 米、东西宽约 240 米，城墙墙体宽度在 10 米以上，高度应在 8 米以上[1]，东北角与外郭相连处还有百尺楼。然而，自西晋末年以来，洛阳屡经战火，作为军事要塞的金墉城自然损坏严重。杜骥率部进驻后，负担着修葺的重责，但满打满算他们才修了两个多月，不可能将其充分修复。战备不足，再加上天寒地冻，

粮草缺乏，所以从军事上而言，他根本不可能守得住这座虚幻的要塞。既然守不住，那就只有逃和降两条路。作为武将，杜骥这点气节还是有的，投降不可能，所以他决心效仿金墉城的前任主将——河南太守王涓之，选择弃城而走。但是这样一来，作为守土有责的将领，迎接他的将是死罪判决。那么，有什么办法可以两全其美呢？有，那就是找个人来替他背黑锅。人急则邪智生，这位西晋名将、一代大儒杜预的

---

[1] 1973年中科院考古所洛阳市工作队撰写的《汉魏洛阳城初步勘查》说道："其中的北垣东段和东垣的残墙高达5至7米不等，虽然有几段墙垣地面上已看不到，但其墙基都埋入地下尚在1米以上。" 1999年中科院考古所洛阳汉魏故城工作队撰写的《汉魏洛阳故城金墉城址发掘简报》认定1973年考古发现的洛阳西北丙城为金墉城，对其东墙地下夯土钻探结果显示，"夯8……即依附于大城北墙南夯7而筑造的丙城东墙夯土……该城墙墙身夯土的上部宽11.5米，底部宽12.4米，厚约1.5米（底部见水不到底，据钻探含基础总厚约3.9米）"，该1.5米厚度即地下保留的城墙高度。金墉城既然作为军事防御要塞，城墙高度至少与主城城墙等高，则综前数据，推测金墉城城墙高度至少在8米以上属合理（1或1.5米+7米）。

后人在生死利害面前节操尽丧，他派人告诉在洛水搬钟的姚耸夫，说金墉城已经修理完，十分坚固，粮食也十分充足，就缺少守卫的人，请他先回来一起守城立功，运钟的事情先放一放没问题。姚耸夫是个直肠子的武夫，不懂文人那些肚肠里的文章，一听这话就兴冲冲带领兵马回来了，等进城发现不是那么回事，一腔热忱消散，气呼呼地又带兵走了——从隶属关系而言，姚耸夫过去是开国元勋刘粹的部下，现在亦非杜骥的直属部属，自然不必事事听杜骥调遣。但他没想到就是这一看似无害的抉择日后害了他的性命——他的突然离去，让阴险的杜骥找到了冠冕堂皇的理由，随后也弃城南逃。

当然，根据这段记载，也可以分析出

刘宋军队应该发现了北魏军渡河，至少是安颉兵临城下之前就发现了情况。否则，杜骥来不及通知姚耸夫，安颉也不会放任城外刘宋军队回城加强防御力量。同时，杜骥没有选择迎头拦截或击敌半渡，可能是他认为自己的实力不够以及丧失了斗志。

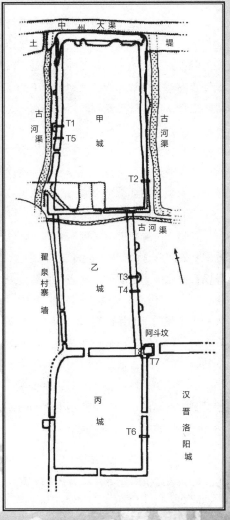

◎ 北魏洛阳城址复原图，注意金墉城（丙城）的位置。（钱国祥《汉魏洛阳城金墉城形制布局研究》）

◎ 洛阳城西北角甲乙丙三城情状。（钱国祥《汉魏洛阳金墉城形制布局研究》）

杜骥这一逃跑，最开心的就是鲜卑人了。安颉于二十三日顺利杀进了洛阳，这一天南方的天空正冬雷滚滚（按民间传统说法，冬雷预示有战事会损害国家，并且是利客不利主）。根据《魏书》的记载，这场战役北魏军队斩首五千余级，擒捉二十名刘宋将领。细品这个战绩，却令人疑窦丛生——刘宋军队主将临阵脱逃，无论是洛阳本城还是金墉城内都不会有像样的部队戍守了，所以很可能是随杜骥逃跑的部队被安颉追上了，毫无斗志的他们就像当年的青泥惨败一样，遭到了对手的屠戮。当然，也不排除安颉的功绩存在一定水分。

金墉城不过是小试牛刀，接下来安颉乘胜从大道进军，进逼第二个目标——虎牢。在途中，他会合了来增援的龙骧将军陆俟、统万将军和归率领的禁军部队①。陆俟、和归均是鲜卑部落首领的后人。陆俟的父亲陆突是道武帝部下武将，屡立战功。陆俟自己生得十分聪明，性格又强势，主管选举事宜有主见，不屈服于外来的压力。太武帝伐夏时，他曾作为统帅指挥部队镇守北方，防备柔然，是一名有魄力和才能的将领。和归则是道武帝时代宠臣和跋的小儿子。和跋多有军功，后被道武帝杀害，但受到太武帝的重视，祭奠不绝。和归曾参与太武帝伐夏战役，颇有战斗经验。

虎牢镇的守将乃是司州刺史尹冲和荥阳太守崔模。尹、崔二人与杜骥同属南渡投奔刘裕的北方人，但是他们没有像杜骥那样不战而走，而是组织了一些像样的抵抗。然而，金墉城的丢失仿佛多米诺骨牌的起点，对本就不稳的军心产生了冲击，加上可能寡不敌众，因此城池陷落了。尹冲很有血性，从城头跳下，以死殉国；感情丰富的崔模则做了俘虏。不过，由于战场混乱导致三人成虎，传回刘宋的信息变成了尹冲和崔模都跳城而死，并以此记入《宋书》。更为荒诞的是，在《魏书》和《北史》明确记载尹冲战死、崔模降魏的情况下，司马光不知何据，居然在《资治通鉴》中又误记为两人均降。1956年版《资治通鉴》又未予充分核证，引得丁福林先生大叹"遂使（尹冲）千古忠骨，几遭百世之冤"，也算是一道奇景了。（论证见《宋书校议》P383—384）

从二十二日渡河到二十八日攻占虎牢②，满打满算，安颉只用了七天，可谓神速。至此，从滑台以西直至潼关的千里西线，彻底崩盘，刘宋军队被打垮了半边，河南与河北两支北魏军队对下游到彦之主力形成钳形夹击和居高临下之势。

---

① 《魏书·陆俟传》"与西平公安颉督诸军攻虎牢，克之"，《魏书·和归传》"与西平公安颉攻虎牢，拔之"，除此以外，两传均未记载他们参与进攻金墉城，故而推测是安颉夺取了金墉城之后与两将汇合，一起进攻虎牢。

② 此处根据《魏书》记载，而《宋书·文帝纪》"十一月癸未，虎牢城复为索虏所陷"，即十一月初一。笔者估计，刘宋方面可能将得悉沦陷消息的时间记成了实际沦陷的时间。

O 吓破胆的逃跑将军

正当安颉在西线行动的同时，北魏军队总统帅杜超也将主力集结到了七女津（今河南范县南或西南），摆出一副准备渡黄河的姿态。这里需要说明的是，根据顾祖禹《读史方舆纪要》记载："七女津，在州西北……《志》云：州北三十五里有七女泉，出蚕尾山，旧注于河，今入积水湖会汶水。七女津当即其处。"一些资料也沿用此说，今人因此将七女津的位置定于今日东平县西北（或称老湖镇九女泉村）。此说显然谬误。参照《中国历史地图集》，明清时代的汶水河床离南北朝时期的黄河尚远，倒是与济水基本相近，北魏军队在当时情况下断无已渡黄河，隔济水与刘宋军队对峙之理，故而光绪《东平州志》引用顾书之说后又加评语云"今按在山为泉，渡处为津，虽同名七女，当是两处"，着实正确。故而笔者依据历史地图与两军对阵形势推测，判断七女津在今日范县南或西南的说法较为准确。

此刻刘宋方面的统帅到彦之还不知道西线金墉城也遭到攻击，面对北魏军队大兵集结压境，他出于正常的反应，进行了一番有限的阻遏尝试——十月二十三日，到彦之派王蟠龙率一支小部队逆流而上，接近七女津，准备盗取和破坏北魏军队的船只，拖延他们渡河的时间①。这样一次特种作战不幸失败了，北魏军队发现了他们，在交锋中王蟠龙战死。

不久，到彦之接到洛阳、虎牢失守的消息，他立即做出了一个非常丧心病狂的决定——烧了全部船只，步行逃回南方。根据史书记载，他是在眼疾加重、军中疫病流行和缺粮的状况下才做出的这个决定。但是，在笔者看来，历史真相可能并不像史书记载的那样单纯。尽管疾病有可能影响一个人的判断能力和决策能力，但实际的因果很可能被历史记述者倒置了。因为战场上信息的不对称，到彦之眼中的局面很可能会是这样：抢船失败，导致不知道何时北魏军队就可以渡河杀来；洛阳、虎牢在短时间内失守，整个西部战线瞬间崩溃，很可能是太武帝已平定夏国，率领北魏主力军从关中杀出来了；而前述的两线夹击，根本不是他能够抵御的。这一切让他焦虑、恐惧，在重重压力下，他不仅眼疾加重，还丧失了自信和决策能力。初冬时节，在军营这样的人群集聚区引发局部疫病，实属正常，但在他眼里被无限夸大。此刻，他唯一想的就是如何尽快逃回去，由于泗水干涸，行舟不便，因此步行就比坐船快。

---

① 从P98脚注中确定的到、王退保的"东平"位置，结合王蟠龙逆流而上的行动，基本可以推断七女津在该"东平"上流，亦证明七女津位于范县南或西南的说法。

◎ 可能是马耳谷口的齐长城风门道关，此处有路可分别抵达淄川（古盘阳城）和青州（古东阳城）。（孙长业摄）

与近乎吓破胆的到彦之相比，其他冷静理智的将领还是不少，因此，他的决定遭到部下极为强烈的反对。王仲德是反对者中的温和派。虽然徐州后院不安稳，但他还是诚恳地为到彦之分析了三点：其一，洛阳和虎牢的丢失，都是势所必然，不用太过恐惧；其二，河南之地的北魏军队距离东平尚有千里（实际应为400多里），前面还有滑台的我方重兵集团，不用跑这么快；其三，如果现在就弃舟逃跑，军心就散了，军队也会散。最后，王的建议是坐船沿济水而下，到兖州与青州重要交通枢纽马耳谷口①看情况再决定。

殿前将军垣护之更为激进，他写信给到彦之，明确反对逃跑。他提出让竺灵秀率军支援滑台的朱修之，确保这个战术要点，另外主力则在到彦之的指挥下渡河前攻河北。他还发牢骚说："当年北伐时，那是连年争战之后，又没有人又没有粮，仍然大胆向前争夺，不肯轻易撤退。现在青州粮食丰收，济水后勤线畅通，军队供应充足休息良好又没有损失，正是大显身手的好时机。这个时候如果任意放弃滑台，丢失已取得的功业，就对不起朝廷的任命哪。"在这里插叙一句，细心的读者显然注意到，前面说部队缺粮，为什么垣护之

① 据胡三省注《资治通鉴》，云"马耳谷口即马耳关"，在今山东淄博市博山区，具体位置不详，山东驴友孙长业先生认为可能是禹王山以北的风门道关。

这里却说供应充足呢？是不是一定有人在说谎？我们说，这里可能有两种情况。一是面对同一种情况，不同性格不同观念的人会得出不同结果。比如著名的半杯水测试，悲观的人认为只有半杯，乐观的人认为还有半杯。同样，如果部队存粮不足，开始控

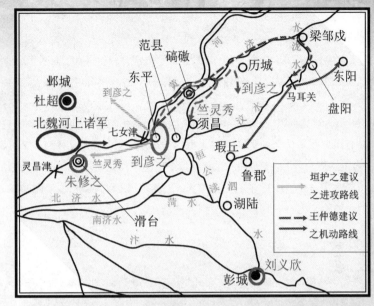

◎ 刘宋诸将对策态度图（绘图爱澜、唐思雯）

制粮食供应，但有消息粮食会运到。这时，乐观的人就不会认为这是缺粮，悲观的人就可能想，万一运输有个耽搁，那就完蛋了。还有一种情况是，各自从各自角度出发的叙述，是带有目的性的。可能粮食供应并不充足，但也没有缺到饿肚子的境地，但想撤退的，就夸大粮食问题来作为撤退的借口，想立功的，又缩小粮食问题作为

继续坚持的依据。

不管是哪一种情况，反正到彦之根本不敢和北魏军队正面交锋，所以他完全听不进垣护之的话，但又真的担心部队半路一哄而散，自己变成光杆司令，于是原则上采纳了王仲德的建议。十一月十日，他留下竺灵秀带一支部队守卫须昌，自己则率主力向济水进发①。

---

① 丁福林先生在《宋书校议》中认为，《宋书·文帝纪》中"壬辰，遣征南大将军檀道济北讨，右将军到彦之自滑台奔退"句读有误，他根据《宋书·檀道济传》和《资治通鉴卷121》的记载，判断檀道济北讨和到彦之奔退事有先后，认定北讨两字后为句号，意谓到彦之自滑台奔退非壬辰日。笔者认为此说理据不足。其一，司马光距离当时年代过久，且对事物细节判断谬误不少，不能作为证据。其二，《宋书·檀道济传》载："元嘉八年，到彦之伐索房，已平河南，寻复失之；金墉、虎牢并没，虏逼滑台。加道济都督征讨诸军事，率众北讨。"丁先生认为元嘉八年应是七年，无误，但这段文字只言失河南，没有提及到彦之奔退，硬要说两者是一件事的不同表述不妥当。而且，根据前注可知，到彦之后撤分两次进行，先是九月离开灵昌津，十月初五至东平，其后自东平奔退。此处说自滑台奔退，显然指第二次，否则这话出现在十一月条内就太荒诞了。其三，见下一章节开头，北魏军渡河时间与到彦之奔退时间相去不远，符合战争常理。其四，退一步说，就算按丁先生的设想改了，这个句号一加，变成檀道济任命在前，到彦之奔退在后了，既不符合事实，也不符合丁先生认为的"到彦之败退在前"的本意。

按照王仲德的构思本意，一是要阻止到彦之立即弃局而逃，导致全局崩盘；二是想机动到青州一带，变外线作战为内线作战，依托当地的人力、物资，加强右翼的防备，一旦北魏军队南下，还可以西出兖州地界，对其侧翼构成打击。但到彦之根本没有想那么多，当刘宋军沿济水抵达历城（今山东济南市）后，他没有选择继续东下，而是舍舟登岸，烧掉了船只和军械，一路朝彭城跑步而行——现在，没有人能阻止

主帅的歇斯底里，他们还没有跟敌人接触，就上演了一场丢人现眼的溃败马拉松。

逃跑的还不止到彦之一个，奉命驻扎须昌的兖州刺史竺灵秀也跻身逃跑的行列。大概没有沈林子这样智勇双全的将领指挥他，他就找不准自己的位置，看情势不妙也决定逃跑。不过，不知是他不敢离开兖州故境，还是为断后需要，他带着部队跑向了兖州最南端的湖陆县（今山东鱼台县东南）。

马耳谷口（马耳关）是青州与兖州之间重要的通道。史书有两点明证。一是《十六国春秋·南燕录》记载"姚兴大悦，还超母妻……超悦，遣公孙五楼率骑二千迎于境上，超亲率六宫迎于马耳关"；一是《魏书·慕容白曜传》记载"白曜自瑕丘遣将军长孙观等率骑入自马耳关赴之。观至盘阳，诸县悉降"。姚兴是后秦君主，超即南燕君主慕容超。前一条直接证明马耳关可至广固（位于刘宋青州治所东阳城之西侧）。后一条则证明瑕丘（刘宋时位于兖州鲁郡境内）可通过马耳关至盘阳城（刘宋时青州清河郡治所）。严耕望先生在《唐代交通图考》中提出马耳关"为兖州[1]通般阳[2]（唐淄州，今淄川）、东阳（旧广固，唐青州，今益都）之要道。通东阳即取前考莱芜谷东北段；通般阳，则直北行……亦见马耳谷在泰山以东地段。以莱芜谷道释之，亦无不合"。就此推测，王仲德的转移路线应是从济水入泷水至盘阳城，或从济水到梁邹戍，沿泷水河谷到盘阳城，

然后沿莱芜谷（即马耳谷）北段去马耳关。形势有利则从马耳关穿莱芜谷西进鲁郡一带，侧击北魏军队，不利则从莱芜谷东北段退东阳就粮。

◎ 南燕主慕容超像，张鸿钧绘（原载晋文《中国帝王图志》P258）

---

① 笔者注：此兖州为瑕丘城，北魏占领之后，作为兖州州治所。
② 笔者注：盘阳。

P 东线败局

到彦之在历城决定逃跑，很可能是听说了北魏大军渡河的消息。对仓皇龟缩的刘宋军队，北魏军队唱起了"穷寇需迫"的戏。十一月十二日，集结在七女津的北魏大军渡过了黄河——当时黄河可能尚未结冰，他们依靠的应该是那三千艘木船。北魏军的统帅杜超没有妄动，实际战地指挥官是征西大将军、汝阴侯长孙道生，镇南将军、寿光侯叔孙建的组合。相对于总统帅杜超，这两位既是鲜卑嫡系贵族，又是经验丰富的带兵将领。长孙道生在太武帝的祖父道武帝在位时，就侍从于皇帝身边，掌管机密事务；在明元帝在位时，参与过对北燕和刘宋的战争；太武帝继位后又远征柔然和夏。他一个鲜卑人，以汉人英雄霍去病自居，可见汉文化影响之深和志向之大。叔孙建的父亲跟道武帝兄弟们一起长大，从小就在道武帝身边，与安颉

的父亲一起参与谋划军国大事。他以"沉敏多智"和"治军清整"为人称道，曾平定刘虎的叛乱以及参加景平年间对刘宋的征伐。在后一事件中，他一路南下，横扫青兖二州，包围刘宋青州治所东阳城（今山东省青州市）。若非檀道济救援及时，青州也将沦陷于北魏之手。

北魏军队过河，等于切断了滑台守军的退路。此时，北魏军队有三个选择，要么大军回头全力进攻滑台；要么以滑台为诱饵，大军集结在四周，围歼刘宋的援军；要么将滑台交给其他北魏军队，主力全力追击刘宋各路溃军，并将战线深入刘宋腹地。就兵法而言，留坚城在后，就贸然全面深入显然不是一个合格指挥官的选择（此时安颉所部尚未抵达滑台）。而大军掉头，困围坚城，使得机动兵力无法发挥也非上策。于是，笔者分析，史籍缺载的长孙道生部在当时并没有全力进击，而是留在了东平附近，监视滑台守军，同时防备逃往青州方向的到彦之主力和其他可能的增援力量，准备"围点打援"。

史籍明确记载叔孙建部承担了向南追击的任务，他还得到了王度部中央禁军五千铁骑的援助。王度是北魏开国

◎ 国家博物馆藏，高38厘米的北魏骑兵俑，1953年陕西草场坡出土。（来源国家博物馆网站）

将领、皇亲国戚王建的孙子，随同太武帝讨伐夏国和柔然，均立有战功，可谓久经沙场。仅仅四天后，如虎添翼的叔孙建就带着追击部队一路挺进到湖陆，咬住了竺灵秀军。已经丧失当年血气之勇的竺灵秀根本不在军中，他借口湖陆一带老百姓家中有

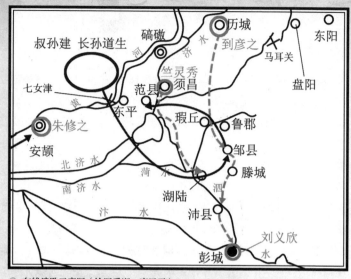

◎ 东线溃败示意图（绘图爱澜、唐思雯）

粮，他先去查收，带着亲信跑了。没有主将的军队毫无斗志，很快兵败，损失五千余人。

为了调整东线军团的指挥体系，并激励前线采取积极的作战，太武帝于十一月二十日加封叔孙建为正式的丹阳王，晋升征南大将军，都督冀青徐济四州诸军事——也就是说，东线前线第一顺位指挥官从长孙道生改为叔孙建，并鼓励他进军青徐济三州（冀州在北魏控制下）。毫无疑问，长孙道生长期在北线（对柔然）和西线（对夏国）作战，不如长期在南线（对刘宋）的叔孙建更熟悉情况。

获得提拔的叔孙建并没有贸然深入，

因为彭城一带刘宋还集结着相当的力量，并且在他眼里，到彦之的主力还在自己左侧后的青州一带，打击这支野战军、消灭外围刘宋军队的有生力量才是当务之急。也许正是为了和长孙道生一起夹击去往历城的到彦之，或有情报显示到彦之正从历城南下逃跑，需要拦截其退路，叔孙建掉转马头，沿当时徐兖之间的大道经过邹县（今山东邹县东南）北上鲁郡（今山东曲阜市）一带。但是，他未能与到彦之的主力遭遇，最后只好放弃，转驻范县（今山东梁山县偏西）①，与长孙道生一起等待刘宋军队救援滑台的机动部队，准备实施围点打援。

---

① 根据《魏书》记载，存在两个范县，其中一个是正文中提及的，治所位于秦城的范县。按《魏书·叔孙建传》的说法，他驻屯的是"范城"。因为前一个范县治所明确是秦城，所以此处的范城应理解为另一个范县。另外，就算记载有误，两个范县都位于黄河济水三角的相近区域，对后文《黯然神伤的救星》一节中叔孙建谋兵布局的分析，没有本质影响。

叔孙建为什么未遇到到彦之的主力呢？原因可能有三：其一，到彦之的大军团就如同王仲德预料的那样，由舟转步就已经各自奔散了；其二，在叔孙建尚未北上时，到彦之就已经率部星夜南下，逃到彭城了；其三，到彦之的军队不敢走这条路，是经其他路线逃归的。三点都有可能，但一和三的可能性比较小，所以笔者只对第二种进行复原推测，供读者参考：

按照这种逃跑方式，到彦之行军的路线从"东平"（对应是治所秦城的范县，也是唐朝时的范县）起，沿黄河、济水水路到历城，然后转陆路从历城经瑕丘、邹县、滕城、沛县至彭城。水路实际里程不详，但参照严耕望先生在《唐朝交通图考》中的相关表格可得出濮州经济州（即碻磝）

到齐州（历城）距离为500里以上。"东平"（范县）在濮、济之间，又参考《元和郡县图志》，范县到濮州为60里，则总距离为440里以上。水路应比陆路曲折一些，按顺流150余里计算，用3天时间应属合理。再按严书所述计算，从历城至瑕丘330里，瑕丘至邹县60里，邹县至滕城80里，滕城至沛县70~80里，沛县至彭城120~130里。依十一月十日撤退和日退120里计算，到湖陆之战的夜晚宋军前锋可能抵达滕城。此时，部队因为急行军，已经出现了大量的掉队人员。之后在前进中的某一天，接到了湖陆惨败的消息，于是绕道回彭城，但此时军心已散，基本上是溃逃了。等叔孙建从湖陆赶过来时，已经逮不住到彦之的大部队了。

Q 危局中的调整

尽管叔孙建没有攫取到彦之主力军这枚硕果，但他的南下对刘宋王朝而言，确实十分骇人。从湖陆到彭城不到200里，北魏军队如果以骑兵南下，快的话，一日一夜便可抵达。彭城内惊慌失措的将佐竟然向刘义欣进言弃城逃跑。史籍未记载此人是谁，要知道，此刻在彭城一带还有三万预备队尚未动用呢。这样的将佐跟到彦之一样，完全是被北魏的军力吓破了胆。令人欣慰的是，就和杜超表现尚可一样，刘义欣经受住了考验。他坚持驻守彭城不动摇，使得淮北一带没有土崩瓦解。

其实，宋文帝及其决策班子对前线局势的变化反应并不算慢。在北魏军队渡河前，他们就对前线的情势做出了完全悲观的判断，认定凭刘义欣的能力无法应对这样的危机，必须通过临阵换帅来改变局面。那么该选谁呢？宋文帝万分不情愿地打出了自己最后一张底牌——十一月初十，征南大将军、江州刺史檀道济被任命为都督征讨诸军事，率各路军马伐魏。

檀道济后来死于宫廷政治斗争，并由此留下了"自毁长城"这一千古流传的成语。檀道济是名将不假，可他究竟名在哪？

檀道济追随刘裕，讨桓玄一族，战卢循徐道覆及荆州群寇，伐后秦，可谓战功累累。特别是伐后秦，檀道济作为先锋，从淮水沿线北上，一路直取许昌、洛阳、潼关，不仅高奏凯歌，还以不杀俘虏留下美名。宋文帝登基后平谢晦，到彦之先败，也是檀道济赶到，扭转了前线的局势。当然，我们说一个将领的成长和一生肯定不是一帆风顺的，细究史籍他也有失败的记录。他随荆州刺史、刘裕的弟弟刘道规拦截卢循、徐道覆，便有败绩。前文所述到彦之追击农民军辎重兵败，他也有份。不过有一句话说得好，胜败兵家常事，也不必就此认为他是徒有虚名。至少现在，他是刘宋王朝唯一可以倚赖的统帅级武将了。

檀道济要从后方到前线，并整顿可用的兵马需要一段时间。在这段时间里，宋文帝及其决策班子继续对前线进行调整。十二月初九，原北伐军统帅刘义欣正式调任豫州刺史、使持节、监豫司雍并四州诸军事——这个新的职务并不轻松，等于将与北魏接壤的整个西线交给他了。就此可见，宋文帝对刘义欣先前的表现并非不满。同时，58岁的开国老将，以"清谨刚正"闻名的吉翰临危受命，接替已经殉国的尹冲出任司州刺史。此时，吉翰的身体状态不算好，这也算是情非得已了。

当然，前线局势恶化成这个样子，不追责也是不成的。于是，到彦之被免官，投进了大狱。他的副手王仲德也被撤职[1]

◎ 檀道济像（《中国历代人物像传》P1047）

军号则从安北将军降成了宁朔将军，发给檀道济军戴罪立功。在这非常时刻，杀鸡儆猴是必须的。十二月二十三日，兖州刺史竺灵秀毫无意外被认定弃军逃跑，予以处斩。然而，血淋淋的惩罚似乎并没有带来什么令人振奋的气象，当晚，建康城内祝融肆虐，大火一直蔓延到太社的北墙。太社位于建康城南秦淮河畔，是祭祀土地和谷神的场所，其重要性不言而喻。还有，太社的对面就是太庙，跟前者一样是王朝的象征。所以，说得不好听一些，这次大火简直就是社稷倾危的警示，在心理上肯定给时人极大的震撼。

遭受极刑处罚的还不止竺灵秀一个，接下来要说的这位可比竺冤枉多了。他就是蛮勇非常的姚耸夫。弃金墉城而出的杜骥跑回南方后，恶人先告状，说自己原来

---

[1] 此事史籍语焉未详。王仲德北伐时为安北将军、徐州刺史，并为都督（至少是都督徐州诸军事）。根据前文介绍，除了军号之外，其余职务已在十月初一由竟陵王刘义宣遥领，史籍并未记载王有新的职务，此处存疑。

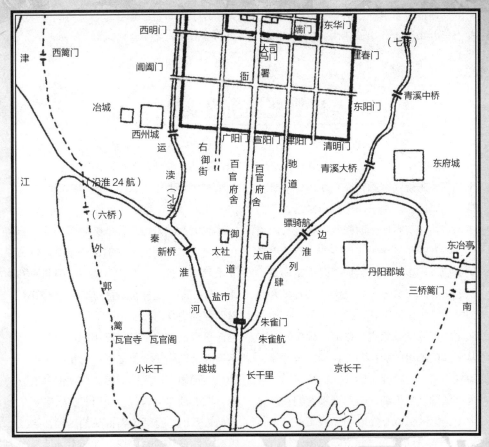

◎ 建康南部建筑分布，注意太社的位置。（底图摘自潘谷西的《中国建筑史》P64）

打算坚守金墉城，但是姚耸夫一进城就跑了，导致守军士气尽泄，都开始跑，所以自己守不住了。不管杜骥是跑到南方某地给宋文帝写的信，还是接受宋文帝派遣人员审问时的陈述，总之这话最后被带到宋文帝那儿了。姚耸夫作为偏裨小将，皇帝是根本不需要审问的，加上宋文帝又在气头上，直接下旨让建威将军郑顺之去执行极刑。此时，姚耸夫正在寿阳军中，他很可能根本不知道杜骥已把自己给告了，还在翘首以待再次派他上前线的机会，那样

就可以重新立功。然而，他没有等到这一刻，郑顺之带来的是死亡的讯息，一颗被用错的棋子永远消失在了淮水边。

斩一个偏裨小将，自然有人替补，史书也不会去记载，但竺灵秀斩了必须有合适的人替补。正月十二日，左军将军申宣调任兖州刺史之职。申宣的家族本是南燕政权的官僚，刘裕北伐南燕时，举族投靠。他的堂兄申永就曾经担任过兖州刺史。相对而言，申氏一族对这一带的情况比较了解，有一定的人事基础。不过，此刻宋文

帝的任命还带有另一层深刻含义——被围在滑台的东郡太守申谟是申宣的亲儿子，为了儿子，申宣一定会尽心尽责。但一切真如皇帝想的那样吗？

R 黯然神伤的救星

帅换了，将杀了，一切还是要战场上见高下。宋魏两军重新在东线围绕滑台展开了血腥厮杀。由于历史资料缺乏，我们不知道檀道济是什么时候从哪里赶赴前线的，随身带了多少后方增援的人马（笔者猜测应该不多）。但我们可以确定的是，檀道济赶到了彭城，并集结了4万多人的部队。从檀集结部队的位置来看，他的部队主力很可能是原先在彭城的预备队；而从所属的部将中包括原北伐军的王仲德、段宏来看，还收罗了到彦之的溃军。他匆匆完成部队的组织，然后带领他们从彭城北上，尝试解除滑台的包围。

尽管黄河封冻，北方各河流水枯，南方军队还是得依赖水运线。那么，问题就来了，究竟檀道济走的是哪一条路线呢？据《建康实录》记载，他是杀向成皋（即虎牢）的。如果此说确实，那么檀道济理应是沿着当年伐后秦时沈林子、刘遵考那一路军的路线，乘舟沿汴水攻向河南之地。但是，翻看地图，他如果走这条线路救援

滑台的话，就根本不可能路过寿张县（今山东东平县西南），而史籍明确记载檀道济与北魏军队在寿张县遭遇[1]。其他还有什么路线呢？细看地图，自彭城而北救援滑台可走到彦之主力原来的路线，沿桓公渎北上后不是东入济水，而是西入南北两济水，溯流而上，选择合适登陆点从陆路救援。然而，据史念海先生考证，南北两济水在当时已经断流，所以桓温和刘裕的北伐都不曾经此路而上，檀道济自然也不可能，他只能遵循到彦之的老路。这就带来了一个严重的战术问题，当他沿着济水向东北方向进军时，身后不断拖长的后勤补给线就完全暴露在滑台以东的北魏军团面前。这对刘宋军队来说将是致命伤。

问题还不止一个。其实，檀道济并没有与北魏军队作战的经验。首先，北伐后秦时，他有没有与北魏军队会过面，史籍没有记载。其后，景平年间，北魏军得知刘裕病故，大举入侵，跟元嘉七年情况的类似，他也是临危受命，前去救援前线守

---

[1] 《建康实录》："丁酉，道济军次寿阳，与虏悉结库频战高梁山，斩之。"而《宋书·檀道济传》记载："军至东平寿张县，值虏安平公乙旃眷……转战至高梁亭。"寿阳在淮河中游，处于刘宋后方，显然不对，此处寿阳应为寿张之误。又，张忱石先生点校《建康实录》指出《宋书》与《资治通鉴》均记高梁亭。笔者认为，高梁山之记载亦有研究价值，具体见P123。

军。当时,朝廷给他的任务有两个:救东阳和救虎牢。由于兵力不足,他选择舍弃虎牢,先援救东阳。结果,他还没见到北魏军队,对手就烧掉攻城器具遁走。这次救东阳虽然功成,但虎牢失守,河南之地尽丧。

话又说回来,檀道济对北魏军队没有直观感受,同样的,北魏军队也不熟悉檀道济。对不熟悉的对手采取什么样的战法,就体现了指挥员的个性和指挥风格。檀道济是个参与废皇帝的行动都能安睡如常的人,其性格特点自然是拿得起、放得下,因此指挥风格也是大开大阖,直捣黄龙——既然是救援滑台,那就全力以赴去实现目标。同时,他也没有太多的选择,在水运不济、后勤供应紧张、救援任务压力大又受到政治猜忌的情况下,他只有十分干脆地选择速战。

叔孙建则是另一类人。前文曾述他的间谍发现刘宋在进行北伐的准备,接到报告后,叔孙建即上书:"臣闻为国之道,存不忘亡。宜缮甲兵,增益屯戍,先为之备,以待其来。若不豫设,卒难擒殄。"也就是说,他是个老成持重的指挥官。而且与传统上认为的不同,东线魏军在兵力上的优势可能不太大[1],所以他选择了以逸待

劳、诱敌深入的策略。他精心挑选了范县一带作为主力的驻扎地。这里正位于黄河以南、济水以北、滑台以东,又是济水入黄三角区的基线位置。从这里,他可以很方便地选择在济水或黄河或济水入黄的三角端点拦截刘宋军队;或者等刘宋军队进入济水、黄河后,向南威胁其后勤补给线。如果刘宋军队直接找他挑战,则处于渡河进攻的不利境地,而南北济水的断流,使他基本不用担心刘宋军队会西进威胁其后背。自十一月后,他率领的东线北魏军就平静下来,厉兵秣马,准备迎接这位南国战神的挑战。

檀道济率领的解围部队出发后,一路顶着西北朔风,在水量不足的河道艰难前行。元嘉八年(431)正月十五日,在上元节(即今元宵节)这个重大日子,檀道济终于抵达寿张县境内,并与叔孙建统带的北魏阻击部队遭遇了。先是,檀道济指挥王仲德和段宏击破了北魏军一部。随后,他挺进到寿张县北面的高梁亭,以正兵与北魏军对阵牵制,以段宏和台军将领沈虔之率奇兵袭击,击败了北魏宁南将军、济州刺史寿昌公悉颊库结的部队,并砍了对手的脑袋。从领兵将领予以分析,第一战可能是王仲德统领的北伐军余部和段宏所

---

[1] 前文已经计算了杜超军队的数量在五六万,从全面开战以后看,还有进攻虎牢时加入的陆俟、和归部队,按两军计算为一万人。该部是否属于长孙道生指挥不能断定。助叔孙建的王度五千骑兵来自长孙道生部队的可能性大。按陆侯、和两军归长孙道生和不归属两种计算法,长孙道生部为一两万人(长孙道生自己应该还有部队,按一军计)。另外,还有司马灵寿等人的义军。总和在六万多到八万多的样子。在洛阳、虎牢留下少量兵力后,还有五万多到七万多的机动力量。其中,安颉率领一部在攻围滑台。按滑台内宋军有万余人看,安颉部队至少得有两万,则叔孙建所统兵力大约在三到五万之间,与檀道济的部队相比无明显优势,甚至还有很大可能略低于对手。他的优势在于兵力集中,而檀需要留下相当部队保护后勤线。

统的鲜卑具装甲骑作先锋，挫败北魏前锋部队——有竺灵秀的人头在后高悬，他们一定尽力作战以求减轻罪罚。第二战则可能是运用人数不多（大约在千人到数千之间）的鲜卑具装精锐甲骑和中央禁军的步兵精锐，针对敌军阵或防御线的薄弱点发动的进攻。

接着，刘宋军队继续挺进，二十多天里与北魏军队交锋达数十次，据说是刘宋军队连战连胜。这种作战态势非常不符合常理。细细品味，最有可能的是檀道济摆出了一副气势汹汹、全力向前救援的架势，但骨子里还是极为审慎地推进，企图以他自己高超的战术指挥弥补战略上的劣势，

寻找敌人防御和指挥的缺陷——这既是一种战术要求，也是对宋文帝平时不信任，临到危机时才驱使自己卖命的一种微妙心态反映。然而，这种作战态势也不是单边就可以促成的，显然他的对手也不是善茬，坚决回避主力大决战，以小规模小部队战斗诱引檀道济进军，使之暴露自身弱点，特别是那条后勤线。在双方的斗智斗勇中，刘宋军队占了些战术上的小便宜，略居上风，但北魏军队也没有犯下大错，既避了直接决战，又像牛皮糖一样成功迟滞住了刘宋军队。

随着檀道济沿济水向东北进军，战线不断延伸，后勤线也越来越暴露，他在

◎ 站在今日梁山峰顶向南俯视，下方是近年新挖的梁山泊。注意，照片中左侧远方就是古代巨野泽的位置，那里有条清澈的济水流出，出水口就是清口。可以想象在刘宋时代，战船千艘从远方驶来的样子。（QQ历史群昭勋阁提供）

进攻和保护后勤上终于难以兼顾了。这时，一直在等待这个机会降临的叔孙建和长孙道生没有丝毫手软，立即派出精干的轻骑袭击檀道济的后方（很有可能是邸阁，即当时所谓的军事仓库），焚烧了他储存的谷草，切断了他的补给线。现在，檀道济的军中开始缺粮，尽管他的声威使得军队还能凝聚，但凶猛的攻势不得不缓和下来。从那时起，

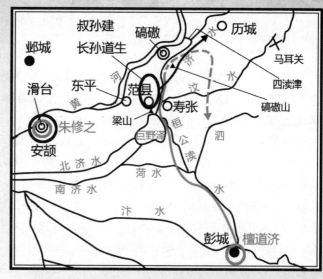

◎ 檀道济增援滑台作战示意图（绘图爱澜、唐思雯）

时间变得对南国战神越来越不利，他无法击破北魏军队的阻击，又不能丢下滑台不管，陷入进退两难的境地。但是，战神的

烦恼很快就以一种悲剧的方式解脱了——二月初十，滑台城陷落。

高梁亭的具体位置，其实是分析高梁亭之战的关键点，可惜目前没有太多足够信服的资料。按顾祖禹《读史方舆纪要》称"高梁亭在县东北"，这个县便是寿张县，但刘宋时的寿张县址与清初顾祖禹的寿张县已非一地。顾同书云"寿张故城《志》云：在今县东南五十里"。寿张迁新址是在明朝洪武十三年。也就是说，假设明朝以前的方志资料编纂人员确认地点正确，而他们记述的话又没有被顾祖禹所参考的地方志的编纂人员简单照抄的话，那么"高梁亭在县东北"一句应该是新县城的东北，即在寿张故城西北50里的东北方。照此推论，高梁亭应在刘宋时寿张县城的北面（可能西北、偏北或东北都有可能）。参照地图，从新旧县城的位置进行推测，高梁亭很可能位于黄河、济水形成的三角区，即檀道济进军路线上。而《建康实录》和《魏书·岛夷传》云"高梁山"，当时寿张县西南为梁山，控扼巨野泽流出的济水。刘宋军后勤线从桓公渎经巨野泽到济水，此为攻防要点，无论保护还是破坏都需进占。若高梁山真指此山，或山下有高梁亭，则高梁亭之战恐是叔孙建对刘宋军后勤线主动进攻的作战。考虑到《建康实录》错误相对较多，《魏书》相关内容可能同源，所以在正文中采信前一个推测，并按此推测行文。后一个推测供有兴趣的人参考。

S 滑台：落日孤城

滑台是一座古老的城池，据郦道元的《水经注》可以追溯到春秋时期郑国的廪延邑，但民国历史地理学家杨守敬却对这一观点不太赞同。后世又有以黎阳东岸故城逯明垒为滑台城者，但《水经注》中明确两者非一。由于年代久远，沧海桑田，各种记载又差异很大，今日想要判断滑台具体的来历已相当困难，所以在这里对滑台的来历不厘清。需要看到的是，郦道元毕竟是北魏时代的人，到过当年的滑台城，其对城本身的状态叙述应符合实情。根据他的注释，滑台是一座三重城，其中的小城称为滑台城。根据笔者判断，滑台曾是翟魏和南燕的都城，设三重城的可能性非常大。不过，按翟魏、南燕两国当时的力量和各自君主驻滑台的时间，外郭的大城很可能没有城墙，中城的城墙可能也很不完备。到了刘宋北魏争锋时代，中城城墙很可能已经损坏，其中的小城成为防御核心。按照附近白马墙村考古发现汉代城址夯土，可以初步判断为汉朝白马县城，滑台城在当时规模大于该县城的可能性极其微小。尽管白马县城规模目前没

有数据，从秦汉城邑考古已有资料推测，滑台小城最有可能是一个单边长度在几百米的城池[①]，容纳万余军队略显拥挤，但在非常时期可以接受。

滑台城虽小，但它坐落在黄河岸边，上接灵昌津、下控延津，号称"四通八达"，是兵家必争之地，曾经多次易手。东晋年间，谢玄、刘牢之北伐曾派兵据守。晋军失败以后，为丁零人翟辽所占据。后燕开国皇帝、一代战神慕容垂出兵消灭翟氏，滑台又落入他手。拓跋鲜卑入主中原后，慕容德南奔滑台建立南燕。东晋隆安三年（399年），北魏军队在南燕叛臣的引导下，攻入滑台，成为新主人。东晋义熙十二年（416年），刘裕伐后秦，王仲德率水师经滑台，北魏地方官闻风而走，凭空为晋军所得。

刘宋王朝建立后，位于宋魏交锋一线的滑台更是战云翻涌。永初三年（422年），北魏大举南下，倾力攻围滑台。刘宋名将、冠军将军、司州刺史毛德祖派冠军司马翟广率兵增援。翟广募勇壮入城助守，结果宁远将军刘芳之好不容易才率八十多

---

① 白马墙村遗址自东北两面夯土连接的基点出发，在300~350米处有疑似城门的夯土断带（断带宽约50米），至500米处尚未见尽头。根据徐龙国《秦汉城邑考古学研究》的结论：300万平方米以下的城池每边最多2门，但300万平方米以上的城池不可能出现12座城门的情况；城门之间距离在300~600米。根据此推测，如果白马县城真有两面3门的城池，按前述尺度计算，长边最大长度为1950米（3座城门150米，城墙为300+600+600+300米），短边最大长度为1400米（2座城门100米，城墙为350+600+350米），面积在273万平方米（把350米与300米对调计算为260万平方米），计算结果小于300万平方米，也就是说不可能出现一边城墙3座门的情况。这还是按照最大可能的计算，所以该城最大（每边双城门）为单边长度1300~1400米的城池，最小（每边单城门）为单边长度650~750米的城池，即徐先生归类的中型县邑或小型县邑。

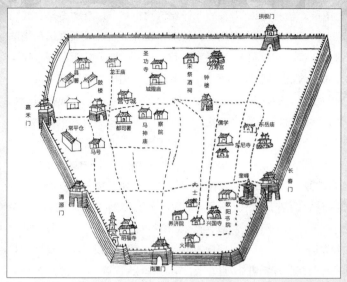

◎ 一般认为滑县城关镇即古滑台城，图为民国《重修滑县志》中的县城图（即城关镇）。

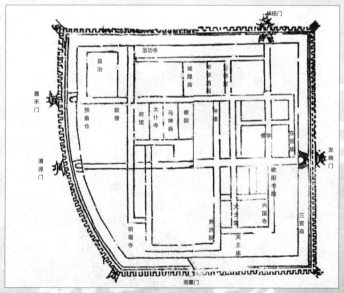

◎ 图为清朝康熙25年姚德闻编纂的《滑县志》（以下简称姚志）中的县城图（即城关镇）。本图为2页拼接，底图来源于国家图书馆。需要注意的是，姚志卷三建置志称"门有五，东曰长春"与图中之发晓门不符，亦无解释，不知何故。又同卷载"太仆分寺在察院西，今废，顺治八年知县陈公启泰改建马神庙。府署今废，崇祯甲戌年改建知县王公都生祠。"太仆分寺即图中太仆寺，府署即图中府馆。太仆寺既改建马神庙，何以与马神庙共列？府署既改生祠何以仍署旧名？若此图为崇祯甲戌以前的明朝底图，何以添马神庙而不改府馆之名？此图疑问颇多，暂不能解。

个人突进了城内。尽管有翟广在外犄角，兵力上占据优势的北魏仍然攻进了滑台——十二月二十二日，滑台城东北角被攻具破坏崩塌，滑台主将滑台戌主、宁远将军、东郡太守王景度弃军逃跑，守军溃散，王的幕僚宁远司马阳瓒宁死不屈，战至最后一刻，壮烈殉国。

本次北伐，南方军队又一次兵不血刃收复了滑台。随后，为了有效控制这个黄河防线上重要的军事枢纽以及北伐军的战术支撑点，到彦之特意留下一支超过万人的重兵集团和相当一批军械物资。他还选择了建威将军朱修之作为新的滑台主将。朱修之出身将门，其祖父便是著名的东晋襄阳守将朱序。朱序这个名字大家并不陌生，他可是淝水之战中的重要人物。他长期坚守襄阳城，屡破前秦军，后来被前秦军俘虏后，更是身在秦营心在晋，不仅向晋军统帅泄漏前秦军机，还在前秦军后退列阵时大喊秦军败了，为淝水之战的胜利立下汗马功劳。在参加谢玄北伐时，朱序还亲自率部收复过滑台。就此而言，朱修之身上多了份祖宗的荣光需要维护。令人担心的是，将门之后的他长期从事文职工作，戎马经验不足。而在朱修之的部下里，可以作为他的补充的就是李元德——跟北魏军多次交手，有一定的作战经验。

北魏军最早是从十一月十九日开始进攻的，主将便是安颉。从十月二十八日拿下虎牢到现在已经有二十天，为什么安颉

没有一鼓作气呢？其一，连续占领金塘和虎牢，特别是在虎牢遭到顽强抵抗后，部队需要休整。其二，潼关以西与夏政权接壤，需要确认西线巩固之后才能行动。

由于史籍惜墨如金，我们现在很难知道北魏军进攻的细节了。但是笔者认为，以安颉的足智多谋，一定不会死打硬拼，用尸体去换城池。通过早期的试探性攻击后，安颉应该转入了长期围攻——依当时的情况看，他应该十分清楚城内守军的实力与金塘、虎牢有所不同，特别是了解了城内缺乏粮食的事实。他一定挖掘了围城的长沟，并且在滑台下游的河上设置了阻击线，同时利用这段时间打造各种攻战器械。

不久，北魏军得到了增援——司马楚

◎ 今人绘画《淝水之战》

之带着一部分助战的北魏军队和他在河南之地招募的人马赶来会合了。先前，安颉刚开始进攻滑台的时候，他们在河南之地清扫刘宋军队的余部，并成功在长社对宋军小部队进行了攻击。司马楚之的抵达对守城的刘宋军队心理上是一次打击。他们的援军毫无踪影，粮食也宣布告罄。朱修之继承了祖父的气节，李元德、申谟等将领也都支持他的选择，他们继续顽强地坚守着孤城。在冬天的寒风中，瑟瑟发抖的军士们把城内一切可以吃的东西都拿出来填肚子，甚至将粮仓和房子内的老鼠都烤来吃（想必那时的老鼠都是干瘦无肉的）。

就在滑台守军陷入绝境的时候，城外的北魏军队也面临着危机。南国战神檀道济尽管没有重创东线机动兵团或者撕开北魏军队的阻击线，但毕竟给对手施加了极大压力。在这种情况下，安颉不能坐待城内守军饿毙或者出降，而必须有所动作了。于是，审时度势的他及时发起了攻城的战斗（突破口也许就是曾经崩塌的东北角）。

北魏军的攻势是可以想见的，各种攻城器械，加上冲锋在前的少数民族和司马楚之、司马灵寿部步兵肉盾。在如狼似虎的敌人面前，城内饥饿不堪的刘宋军队没有多少抵抗力量了——毕竟气节不能当饭吃。坚守了 79 天的城池陷落，面黄肌瘦的朱修之、李元德、申谟以下万余人没有力气学习阳瓒，均做了俘虏。至此，刘宋军队收复的河南之地全部重新沦陷，北伐的成果丧失殆尽。

值得补叙的是，朱修之的被俘还留下一段具有传奇色彩的故事。据说，朱修之

◎ 大同西京文化博物馆藏北魏持盾武士俑（来源西京文化博物馆网站）

被围滑台的消息传到南方，他的母亲也听说了。正所谓"儿行千里母担忧"，老太太日夜忧心。一天，老太太突然发现有乳汁流出，下意识觉得情况不妙，就告诉家人："我已经老了，突然又有了乳汁，这是个不祥之兆，可能我要失去儿子了。"后来证实，那天正好是滑台陷落的日子。初看此故事，笔者也十分讶异，怀疑这是古人的意淫，但翻阅了现代医学妇科著作之后否定了这一想法。其实朱修之母亲患的是高催乳素血症，这是一种下丘脑－垂体－性腺轴功能失调的内分泌类疾病。导致这种病症的原因很多，归结起来有三大方面，一是生理性的，比如运动、精神刺激、性交刺激等等；一是病理性的，比如脑垂体肿瘤或创伤、肾上腺功能减退、原发性甲状腺功能减退、结核病、组织细胞增生症等；一是药物性的，比如服用抗癫痫药、

抗抑郁药、利血平、西咪替丁等。显然身在古代的朱母不可能是吃药吃出的病，疾病影响的可能性有，但无法质证，所以最大的可能还是精神刺激。思儿成狂和提心吊胆导致内分泌紊乱，出现了这样的病症。古人缺乏现代医学的知识，将之演绎成传奇，然而身为现代人完全可以找到相对科学合理的解释。

T 最后的荣光

滑台陷落的消息很快在前线传播开来，这种传播始作俑者很可能就是北魏军队，他们要打击檀道济部队的士气。可惜史书没有记载这个消息是在何时、以何种方式传入檀道济军中的，但它绝对让檀道济悲愤不已，又长舒一口气。他悲愤的是，自己没有能力解救那样一支顽强的军队，丧失了许多忠臣良将；长舒一口气的是，他终于可以从两军胶着的战线中解脱出来，把剩下的将士带回家。不过，现在要做到后一点也是相当不容易。他的补给线已经被北魏军切断，军中携带的粮食也快要吃完了，军队中的意志动摇分子已开始选择叛逃。在这种恶劣的形势下，该如何摆脱敌人，成功并安全撤退呢？俗话说"檀公三十六计，走为上计"，檀道济对撤退有着自己的思考。他放弃了按原路返回的想法，选择了与到彦之退却相同的路线——刘宋军队将放弃后路和补给线，继续全力向前，沿济水而下，到历城附近弃舟登岸，再步行返回。我们很难想象战神与到彦之选择了相同的退路，但檀面临的情况显然与到彦之不同，因为他已经没有多少周旋余地了。

这里特别需要说明一点，司马光在《资治通鉴》中称："檀道济等进至济上，二十馀日间，前后与魏三十馀战，道济多捷。军至历城，叔孙建等纵轻骑邀其前后，焚烧草谷，道济军乏食，不能进。"照此说法，檀道济是一路告捷打到了历城，可是只要会看地图，就知道这种说法明显与事实不符。司马相公虽然是个伟大的史学家，值得尊敬，但在面对浩如烟海的资料时，还是无法做到每个细节都梳理清楚、考订详细，留下了令人遗憾的疏忽。更为重要的是，温公作为一个文人，就像多数传统文史学者那样，缺乏足够的军事学素养和敏感，对战事的描述和解读显得过于随意，缺乏正确的分析手段和足够的考证深度。古人缺乏学科交叉的意识和能力可以理解，但现代研究者就不能再止步于此了。

闲言少叙，二月二十四日，刘宋军队开始撤退。北魏军队可不想这么轻易就放过战神，他们要"将剩勇，追穷寇"，以获取更大的胜利。于是，叔孙建率领部队紧紧跟上。当宋军船队抵达历城附近登岸之后，北魏的追兵也很快逼迫过来。此时，因饥饿、惶恐而叛变的人直接将刘宋军队快断粮的消息透露给了叔孙建。这可是个重要情报，意味着刘宋军队中人心已经浮动，正可以"以治待乱""、以饱待饥"，倾力出动，给予致命的一击。

在这个节骨眼上，又是双方统帅的性格和作风主导了作战走向。檀道济十分大胆果断地采用了瞒天过海的冒险策略（这个策略是不是他提出的，此处先不讨论，见下文）。这个策略在史籍中有两种表述：一是李延寿在《南史》中的"道济夜唱筹量沙，以所馀少米散其上。及旦，魏军谓资粮有余，故不复追，以降者妄，斩以徇"，一是许嵩在《建康实录》中的"命军中高唱量沙，散布余米，明旦去之。虏夜闻量筹，晓见弃粟，谓降者欺已，斩之"。两者区别在于，李版量的是覆盖了粟米的沙，所以是量米的情形为北魏的侦察人员看见，误以为宋军粮食充足；而许版量的就是沙子，粟米是故意撒在地上的，北魏侦察人员晚上听见了量"米"的声音，白天看到撒在地上的粟米，才误会宋军粮食充足。李延寿是唐太宗时代的人，许嵩是唐玄宗、唐德宗时代的人，理论上李的记述早，应该更可信，但可能事实未必如此。因为李、许都不是原始记录者，都是抄过去材料的。李的材料源头无从判断，而许的材料可能来自裴子野的《宋略》。之后，宋真宗修《册府元龟》按照许版记述（可能也是直接抄的宋略），司马光的《资治通鉴》则以南史为本。具体分析上述描写，笔者认为古代没有夜视与望远设备，如果在沙子上覆盖粟米来伪装，说明敌人侦察人员混入军营可以近距离观察，那么这些侦察人员更进一步接近确认也不是难事。相对而言，借夜幕掩人视线以声响动静启人疑窦，白日则粟米撒地故布疑阵，两者结合完成对视听的双重混淆，更加符合正常逻辑，所以笔者倾向于许版的故事更真实。

不管历史真相如何，这条计策达到了檀道济想要的效果。前文已经说过，叔孙建是个老成持重的指挥官，这样的将领谨慎求稳又不愿付出太大代价来获得胜利。当年他就是不肯牺牲更多的人去换取濒临绝境的东阳城，主动撤离，让檀道济救援成功。这一次，他认定对手还有充足的粮食，对于是否追击犹豫起来。此时，檀道

◎ 檀道济唱筹量沙情景画，原载曹余章《上下五千年（三）》第208页。

济又及时再押上了一个砝码——在开拔中，他自己穿着便衣坐着手下抬的舆，像一位士族春游一般缓缓地穿过全副武装的军阵，指挥部队行动。看到一代战神这种不合常规的表现，叔孙建终于彻底动摇了，他怀疑刘宋军队是故意示弱，引诱自己进入伏击圈，而那名叛变者是整个引诱计划的组成部分。他选择了放弃追击和斩杀了那名叛变者，让檀道济安全地返回了南方。

唱筹量沙是中国军事史上最经典的计策之一，千年传颂，然而究竟发生在哪里，又是否完全出自檀道济的谋划呢？关于前一点，据《明一统志》和《读史方舆纪要》记载，发生于碻磝山（今平阴县东阿镇西南狮耳山）。在南北朝时，碻磝山附近有关城，城南有三个土堆，就是所谓唱筹量沙处，也被人称为"虚粮冢"。尽管这一记述在明朝以前的史志中无从查证，但是从地理上说，碻磝山在巨野泽以东和济水沟通黄河的四渎津以西，正位于救援滑台的轨迹线之上，又是两山（碻磝山与鱼山）夹济水的险要之处，所以可能性非常大。但碻磝山尚属兖州地界，距离历城大约在150里以上，以檀道济曾进至历城的记载来看，稍嫌遥远。又，此处舍舟登岸距离历城经肥城（今山东肥城县）南下彭城的大道距离甚远，直接向东穿山而至肥城一带则显得过于狼狈，是张飞断长坂之举，不合史籍记载的从容撤退之义。至于说三个土堆就是量沙处，恐怕附会的成分更大些。

关于后一点，笔者认为，在檀道济以外，历史还有一种可能性。首先，投降北魏军队的叛变者很可能是管粮草或熟知粮

◎ 平肩舆的图形，1为大同北魏司马金龙墓出土朱绘彩漆屏风上的，2为河南邓县南北朝墓彩色画像砖上的。可以窥视檀道济乘舆出巡的样子。（《中国古代服饰研究》P210）

草辎重情况的人。其次，先前到彦之的粮草押运官高进之，此时很可能正在檀道济的身边出谋划策。因为第一点，刘宋军队才能断定粮草方面的情报已经泄漏，并有针对性就粮草问题设计迷惑北魏人；因为第二点，以高进之对粮草部门人员的熟悉，以及他巧智多谋又长于计算的性格，很可能会向檀道济进献建议，并得到这位老上司老搭档的认可。当然，这里并非论定檀道济就是个粗鲁的莽夫，一定想不出这样的计策，性格外粗疏内细致的将领也很常见，读者可以理解为这是一个善意而有趣的推测。

U 青州悲喜剧

檀道济的撤退并不意味着彻底落幕，叔孙建尾随而至历城一带又激起了新的涟漪，上演了全新的大戏。说是戏，自然有喜剧也有悲剧，有光荣也有耻辱。前者便是历城的"空城计"。大多数读者所了解的"空城计"，来自《三国演义》，是其智状妖的诸葛亮在西城冒险以空城面对魏国大军，让生性多疑的魏国主帅司马懿退兵的故事。这是民间文艺家的虚构，寄托了普通百姓对孔明这位智者的喜爱之情。然而本章节要叙述的这次空城计却是历史的真实。

在檀道济撤退到历城后，尾追而来的北魏军队或其一部也形成了兵逼历城的架势。历城是济南郡的治所，当时的主官是武烈将军、济南太守萧承之。萧是南兰陵郡兰陵县人[①]，萧氏是当地大族，家族中的萧文寿为宋武帝刘裕的继母，所以萧氏一族也颇受重视，特别是萧文寿弟弟萧源之一支，对宗族多有提携。萧源之儿子萧思话在元嘉三年十二月做了青州刺史，便提拔萧承之跟随他到济南郡上任。大家若以为萧承之只是一个靠裙带关系升迁的人，那就错了，他是一个富有军事经验的人，曾参与蜀地平定谯纵的叛乱，颇能安抚地方。面对铺天盖地来的北魏军队，他的防御思路是守住城池据点。从某种角度而言，他的想法是正确的。北魏军队长于野战、短于攻城，长于速战、短于持久，只要坚守住城池，敌军迟早会撤退，一旦轻易放弃城池，想再收复就难了。

当然，战略设想是一回事，实际操作又是另外一回事。你要守就必须有兵有粮，萧承之粮可能不缺，但缺的是兵。按照刘宋的兵制，地方郡有兵户组成的郡兵，有的太守可能有超过国家额定兵户编制外的私人部曲，以及在紧急状态下还可能从民户中直接选拔精壮。由于缺少可靠的历史证据证明萧承之有超规定的私人部曲，也不能确定他有征发民户的行动，所以只能推测历城所在的济南郡郡兵数量——理

◎ 萧承之墓永安陵石刻。萧承之之子萧道成代宋做了皇帝后，册封他为宣帝。（骄阳似火摄）

---

① 萧氏本籍东海郡兰陵县，西晋元康元年（291年）以后东海郡分立兰陵郡，籍贯应为兰陵郡兰陵县。永嘉之乱迁晋陵郡武进县居住，当地侨置南兰陵郡兰陵县。

论上不会超过两千人①。现在，我们能明白萧所面对的危局——檀道济四万军队尚且绕着走，他这点人又如何面对优势之敌呢？然而，睿智大胆的他采取了两个普通人不敢使用的冒险策略：主动出击和空城计。第一个策略很有些像三国时代张辽守合肥，面对孙权的大军，以小而精的部队主动出击，打了敌人一个措手不及，挫伤敌人的锐气。萧承之也是如此，带着数百士兵（应该是挑选出的青壮精锐）就冲向北魏的前锋部队。北魏大军逼退了战神檀道济的主力，自然对刘宋州郡地方的力量比较轻视，没有预料到会遭到这样的反击，一时受挫。等他们缓过劲来，萧承之已经带着胜利的部队退回了历城。北魏军队自然不甘心，而且一定想乘着檀道济退却的机会，夺取一些城池作为心理补偿，于是大军云集城下，做出进攻的架势。

接下来的空城计就更惊心动魄了。面对城外成千上万野蛮嗜血的敌人，萧承之下令全城偃旗息鼓，大开城门。他的幕僚都吓坏了，纷纷来劝阻说："敌众我寡，将军为何还如此轻视敌人？"萧承之却回答道："今天我们坐守孤城，情况十分危急，如果还要对外示弱，那就会激起对方进攻的欲望，将我们赶尽杀绝，所以眼下只有摆出强势姿态，才有一线生机。"以上这句，笔者是对史书记载的原话进行了完整的翻译，即将隐含的意思全部写出来。从中我

们可以清楚地看到萧承之自己也是没有底的，他就是赌这一把，赌叔孙建是个疑心病重、用兵谨慎的人。看过前文的读者都明白，他这是赌对了。叔孙建长期在青州方向作战，而萧承之自元嘉初年出任济南太守，数年来一定对当面的敌军将领有所了解，加上可能耳闻目睹檀道济撤退的种种情况，所以他才敢赌这一把。叔孙建本身对檀道济的撤退就疑虑重重，更是担心历城是檀吸引他深入的又一诱饵，刘宋军队早已设下埋伏等他入瓮（比如檀道济乘叔孙建东攻历城，突然杀个回马枪，切断

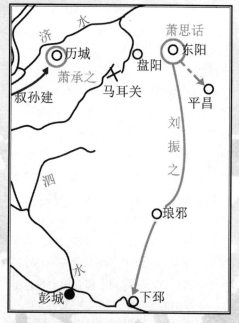

◎ 青州战局示意图（绘图爱澜、唐思雯）

---

① 此处来源于间接证据。最有力的便是《宋书·索虏传》记载元嘉二十九年第三次北伐时，青州刺史刘兴祖曾提到"申坦率历城之众，可有二千"。依《宋书·申坦传》，当时申坦为济南、平原二郡太守，则此二千兵为两郡之郡兵留下守卫力量后的数量。守卫力量最多与此二千持平，则济南郡的郡兵应不超过二千。

其西退归路），所以兵锋一晃，即行返回。

话说回来，在面对巨大的危机时，一个家族会涌现英雄，也会出现丢人现眼之辈，萧承之的上级——督青州及徐州东莞诸军事、振武将军、青州刺史萧思话就是后者。从前文所述萧刘两家人的关系可知，萧思话是宋文帝的表叔。小时候，他充分显示一个官二代的做派——不读书，喜好赌博和游荡，整天爬上房玩耍，打细腰鼓和给邻里惹是生非。父亲亡故后，突然改变性格，喜欢读经史之书，学会弹琴并且技艺出众，不仅书法不错，还能骑马射箭，受到宋武帝刘裕的赏识。后来，年纪轻轻（27 岁）就做上领兵刺史（即带将军号、开府督一州军事的刺史），主掌一方军政大权。

也许对这位表叔的能力不太放心，在滑台尚未陷落的二月初六，宋文帝安排彭城王刘义康手下掌管军府军事事务的平北司马韦郎接任青州刺史，调萧思话到后方任职（这个安排或许就是出自刘义康的建议）。出人意料的是，韦郎还没来得及赴任，檀道济便撤军了，北魏军队大举进逼青州之境。萧思话不得不硬着头皮亲自应付完这一局。

北魏军队的出现是在萧思话意料之中的，他得知檀道济回师的消息后，就知道会有这么一天。在他看来，一旦檀道济的北伐军离开，以青州自身的力量肯定无法抵御北魏军队的反击，所以恐惧万分的他制订了"委镇保险"的策略，即放弃主要城市，守卫险要之地。他还担心北魏军队一部会再次威胁彭城，切断青州与后方的联系，对青州形成大包围之势，故而先安排振武参军刘振之出屯彭城以东的下邳（今江苏邳州市南古邳镇）[1]。可是，他的策略遭到了萧承之的反对，后者劝谏他保镇才是上策，但他没有听进去。二月二十八日，北魏军队还没出现在东阳城外，他就按照自己的计划带着部属逃往平昌郡（今山东安丘市西南）。处于无政府状态的百姓开始了打砸抢烧，将城内官方积聚的来不及运走的物资尽数焚毁。虽然北魏军队没有光临东阳城，但造成的损失不可计数。最后，当他弃城逃跑的消息传到下邳，那位刘振之也仿效他的上司，弃城而走。恐慌迅速在淮泗一带蔓延开来。但是，就在这种"狼来了"的氛围中，帝国与北魏的边界线却缓缓平静了下来，官员和百姓们也在惴惴不安中恍然明白，战争终于结束了。

细究史籍，对萧思话听说檀道济退兵、下达委镇保险方案、萧承之劝谏三个时间以及萧承之劝谏的方式，可以做一个有趣的推测。前文已叙，檀途径历城是撤退的中途，而非撤退的起点。翻阅《中国历史

---

① 《晋书·荀羡传》："（荀羡）镇下邳……及慕容儁攻段兰于青州，诏使羡救之……军次琅邪，而兰已没，羡退还下邳。"又据《宋书·武帝纪》整理，刘裕伐南燕的主力自建康坐船至下邳，然后循陆路经琅邪、大岘、临朐至广固。可见下邳至广固是为重要通道。广固虽被东阳取代，但路线应同。此路线即严耕望《唐代交通图考》中所谓海岱地区南北交通之东线。

◎ 南朝青州东阳城城墙遗址。（崔胜利摄）

里之间，华清宫又近一些（长安通化门至昭应县约60里，昭应县东南2里即华清宫所在的骊山），驿报传送了6天，基本上一日一夜在400里出头。檀道济退兵是二月二十四日，若他提前一天派快马告知萧思话，则萧思话最快二十四日得知檀退兵。由于历城东阳300里的距离，萧思话不可能找萧承之赶到东阳城去商议，很可能是他派人将早已拟定的计划告诉萧承之，最快二十五日萧承之得知委镇保险方案。萧承之必然请传达计划的人带口信或书面信函劝谏，最快二十六日带给萧思话。又，刘振之最快二十四日离开东阳南下下邳，按严耕望《唐代交通图考》的推定，青州至下邳727里路，他作为官员不一定能像报信人员那样赶路，扣除夜晚休息，则最快二十七日抵达下邳。以上均为推测，供有兴趣的读者参考。

地图集》，就算按照最近的撤退点（济水通黄河处）计算，此点到历城的距离大约相当于历城到济州一半，按严耕望《唐代交通图考》推定的里程数计算，济州到齐州的一半即130里。加上历城到东阳还有超过300里的距离，则总距离接近450里。按唐代安禄山造反的报告速度，《旧唐书·玄宗纪》："冬十月壬辰，幸华清宫……十一月……丙寅，范阳节度使安禄山率蕃、汉之兵十余万，自幽州南向诣阙……壬申，闻于行在所。"范阳至长安在2530~2550

本节内容的时间节点与《南齐书》的内容不合，具体考证如下，按《南齐书·高帝纪》："七年，右将军到彦之北伐大败，虏乘胜破青部诸郡国。别帅安平公乙旃眷寇济南，皇考率数百人拒战，退之。虏众大集，皇考使偃兵开城门……虏疑有伏兵，遂引去。青州刺史萧思话欲委镇保险，皇考固谏不从，思话失据溃走。明年，征南大将军檀道济于寿张转战班师，滑台陷没，兖州刺史竺灵秀抵罪。"文中所谓皇考，即齐高帝萧道成之父萧承之。观其文义，萧承之守济南以空城计退敌是在元嘉七年。

但细究史籍可以发现，《南齐书》作者萧子显仿佛没有时间观念一般，记述错误百出：

第一，《魏书·叔孙建传》："建与汝阴公长孙道生济河而南，彦之、仲德等自清入济，东走青州。刘义隆兖州刺史竺灵秀弃须昌，南奔湖陆。建追击，大破之，斩首五千余级，遂至邹鲁。还屯范城。"此处，叔孙建追击的是竺灵秀，邹鲁、范城皆在兖州，而行军亦不经青州。可能危及青州区域的如《魏书·长孙道生传》"遂诱义隆将檀道济，邀其前后，追至历城而还"是元嘉八年的事了。

第二，按萧子显的说法，"青州刺史萧思话欲委镇保险，皇考固谏不从，思话失据溃走"是在元嘉七年，但实际上按《宋书·萧思话传》"八年……索虏南寇，檀道济北伐，既而回师，思话惧虏大至，乃弃镇奔平昌"，是元嘉八年。《宋书·文帝纪》更明确记载："（元嘉八年二月）癸酉，征南大将军檀道济引军还。丁丑，青州刺史萧思话弃城走。"

第三，萧子显说元嘉八年"兖州刺史

竺灵秀抵罪"。《宋书·文帝纪》则记载"（元嘉七年十二月）乙亥……兖州刺史竺灵秀有罪伏诛。"

可见萧子显此段根本未做基本考证，为给祖宗脸上贴金，任意剪接资料，信口雌黄。

◎ 年轻时的萧子显（原载陈锋等《铁笔写春秋》下册P122）。

V 北君欢喜

元嘉八年（431年）二月，声势浩大的元嘉第一次北伐终于彻底落下帷幕。一场决出胜负的战争结束后，自然是有人欢喜有人愁。这一次，欢喜属于北魏一方。二月二十四日，就在檀道济刚刚回军的那天，太武帝回到了首都平城。他来到太庙，按照古礼召开庆功酒会，一面向祖宗表功，一面慰问功臣，并评定和记录功勋，不仅留守的百官有赏赐，士兵也免除了十年徭

役。虽然从时间上看，这一次可能更多涉及扫平夏国的事，但亦应该不乏反击刘宋的内容，特别是此时距离攻下滑台已经有足足十二天，报捷的消息一定传到平城了。

三月二十九日，太武帝又召开了盛大的欢迎仪式，迎接从滑台返回的安颉。这是一次足以震撼人心和彪炳战功的献俘仪式，罗列展示了万余名面黄肌瘦、垂头丧气的战俘和足够装备三万人的鲜亮的兵器

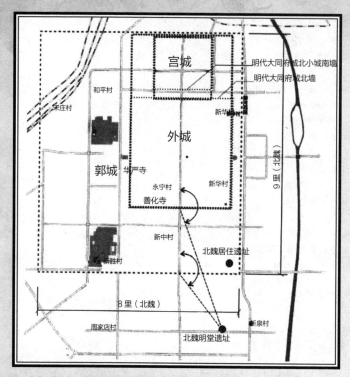

◎ 北魏平城城址推测图（底图摘自段智钧等的《北魏平城城市布局探微》）

即以娶华夏帝家女为荣。对于这件事情，宋文帝认为没有商量余地，果断予以拒绝。另一个便与前文提到的英文特勒的首级有关。在姚耸夫退驻寿阳时，将这枚首级也带了回来。尽管姚已被处决，可这份战利品仍然保存在南方。太武帝提出以百匹好马为代价，将首级换回。在这个问题上，宋文帝乐得让步求实惠，批准了交换的提议。

相对于刘宋方面的软硬兼具，其他政权就恭顺得多了。面对北魏同时击败刘宋和夏，并几乎消灭了夏政权，他们十分惶恐，纷纷对北魏示好。首先便是柔然。根据《魏书》记载，先是柔然南下的二十多名巡逻人员被北魏抓住，然后太武帝赐给他们衣服将他们送回来，新任的敕连可汗吴提（大檀的儿子）就感恩戴德，派人上平城朝贡。依笔者看来，真相是对北魏既怕又恨却无可奈何的柔然被迫屈服，以求得喘息之机。而被放回的这帮人则很可能一起目睹了盛大的献俘仪式，感受到了强烈的震撼。就在周绍出使刘宋的当天，柔然的进贡使臣也抵达了平城。太武帝为了达成长期羁縻的效果，

铠甲，充分显示出新兴帝国掌权者的自信和对武功的推崇。刘宋军队的将领和士兵则在体力刚刚恢复后，遭受了一次深刻的精神羞辱。

接下来，胜利者要以胜利者的姿态来沟通了。闰六月十六日，太武帝派散骑侍郎周绍出使刘宋。由于史籍对这次外交并无详细记载，我们很难知道双方具体谈了些什么，但有两件事可能就发生在这次沟通中。一个是为太武帝求亲。也许有人会奇怪，北魏打赢了还要提亲？没错，这个心态可能很复杂，既是一种力量的炫耀，如历史上的匈奴威逼汉朝一样强迫南方政权和亲；也是一种文化自卑心理的作用，

对其他国家宣示自己的豁达态度，也放低了胜利者的姿态，特别优待了他们。

接下来就轮到了北凉的沮渠蒙逊、吐谷浑的慕璝。八月七日，前者派自己的儿子沮渠安周入朝侍奉太武帝——其实就是来做人质，以表示归顺之意；后者上表请求太武帝批准吐谷浑将擒获的夏国末代君主赫连定押运到平城——这就是邀功示好了。不知是北魏接待方的有心安排，还是真的巧合，他们在同一天到达正在河西巡幸中的太武帝车驾前，结果当然是皆大欢喜：四天后，北魏册封慕璝为大将军、西秦王（按汉晋之制，大将军是最高军事统帅，在很多时候掌握军政大权，北魏如此滥封滥授，可见缺乏对中原官制的认知）；九月十六日，回到平城之后的太武帝下诏册封河西王沮渠蒙逊为假节、加侍中、都督凉州及西域羌戎诸军事、行征西大将军、太傅、凉州牧、凉王，并听从崔浩的意见，特别安排重臣尚书李顺兼任太常卿为使臣，前去颁发册书。从这一点可以看出，更像一个国家的北凉政权得到了更多政治上的重视。

最后一个是因柔然帝国崩溃而归顺的敕勒人（即高车人）。十月一日，太武帝出塞巡视漠南。十一月十日，北部敕勒首领莫弗库若于率数万骑兵驱赶数百万头鹿赶到北魏皇帝的驻地，为太武帝的大规模狩猎活动献上丰厚的礼物——在柔然垮台后，漠北暂时形成权力真空的情况下，北部敕勒明确承认了太武帝的统治权威，释放出恭顺的信息。这里的北部敕勒，实际是留在蒙古草原的高车族人[1]。对此，太武帝自然是龙心大悦。狩猎活动结束后，他慷慨地赏赐驻地的文武和归顺人员，并让中书侍郎邓颖撰写颂文，在漠南刻石为铭，让自己的功德可以流芳千古。在那一刻，北魏帝国及其统治者太武帝一起达到了国运和人生的第一个高峰。

然而，不是每一位襄助太武帝一起建立如此基业的功臣都有幸分享这一切了。取金墉、定虎牢、夺滑台的安颉当年就死去了，太武帝感念他的功勋，极尽哀荣——追封他为征南大将军、仪同三司，从西平公进爵为西平王，赐谥号襄。按古代谥号的字义，需"辟地有德、甲胄有劳、因事有功、执心克刚、协赞有成、威德服远"可谓之"襄"。从安颉的战功看，着实每一条都符合。

有幸生受国褒的功臣还是大多数。当年九月，长孙嵩、崔浩、长孙道生分别加柱国大将军、司徒和司空衔。后两者是与本次军功有关的。崔浩作为几次关键的定策者，受封三公是实至名归。长孙道生前线搏杀有功，但升三公的一个重要原因还是政治资历和家族实力。另外，陆俟被封

---

[1] 段连勤先生在《丁零、高车与铁勒》中总结前人与自己的研究，提出蒙古草原上的丁零人被鲜卑贵族称为敕勒，在北魏统治的汉地称呼他们为高车丁零，而高车即高车丁零的省略称谓。考察《魏书》，有北部敕勒、西部敕勒、东部敕勒、诸部敕勒等说法，对照《魏书·蠕蠕传》有"东部高车"的记载可知，北部敕勒应为太武帝讨平柔然王庭时归顺的高车部族，东部敕勒应为讨平柔然后，又派人招降的东部高车。

◎ 敦煌第249号窟中的壁面狩猎图，作于西魏时代，反映的是北方游牧民族狩猎情景。由此可以窥测太武帝大猎于漠南的盛况。（陈履生等《中国人物画魏晋卷》P167）

建业公、改任冀州刺史；和归从成皋男进爵为高阳侯；司马楚之加封散骑常侍。前两者是酬功无疑，后者则是尊其位，安其心——为让军队和国家获得休整，招司马楚之返回北方，避免他在边境招引流亡和叛逆，引起事端。

其他已知的与事者，杜超、叔孙建、拓跋太毗、王度、王慧龙等不知奖赏为何。上述诸位，杜超已经权位颇高，叔孙建在战中已经加官进爵，可能不在官爵上再行赏赐。拓跋太毗则可能表现不让人满意，其后也就湮没无闻。王度、王慧龙则可能是史书简略所致。

W 南君哀戚

相对北魏的声威赫赫，刘宋王朝就纯然是灰头土脸了。这次北伐的失败让刘宋损失了大量人力、财力和物资，陷入了空前的经济和财政危机，需要一段时间恢复元气。元嘉八年三月二十八日，在北魏举行盛大献俘仪式的前一天，宋文帝下诏："自顷军役殷兴，国用增广，资储不给，百度尚繁。宜存简约，以应事实。内外可通共详思，务令节俭。"当然，压缩财政开支，增加积累率只是一种手段，重要的还在于开源。作为农业社会的古代，农业生产是万事之本。要推动农业生产，首先

◎ 广东佛山东汉墓葬出土的红陶工艺品《水田和船》，表现的是南方水田耕作场景。（《中国文物定级图典·一级品》下卷P59）

要调动民众的积极性。六月初六，现代人看来十分吉利的日子，宋文帝宣布大赦天下。闰六月二十一日，宋文帝又下诏要求地方官员奖励生产："自顷农桑惰业，游食者众，荒莱不辟，督课无闻。一时水旱，便有罄匮，苟不深存务本，丰给靡因。郡守赋政方畿，县宰亲民之主，宜思奖训，导以良规。咸使肆力，地无遗利，耕蚕树艺，各尽其力。若有力田殊众，岁竟条名列上。"当然，对农民可提供的物品和劳力也不能无限制地征收。二十六日，宋文帝再派出隶属监察部门的侍御史对司法部门进行审查，对户调征收、徭役征发进行重新核定，以避免激化阶级矛盾。

鉴于北魏的军事压力，宋文帝对边境地区的行政区划和官员做出了一系列调整，以适应新形势：

二月二十八日，在萧思话放弃青州的当天，太子右卫率刘遵考出任南兖州刺史。

南兖州虽然不与北魏直接接壤，却是军府重镇，是北方防线的预备队。刘遵考虽然"为政严暴，聚敛无节"，没有什么大才，但他是宋武帝刘裕的族弟，而且长期跻身军旅行列，政治上足够可靠，又有一定军事资历。

四月初五日，后军参军徐遵之调任宋魏对峙第一线的兖州，担任刺史。这个徐遵之来历不详，可能出自后军将军刘道产的军府，也可能是后将军刘义欣军府的成员（按常理，后者的可能性更大）。

六月三十日，自宋初以来江淮间最大规模的行政区划调整揭幕。原管辖淮南江南侨郡县的南徐、南兖两州予以实土化，并调整所辖区域。长江以北的诸侨郡县及原徐州江北地区实土划归南兖州，治所定于广陵。扬州的晋陵郡及南兖州在江南的九个侨郡归属南徐州，治所在京口。各州所辖郡县也进行了合并调整。这样的调整还扩展到附近的豫州①。调整所涉及的范围内，顺理成章地进行土断②，从一定程

---

① 《宋书·州郡志》"秦郡太守……永初郡国属豫州，元嘉八年度南兖"，并且秦郡内部所辖县同时调整，有随秦郡到南兖州的"元嘉八年，以沛并顿丘……文帝元嘉八年，以临滏并秦，以外黄并泼仪……文帝元嘉八年，以平丘并尉氏"，也有留在豫州之内的"历阳太守……雍丘令……流寓立，先属秦郡，文帝元嘉八年度"。豫州内部调整亦有"酂令……元嘉八年，自南谯度属历阳"。

② 《宋书·州郡志》明确记载："文帝元嘉八年立南徐，以东海为治下郡，以丹徒属焉。郯、利城并为实土。"除这一证据外，胡阿祥先生在《论土断》中提及"《宋书·州郡志》、《南齐书·州郡志》诸侨郡县之省并、改属、割实等，都属土断的范畴，当然可认之为'土断'"，相关省并、改属、割实正文及上个注已详述。

度上清理了民户户籍。此举的好处体现在两个方面：一是完善了江北和京畿附近的行政管理格局，特别是军事区划格局——原来在江北只有一个有实土的徐州，南兖和南徐的力量分散在江北江南各处，没有统一的规划。现在，以南兖州作为江北防御的屏障和核心，以南徐州拱卫京畿，在徐州背后形成两道有力的防御线。一是充实了南兖、南徐两座军府重镇的实力，能动员更强大的力量。由此，刘宋王朝能更加有效地应对北魏可能突破徐、兖、青一线，甚至越过淮河深入淮南地区的军事威胁。这样的两个重地，还是由皇族的人来管理值得信任——南徐州的大任继续由分掌国务工作的皇弟刘义康负责，南兖州则交给另一个弟弟竟陵王、左将军刘义宣。刘义宣辞去原来的徐州刺史职务，将其交给司徒司马、辅国将军吉翰。前者实际未到任，由幕府班子处理事务[1]。后者本出任司州刺史，因为到彦之败退太速，未来得及实际上任。现在，他以假节、监徐、兖二州、豫州之梁郡诸军事，统管东部战区的中路。

闰六月二十七日，以施政惠民又能果断处置变乱的左军谘议参军刘道产出任持节、督雍梁南秦三州、荆州之南阳竟陵顺阳襄阳新野随六郡诸军事，宁远将军，宁蛮校尉，雍州刺史兼襄阳太守。这位刘道产就是前文注中刘简之的儿子，不仅父亲是开国元勋，自己亦为刘宋建国付出了辛劳[2]。分析他的职务可知，他的前一个职务是辅佐左将军刘义宣，是朝廷的安排；他现在的职务则负有对北魏的西线、中线两个战区的重大责任，还要处置对仇池的军事决策以及对内管理、镇压蛮人的事务；由此可以看出宋文帝对其的倚重。

十二月，在连续第二年的冬雷惊撼中，宋文帝又做出了一个重大决定——撤销湘州，还并荆州[3]。荆州位居西陕，实力地位足与下游扬州争锋，对中央权威构成威胁，正是为了改变这一情势，宋武帝分荆州为荆、湘两州，以求从经济角度削弱荆州（因为立湘州军府的计划遭到反对，实际未分荆州军权）。如今，宋文帝开历史倒车，实在是不得已，他更需要一个强大的荆州作为自己的臂膀。

在大调整的同时，宋文帝并没有进一步追责，因为他很清楚到彦之败后，大局

---

① 《宋书·文帝纪》曰："（元嘉九年六月）壬寅，以抚军将军、荆州刺史江夏王义恭为征北将军、开府仪同三司、南兖州刺史……南兖州刺史竟陵王义宣为中书监、中军将军。"《宋书·刘义宣传》："（元嘉）八年，又改都督南兖、兖州刺史，当镇山阳，未行。"可知刘义宣直接从刘义恭这里接手南兖州刺史（故《刘义宣传》记载有漏字，应为都督南兖、南兖州刺史），刘义宣未到任，则为其军、州两府班子实际处理各项事宜。

② 《宋书·刘道产传》："太尉谘议参军简之子也……初为辅国参军，无锡令，在县有能名。高祖版为中军行参军，又为道怜骠骑参军。"按《宋书·刘道怜传》："（义熙）十年，进号中军将军，加散骑常侍，给鼓吹一部。明年，讨司马休之，道怜监留府事，甲仗百人入殿。江陵平，以为都督荆湘益秦梁雍七州诸军事、骠骑将军、开府仪同三司、领护南蛮校尉、荆州刺史，持节，常侍如故。"可见，作为当年举家从龙举义的刘简之之子（刘简之事见前注4），至少在义熙十年前，刘道产就已经出仕，并且成为刘裕亲近集团的成员。

③ 《宋书·五行志》："元嘉八年十二月庚辰，雷。"虽然未知湘州合并的具体日子，但十二月庚辰为初四，从概率的角度而言，合并日落在初四日以后的可能性相当高。

◎ 山西忻州九原岗北朝墓壁画之狩猎图

已定，没人能只手回天。四月十四日，撤军回到南方的檀道济上表请求责罚，但宋文帝拒绝了他的要求。对于战场牺牲的将士，宋文帝进行了抚恤。特别是对守节而死的尹冲，追赠前将军。宋文帝写给弟弟江夏王刘义恭的书信里还真情感慨："尹冲诚节志概，继踪古烈，以为伤惋，不能已已。"对于滑台坚守最终投降的诸将，他没有苛求成仁，甚至写诗赞颂："逆虏乱疆场，边将婴寇仇。坚城效贞节，攻战无暂休。覆沈不可拾，离机难复收。势谢归涂单，于焉见幽囚。烈烈制邑守，舍命蹈前修。忠臣表年暮，贞柯见严秋。楚庄投袂起，终然报强仇。去病辞高馆，卒获舒国忧。戎事谅未殄，民患焉得瘳。抚剑怀感激，志气若云浮。愿想凌扶摇，弭旆

拂中州。爪牙申威灵，帷幄骋良筹。华裔混殊风，率土浃王猷。惆怅惧迁逝，北顾涕交流。"

至于中央决策层，随着王昙首的过世和王弘等老一辈群体的逐渐淡出，如何替补人才成为最棘手的问题。首先，为了填补王昙首的位置，原来外放的刘湛通过殷景仁的推荐被召回。其次，自北伐之前，宋文帝就将年轻的皇弟刘义康视作王氏组合的接班人，这一方案继续运作——元嘉九年（432年）王弘亡故后，由刘义康接管了王弘遗留的扬州刺史之职，这是王弘最后一个保留的实权职位。自北伐后期开始，刘义康在尚书台形成了绝对权威，"专总朝权，事决自己"。在这种氛围下，尚书左仆射刘义庆害怕遭祸，借天象不利为

名请求外放为官。宋文帝虽然下诏抚慰，亦难以挽留，同意了他的请求。

当然，正常的皇帝不会傻到把权力都放在一个篮子里，在刘义康之外还有别的制衡力量。领军将军殷景仁就是代表。在北伐之前，他正逢母丧，本该守孝离职，但皇帝夺情把他接回军府上任。前文已提到的刘湛回归，便说明了他在决策中的重

尚书左仆射刘义庆害怕遭祸，借天象不利为名请求外放为官一事，目前流行的说法是宋文帝对刘义庆的猜忌所导致，但笔者认为这一观点相当不确切。这一观点的源起很难查证，笔者看到的一份材料是已故周一良先生1982年10月2日赴日讲座的稿本，提到宋文帝"有长期患病的痛苦经历，具有一定的神经质和猜疑心很强的性格，他对朝廷中地位较高的大臣，几乎没有一个不怀疑……文帝的兄弟们的命运，也不比大臣和将军们好多少"，所以得出《宋书·刘义庆传》中"世路艰难"是"指当时封建统治阶级的内部矛盾与冲突而言的，特别是由于文帝猜疑心，所造成的与其他人的冲突而言的。文帝这种猜疑心很重的性格，引起了亲王和大臣们极高的警惕。他们内心深处总是担心，会在何时何地遭受刑罚或被杀掉，每日都生活在忧叹悲愁之中"。宁稼雨先生在《刘义庆的身世境遇与世说新语的编纂动因》中更是延伸，指出宋文帝"因为担心自己重蹈少帝被弑的悲剧，加紧了对其他大臣包括自己兄弟和宗室的肆虐杀戮和严格控制"，然后举竺灵秀、檀道济、刘义康等宗室大臣之死，认定在这样的背景下，刘义庆在元嘉八年乞求外放，"这实际上是借故离开京城，以远离是非之地"。

笔者认为，宋文帝有强烈的猜疑心和他猜忌宗室、大臣是没有疑问的，问题在于，元嘉八年刘义庆的外放是否是宋文帝直接猜忌刘义庆本人呢？第一，根据《宋书·文帝纪》和《宋书·刘义庆传》可知，

◎ 刘义庆像，当代画家陈立言绘（来源：新华网）

刘义庆自元嘉元年出任丹阳尹到元嘉八年，有九年之久，同时又在元嘉六年出任尚书仆射。丹阳尹是京畿行政长官，所以刘义庆在京城前八年都不想走，为何偏偏到第九年要走？为何尚书仆射之职册封时不辞，任职第二年时不辞，要到第三年才辞？第二，北伐惨败，刘义庆的兄弟、北伐总统帅刘义欣只是换了职务，身为尚书台重要人物的刘义庆不是引咎辞职，而是以星象不利自身辞职，是不是太诡异了？其实，正如笔者在正文中的描述，不是宋文帝猜忌刘义庆，而是刘义康的势力壮大，让刘义庆无法安身尚书台。更为重要的是，宋文帝想让刘义庆成为自己在尚书台钳制刘义康的棋子，但偏偏他不是个杀伐决断、喜爱政治斗争的亲王，而是个文艺范，想脱离斗争漩涡。最明显的佐证就是，在刘义庆离开后的元嘉九年，宋文帝迫不及待地安排自己的心腹殷景仁出任尚书仆射，对刘义康形成牵制局面。因此，就算这事要安个猜忌宗室的名分，也是针对刘义康而非刘义庆。文史界讨论问题有一种思维惯性，就是谁得出一种评判或结论，只要被主流接受，就什么都套用这一评判和结论来解释，却不注意套用是否合适。而且，过去研究力量不足，如今又过分注重所谓"研究的意义"，导致对形而上的讨论过多，为说明问题而凑材料，忽略细节的推敲。出现将竺灵秀的死也归入宋文帝对大臣的猜忌这种荒唐的案例就不奇怪了（竺灵秀死因前文已提及）。

要性。更重要的是军权，除了殷景仁坐镇领军府外，管理外军的护军将军殷穆在离职后，由文帝心腹、北伐败将到彦之出任——尽管外战不行，可在皇帝心里，他就是政治可靠的臂膀。

最后，在外交上，宋文帝维持了一定的强势态度。坚决拒绝了北魏方面和亲的要求，只同意了用马交换英文特勒首级的事。这多少算保留了些颜面。

X 简评

由于元嘉北伐进行了三次，所以笔者这里仅对本次北伐进行简单总结。

元嘉七年的北伐，是刘宋王朝建立后第一次真正意义上的北伐，也是宋文帝登基之后第一次收复失土的尝试。然而，这次没有像他父亲那样"气吞万里如虎"，而是惨败而归，究竟是为什么呢？一场战争的胜负，首先要从战场上找显而易见的军事原因。再说得明白些，就是比作战环境条件、比军事战略、比战术、比将帅指挥艺术、比武器装备、比后勤供应、比士兵的数量和质量。现代战争因为信息源较多，资料丰富，可以详细对比，古代战争就无法做到精确对比，但大致上还是可以从史料和考古材料中一窥端倪。

所谓作战环境条件，就是天时地利人和。这里的天时很简单，春夏马瘦，不利于北魏，秋冬马肥，不利于刘宋。雨水多则利于刘宋运输人员物资，雨水少则反之。总体而言，双方五分对五分。

地利条件却是北魏稍占优势。首先，无论水运还是陆地行动，刘宋军队北伐的线路都是从地势低处向高处进攻，处于仰攻的不利境地。其次，河南之地除了东西部少数地区外，主要部分位于广袤平整的黄淮海平原，利于骑兵驰骋和机动作战，易攻难守。再次，虽然地面河沟亦有纵横，特别是黄河河道形成限隔南北的屏障，但不少河流冬春缺水甚至结冰，无法有效起到阻遏作用，甚至缺水结冰对刘宋军队的水运生命线是一种巨大的损害。最后，河南之地夺回后，刘宋与北魏隔千里黄河相持，防线绵长，容易顾此失彼。唯一对刘宋有利的是，北魏政权北有柔然西有夏，

◎ 广袤而平坦的黄淮海平原适合北魏铁骑发挥。

南有刘宋内存乱，是四面受敌之状；而刘宋除西部小范围与夏接壤外，主要面对北魏一个敌人。

人和这里只分析民心向背。我们注意到刘裕灭后秦时，有"百姓竞送义粟"。之后，他想返回建康时，又有"三秦父老诣门流涕诉曰：'残民不沾王化，于今百年矣。始睹衣冠，方仰圣泽。长安十陵，是公家坟墓，咸阳宫殿数千间，是公家屋宅，舍此欲何之？'"到元嘉二十七年北伐时，有卢氏人赵难"驱率义徒，以为众军乡导"。可见北方还是有不少人心向刘宋的。但是，也有诸如东晋司马氏后人这样的群体追随北魏。在无法量化比较的情况下，只能认定双方都有一定的支持力量。

在这样的作战环境条件下，审视双方采用的军事战略，北魏与刘宋可谓平分秋色。前文已述，北魏处于多敌环伺的状态，虽然自身军队战斗力强，但毕竟双拳难敌四手，因此选择以退为进，先弃河南之地，收缩战线，集中力量，等待适合的时机（冬季）再行出击，是为上策。不过，后期出击选择双拳并举，同时打击夏与宋，显得有些过于自信，负担了不必要的风险。刘宋方面则注意到了双方军事力量的差异，选择了一个有限的战略目标，即收复河南之地，而不是消灭北魏，亦显示出战略制定者的高明。可是，得到河南之地后，错误地选择千里布防，未能集中兵力应对变化，造成了局面被动。至于刘宋跟夏的联盟战略，是一个正确的抉择，但由于历史资料极少，对于其合纵的细节不详，只能约略看到双方均首鼠两端，实际发挥的作用不大。

那么战术呢？由于本次北伐具体作战细节很少，我们很难讨论双方的具体战术。大体而言，北魏军队在骑兵使用上具有先天优势，南方亦有车阵战术克制。本次暂不详细介绍这些战术（因为第二次元嘉北伐有真实战例），但笔者要说，战争十分复杂，不是这种战术就一定胜于那种，要看实战中的具体发挥，这就牵涉到下一个问题——将帅的指挥艺术。

关于双方将帅，史书讨论得很多，但大多是从整个历史阶段进行评价，流于泛泛。在此，有必要结合本次战役重新审视。首先来看统帅方面，我们说一个好的统帅，不是每个计策都出自他，事事由他完成，而是在情势瞬息万变、信息大量充斥又真假莫辨的战场，能迅速准确地把握住战局的核心要素，果断地采纳和及时贯彻适用的战略战术，并合理地分配将领和军队去执行任务。北魏太武帝就是这样一个统帅。他两度采纳崔浩的意见，贯彻和运用了正确的战略，在开战之初避开了刘宋北伐军的锋芒；中盘又没有被刘宋和夏虚有其表的配合迷惑，果断率中央主力西进，并以一部增援东线，而两线的反击在时机和力量的掌握上也都显得恰到好处。在用人上，对长孙道生、安颉、叔孙建、陆俟、王度以及东晋流亡人士的驾驭和运用，都可圈可点。虽然有时也有唯亲的成分，但属于合理的政治考量，没有贻害战局。以上种种，充分彰显出太武帝与年龄不相符的成熟与睿智，可谓是天才的军事家。与之相比，宋文帝就差一些了。尽管史书没有明确记载宋文帝在军事决策方面的表现，北伐后期换帅檀道济也算及时，但还是有令人疑惑的地方，比如为什么不在最初就派更合适的檀道济或王仲德为帅？宋文帝显然对自己驾驭将帅的能力没有信心，纯出于政治考量选择听话的到彦之，对不信任的人不是弃之不用，就是自以为大局已定，在战场上直接烧前朝功勋老将的后院敲山震虎，对军心肯定有重大影响。同时，就算是心腹为帅，他仍然对兵权的下放不信任，又以千里之外"遥制兵略"来控制军队，构建了错误的指挥体制，违背了军事指挥的基本原则。而且"遥制兵略"这一情况，也间接证明千里布防的错误是得到他的首肯的，进一步暴露出他在军事指挥上的无知和愚蠢。虽然宋文帝战后曾赞赏垣护之的主动出击方案，并予以升官，但这一方案提出时的背景是在洛阳、虎牢均失守的情况下，只能说明宋文帝认可全局势变化后的应急对策，与局势变化前的千里布防决策没有任何关系。其次，战后褒奖积极主动的将领，亦不能排除是宋文帝鼓舞人心的政治手腕。

在其他前线将领的比较方面，也是北魏明显占了上风。比如安颉进攻滑台，叔孙建、长孙道生拦截檀道济援军时，对作战节奏和时机的把握都十分出色。作为对手的到彦之就完全不在一个等级了。

◎ 今人绘宋文帝画像，突出表现其文质的一面，而他在军事方面确实是个门外汉。（原载顾志华等编《中国帝王百传》P321）

换句话说，北伐这样的作战场面显然超出了他能力胜任的范围。此外，王仲德因指挥权问题未能充分表现；竺灵秀的弃军而逃简直就是品质恶劣；杜骥的自私自利虽然有客观因素，但他居然全副智商都用来坑队友，内斗内行，外战外行，就令人发指了。唯一值得称许的就是檀道济，虽然滑台未能拯救，且与叔孙建、长孙道生的对抗也是互有损伤，但以他面对的内外情势，已经算做得不错了。

武器装备的比较是一个很难澄清的角度，时至今日，双方都没有足堪使用的实物，或者相对完整可信的记载来做比较。由于南北拉锯战剧烈，相互武器易手和沟通机会极多；加上游牧民族掠夺人口和北方人口南逃反复发生，技术工匠在南北差异性理应有限。所以在笔者看来，对普通士兵而言，当时南北各方的武器装备就算存在品种或质量差异，理论上对双方战斗力影响也有限。当然，两边都有值得重视的地方。北魏作为游牧民族，本对攻城的器具并不熟悉，介入中原之后，已经开始学会运用各种攻具进攻坚固城垒。景平年间进攻的使用攻具已是明证，本次进攻滑台更是一种补充证明。刘宋在征服南燕后，鲜卑具装的引入对南方甲骑的实力和运用有相当的提升。本次北伐统率骑兵部队的段宏就是南燕降

将，他在檀道济援救滑台时的表
现便可作为重要的旁证。

后勤保障是值得说的一
个重点。在这次作战中，
北魏军队大部分时间处于
内线作战，加上入侵刘宋
境域不深，又以劫掠为生，后
勤压力相对较小。反观刘宋军队，
后勤供应的问题就大得多了。
尽管水运比较便利，但仍
然需要千里转输①。
由于刘宋军队并未
完全控制住黄河航
道，运输自然增加了不少阻
力。雪上加霜的是，太武帝不是慕
容超那样的幼稚短见之徒，他进行了
一定的坚壁清野，河南之地又屡经战火，
民户稀少，根本不能像刘裕伐南燕那样
"停江淮转输，馆谷于齐土"。所以在
北魏反攻时，许多部队出现了缺粮少食
的情况，这也是造成部队溃散的重要原
因之一。同时，檀道济救援滑台的失
败也是间接源于后勤线的缺陷。由此
可见，后勤保障的问题对本次北伐影
响巨大。

士兵的数量方面，从前文所述看，
北魏动员的是部分中央禁军、河北三州
与河南之地的军镇兵，而刘宋动员的主要

◎ 刘永华先生复原的南北朝骑步
兵形象（刘永华《中国古代军戎服
饰》P90）

---

① 除了正文本段后文引用的，刘裕北伐南燕曾"停江淮转输"可以一窥之外，还有《宋书·谢方明传》："永
初三年，出为丹阳尹，有能名。转会稽太守……前后征伐，每兵运不充，悉发倩士庶，事既宁息，皆使还本……
元嘉三年，卒官。"永初三年至元嘉三年，战事主要有二，一是景平年间抵抗北魏军队南侵，一是西征谢晦。两
次战事连位于今日浙东浙南地区的会稽郡都要承担运输任务，则北伐自不在话下。

是江淮一带的力量。两家都没有倾尽全力。对北魏而言，这是多面受敌的结果，而刘宋情况则不详，过分依赖水军线路和只取河南之地是可能的原因，但这样的解释还不够充分。另外，从先前各节中兵力对比的零星分析可以看出，在多数情形下，双方士兵的绝对数量基本是半斤对八两，没有哪方特别占优势。至于单个士兵的素质，南方也不输于北方。在唐宋以前，南方被视作蛮荒之地，民风剽悍，以勇武为尚。《三国志》云"丹杨山险，民多果劲……俗好武习战，高尚气力"，又云丹阳"精兵之地"；《晋书》云"吴越剽轻"；《隋书》更是总结江淮一带"人性并躁劲，风气果决，包藏祸害，视死如归，战而贵诈"，"其人本并习战，号为天下精兵。俗以五月五日为斗力之戏，各料强弱相敌，事类讲武"。但是，双方士兵的战斗力还是存在明显的差异，主要体现在以下两点：其一，北魏军队骑兵的比例显然要高于刘宋军队，其骑兵，特别是用于突击的甲装重骑兵的素质和战术运用也更强于刘宋军队。竺灵秀面对王度部铁骑的追击时弃军而逃，不能不说有畏惧其冲击力的成分。其二，北魏军队，尤其是鲜卑人组成的核心部队，其战斗意识和整体战斗素养要强于刘宋军队。特别在河南之地收复后，主客、攻守易位，"剽轻"的南方兵坚守的意识不足，思归心切，是遇到困难就溃败的原因之一。

综合前述文字，刘宋北伐失败在军事上的因素主要包括五点：一是在地利上处于相对劣势；二是军事战略制定不完善；三是选任将帅不堪任，指挥体系有严重缺

◎ 南朝丹阳墓砖画中甲骑兵，这应该就是鲜卑具装的甲骑兵。（沈从文《中国古代服饰研究》P234）

陷；四是军事力量不具备压倒性优势；五是后勤保障不够力。除了第一点基本属于自然条件以外，其他四点都有深层次原因，即他们都不是单纯的军事问题，而是根源于国力、体制和君主能力三方面的政治经济问题。

先来谈国力。在古代，我们无法比较GDP和主要工农业产品数值，比较人口数也存在相当难度，但是可以做一个大致的推测。当时北魏控制着黄河中下游的大部分地区，按《中国人口史》估计的十六国人口起点1800万，推测其人口数当在1200万以上。刘宋方面呢？在前文讨论北伐可动员兵力时，笔者有个户数120万的估计值，并且还有按宋书统计计算出的每户人口约5.74人，以此测算大约在700万不到。然而，这不是真实的人口数字。自东晋偏安以来，由于政治上的原因，世族地主私有制发展到了极致。他们一面按照国家占田占客（客是佃客的简称，佃客即佃户）

的法令合法占有土地和劳动力，一面又非法侵占国家山林田地，大量收容亡户、超标占有佃户，所以大量人口被隐匿，无法体现在国家户口的统计数据中。由于对这部分人口缺乏足够的统计数字，所以无法精确计算总人口，只能估测刘宋总人口不低于1000万。从上述估计数字来看，北魏还是要强于刘宋，但应该看到自晋末以来，尽管南北双方都有争战，北方遭到的破坏要比南方大一些。而且北魏作为游牧力量入侵中原，尚未全面实施恢复生产力的措施，统治手段粗野残暴，不能完全将已有的优势条件转化为自身的实力。如张尚谦先生就判断北魏社会经济由建立在掠夺基础上的贵族私有制经济和带浓厚村社色彩的部民经济组成，被征服民族所谓的"编户"，只是一种借代称呼，并没有转化成真正意义的国家编户，所以社会经济发展存在明显的不协调，农业经济经常处于疲

软和困难的状态。就这点而言，双方力量维持均衡是一个可接受的判断。

在体制这一点上，双方的差距似乎也不算大。也许有的人一谈北魏就是蛮夷之国，南朝就是文明之邦，认为有体制上的优势，这个未必。只有适应生产力和社会条件的体制，而没有绝对的先进落后体制之别。北魏在经济制度上定然输于南方（见前面国力的讨论），但政治制度的实效反而要略胜一筹。虽然自立国起，北魏就推行了一定的汉化政策，但其行政管理还保留着游牧政权的特色。其一，血缘亲近的部落贵族依旧占据高位，掌握巨大的政治权力，并由子孙接力传承。他出为将，入为文臣，以军事功勋为荣，为评判能力的标准。长孙道生、叔孙建、和归、陆俟等就是其中的典型。而早期投奔的胡人和胡化汉人功勋贵族也类似，如安颉、王度等。其二，国民基本以部民这一形式接受统治，

◎ 甘肃博物馆藏砖画牧马图，是对北方游牧民族生活的写真。北魏虽然进入中原，依旧保留游牧文化的残余。（陈履生等《中国人物画魏晋卷》P137）

人身依附关系相对稳固。在这种状态下，处于王朝的初期或上升期时，核心团队凝聚力大于离心力，基层组织有执行力，军事动员力量强大，勇武善战及好战者易于涌现，并出人头地。但是，这种方式在内政方面显得过于简单粗暴，增大了阶级摩擦和矛盾，不利于长期统治。刘宋则延续并发展了东晋的制度，处于门阀政治向皇权政治转折的关口。当时，有三个特色对军政影响巨大。一是在政治转折期，皇族势力与门阀势力之间矛盾突出。二是旧的门阀制度依然强大，九品中正制继续从相当程度上保证高门甲族以及地方豪强的政治经济利益。三是在政治和社会文化层面，江左政权一贯保持着重文轻武的特点，武人地位不高，兵户身份低贱且逃亡严重。特别是随着王朝进入稳定期，文治的重要性趋于提升，军功贵族尤其是先朝武勋开始受到抑制。当这三个特点叠加作用时，削弱了统治阶层的内在凝聚力和行政能力，阻碍了各类人才、特别是军事人才的选拔和升迁，挫伤了军人的进取心和抑制了他们的主观能动性，大大不利于国家军事机器的运作和发挥。

实力上相差不大，体制上又不占优，就只能看君主的水平了。在古代人治社会，统治者所能发挥的空间要远大

于现代。他的作用包括很多方面，比如在具体军政事务上的决策能力，组织决策班子、选拔任用将帅并使之发挥作用的能力等。从前述关于统帅的讨论已知，太武帝是做到了最大限度的完美，而宋文帝在军事决策和任用将帅上存在相当的短板，甚至恣意妄为。这里还需补充的是，在决策班子的组织和发挥作用方面，宋文帝的问题也开始初步显现。比如原有决策班子中王氏集团的淡出，有自然的因素（王弘的老病、王昙首的亡故），有政治平衡的因素，有寻求皇权政治回归的正面因素，但也有为树皇权而过火排挤的因素。特别是王昙首亡故后，宋文帝及其决策班子对北伐的指导出现重大失误，对前线千里设防和缺粮境地没有足够重视，导致恶性后果。如果决策班子无人发现问题所在，说明他不够知人善任，如果是提出异议未被他采纳，

◎ 明朝才子唐寅所绘《兰亭雅集》。士族虽然诞生了诸如王羲之这样的才子，但多数人沉迷于特权保护下的优渥生活，成为垮掉的一代。

说明他不够纳谏如流。无论如何，问题的根子系于宋文帝一身。

至此，我们可以做一个阶段性的总结了。宋文帝的第一次北伐从时间选择上讲，正好处于开国锐气未尽，自己又充分掌权，而北魏尚未充分消化北方资源时，不能算仓促；从战争准备上讲，不能算完美，但也绝对称不上"草草"；但是，君主本人能力的缺陷，政治和军事制度不符合举国争胜的需要，将帅不得其宜，实力又非压倒性优势，缺乏可信有力的盟友，再遭遇到军事机器异常强大、统帅能力非凡的对手，失败就不可避免了。

最后要说的是，这次北伐的失败是影响深远的，它带给这个以正朔自居的王朝物质与精神层面的双重打击。直到二十年后，宋文帝才敢于发动第二次北伐，除了内政因素外，这次失败留下的阴影也是重要原因。当然，我们又要说，宋文帝还是幸运的。因为北魏四面受敌，在同时击退刘宋和灭亡夏国之后，已经士马疲惫，抽不出力量继续维持战略进攻。历史既让宋文帝勉强保住了颜面，又给了刘宋王朝一个很好的喘息契机。如果能利用好这个机会，重新振作，增强自身实力，收复河南之地的机会至少还是存在的。宋文帝是否抓住了这个机遇呢？且看下一次北伐。

鸣谢：

本文在写作期间，得到浙江大学徐明德教授、洛阳师范学院王国强副教授、淮北师范大学吴航副教授、扬州大学孔祥军副教授、广西交通职业技术学院薛辉讲师、潍坊市寒亭区文物保管所崔永胜先生、上海图书馆张轶先生、山东博山孙长业先生、上海唐思雯女士、网友霍安治先生、朱宇琛先生、吴灿先生、慕容雅、萧牧之、dazui、军事历史地图、冶人越、为国除奸我曹节、acfun布哈林、东风永健、宇文若尘、殆知阁，以及安阳市考古研究所、滑县文广新局、文物旅游发展中心、QQ历史群昭勋阁等朋友和机构大力帮助。没有这么多朋友和机构的无私帮助，此文的完成是无法想象的，在此表示最诚挚的谢意。

参考资料：

【史籍类】《史记》、《三国志》、《晋书》、《宋书》、《南齐书》、《魏书》、《隋书》、《南史》、《北史》、《旧唐书》、《建康实录》、《资治通鉴》、《资治通鉴考异》、《三十国春秋辑本》、《十六国春秋辑补》、《册府元龟》、《通典》、《文馆词林校证》、《开元占经》、《释名》、《风俗通义》、《荆土岁时记》、《世说新语》、《水经注》、《元和郡县志》、《舆地纪胜》、《太平寰宇记》、《读史方舆纪要》、《水经注疏》、《东平州志》（光绪版）、《滑县志》（康熙版）、《重修滑县志》、《宋论》。

【著作类】丁福林《宋书校议》，许福谦《魏晋南北朝八书二史疑年录》，王仲荦《魏晋南北朝史》，简修炜等《六朝史稿》，高敏《魏晋南北朝经济史》、《魏晋南北朝兵制研究》，张金龙《魏晋南北朝禁卫武官制度》、《北魏政治史》，陈戌国《魏晋南北朝礼制研究》，梁满仓《魏晋南北朝五礼制度考论》，张尚谦《魏晋南北朝经济史新探》，祝总斌《两汉魏晋南北朝宰相制度研究》，田余庆《东晋门阀政治》《拓跋史探》，杨恩玉《治世盛衰》，段连勤《丁零、高车与铁勒》，俞鹿年《北魏职官制度考》，阎步克《品位与职位》、谭其骧《中国历史地图集》，严耕望《唐代交通图考》《魏晋南北朝地方行政制度》，胡阿祥《宋书州郡志汇释》，韦正《魏晋南北朝考古》，罗宗真《六朝考古》，徐龙国《秦汉城邑考古学研究》，葛剑雄《中国人口史》，陈垣《二十史朔闰表》，彭信威《中国货币史》，台湾三军大学《中国历代战争史》，张铁牛等《中国古代海军史》，北京市地方志编纂委员会《北京志·文物卷·文物志》，黄一农《社会天文学十讲》，王光祈《中国音乐史》，李诵弦等《实用妇科内分泌学》。

【论文类】万绳楠《论黄白籍、土断及其有关问题》，胡阿祥《论土断》，邵磊等《元嘉四铢钱范探究》，周松《柔然与南朝关系探略》，陶文牛《三国户口考》，中科院考古所洛阳工作队《汉魏洛阳城初步勘查》，中国社科院考古所洛阳汉魏故城队《汉魏洛阳故城金墉城址发掘简报》，钱国祥《汉魏洛阳城金墉城形制布局研究》，郑景云等《魏晋南北朝时期的中国东部温度变化》，崔文君《中国历史地图集》北魏卷若干地名考析——以今陕西省所在地域为界，史念海《济水变迁史考》，周一良《关于世说新语的作者问题》，宁稼雨《刘义庆的身世境遇与世说新语的编纂动因》，刘斌《十六国北朝时期的甲骑具装及甲骑具装俑研究》，宋鲁彬《中国古代突骑研究》，张敏《魏晋南朝军队后勤保障制度研究》。

【文章课件类】张宝吉《中国造船史》，经略幽燕我童贯《戈甲从军久，风云识阵难——浅说古典军阵艺术》，牛志伦等《青州古城遗址略观》，朱光临《滑台小考》，孟津黄河石《孟津黄河古津》，沈宗姬《高催乳素血症》。

注：图片参考书在图片图注中标明，故参考资料中不再重复列出（未明确标注出处的图均来自网络）。参考资料繁杂，写完文章才据回忆和记录进行罗列，难免有缺漏，期望诸位专家和读者海涵。

男儿西北有神州

五胡十六国之前凉世家

作者：王烨（常山日月）

◎ 胡人骑兵

◎ 河西走廊的魏晋烽燧

养虎遗患，西晋崩坏

结束了三国乱世，重新混一南北的晋武帝司马炎，史称"宇量洪厚，明达好谋"。但这完全是史家的恭维之词，西晋败亡乃至五胡乱华，全基于这位开国大帝的"英明领导"。这位开国大帝令西晋一世而亡的闪光点主要表现在四个方面。

（一）没有长远眼光，一味助长士族的贪腐行为，政治吏治腐败到极点。依靠父祖的权势，欺人寡妇孤儿轻易篡夺曹魏政权的司马炎能够统一天下，并非他有多英明神武，只不过因为吴主孙皓比晋武帝更加残暴昏庸。

消灭东吴后的司马炎不再处理政事，终日在上万宫女组成的后宫里淫乐。上行而下效，仅凭出身门第就可轻易步入仕途为官的豪门士族沉迷于清谈玄学、不干实事、竞相追求货利。在荆州刺史任上靠抢劫来往客商而发了大财的石崇公然与国舅王恺斗富，极尽奢侈浪费之能事。司马炎非但不禁止这种丑行，还亲自为他舅舅助阵。尽管有皇帝帮忙，王恺还是输给了石崇。上层社会骄奢淫逸的颓废风气大涨。财富集中在少数人手中，导致中下层知识分子郁郁不得志而心怀反意：典型代表有出身寒门的王弥、张宾，这两人后来分别成为匈奴刘渊羯人石勒手下的大将军师，是灭晋汉人中的急先锋。而创造社会财富的劳动人民却一贫如洗，求温饱而不可得。号称天下无穷人的西晋国内阶级矛盾日益加重。

（二）立储荒唐，分封失当，种下内战祸根：司马炎有26个儿子，早夭17人，成年者 9 人。司马炎得知太子司马衷不堪当国有意易储。而太子生母、皇后杨艳却生怕得宠的胡贵嫔生子夺权而一再加以阻挠。司马炎又听信谗言，给司马衷娶了"贤良淑德"的功臣之女贾南风。自成婚后，太子就被这个善耍政治手腕、权力欲极大的女人玩弄于鼓掌。

这还不算，司马炎鉴于曹魏猜疑骨肉导致王侯孤立无助而亡国的教训，大封宗室，没出五服的亲戚统统得受王爵。司马氏诸王权力极大，能够自行选置封国内中上层官员，拥有自己王国军队的指挥权。晋武帝初封同姓时，大国三军，兵五千人；次国二军，兵三千人；小国一军，兵千五百人。州郡兵被裁撤后，诸王被委派镇守全国要害地区，封国也随之转移。于是，王爷们纷纷在自己身边安插亲信将领和幕僚，并竭力扩军，发展到了诸王私兵动辄数万、十万的地步，造成西晋朝廷外重内轻、强枝弱干之势，中央集权被大大削弱。

（三）边兵强盛，地方积弱，军事力量逐步失衡。西晋军队主要分为中军、州郡兵、外军三支。西晋中军编制等同于汉朝的南军、北军，负责警卫皇宫、拱卫京畿，其精锐自不待言，但西晋的兵役制度却继承了曹魏腐朽的世兵制。"世兵"就是父子世代为兵，户籍不属郡县而由军府管理，称为"士家"、"军户"。世兵地位很低，有如刑徒，兵役、劳役极其繁重，以致逃亡的现象相当普遍，而逃亡者往往又被地方豪族收容，沦为私兵部曲。于是，本来强大的中军一如西晋朝廷一样逐渐成为外强中干的巨人。

地位非常重要的州郡兵，因为司马炎厌恶刺史、太守兼职带兵将领，外姓权力过大而在西晋太康三年（282 年）被废除，天下各州郡武库的兵器都被收缴，各郡依大小留武吏五十至一百人，刺史、太守依照汉朝旧例专掌民政不再领兵。

西晋外军沿袭曹魏在蜀魏边境、吴魏边境、塞北地区设置四征四镇大将军和都督的制度。由于经常与入侵的胡族或暴动的吴国降民作战，外军军事素质较之养尊处优的中军为高。然而，由于司马氏诸王占据了全国都督半数以上的名额，导致分封制与都督制合一，诸王既是大军区的军事统帅，又是地方的最高行政长官。长此以往，全国各地都有诸王的军府，各位王

◎ 晋武帝司马炎画像

爷都督开始相互勾结对抗中央，成就了大批地方军事割据势力。

中军无用、外军失控，而内地没有武备，这与安史之乱前夕的唐朝何其相似！

（四）处置内附的五胡举措失当：两汉时代，塞外降服的游牧民族大都被安置于边塞地区不准入境。汉末天下纷扰，曹魏因为境内人口稀少，鼓励各塞外部族内移至中原腹地，以至西晋时关中地区人口百万，其中胡人约占一半。这些游牧民族有匈奴、羯、羌、氐、鲜卑之分，若加上与鲜卑同源的乌桓则称六夷，一般通称为五胡。

西晋时期，南匈奴屠各五部居于并州太原境内；羯族出自匈奴羌渠别部，是遭匈奴击败西迁的大月氏人留在家乡未走而被匈奴同化的后代，居于并州上党郡（今山西潞城附近）一带；历史悠久的羌族主要分布在关中地区；与现代藏人有亲缘关系的氐族居于雍秦（今陕西甘肃）一带；鲜卑则占据了辽东到河西一带的塞外匈奴故地。

由于生活习惯不同，各地汉人豪强并不善待胡人，往往仗势欺凌百般虐待，致使本来性格强悍的胡人"怨恨之气，毒于骨髓"，胡汉之间流血冲突不断发生。在吴国未亡之前，西晋境内就有匈奴右贤王刘猛、河西鲜卑酋长秃发树机能领导发动的叛乱，声势十分浩大。这两场叛乱虽然先后被当时尚算精锐的晋兵镇压，但有识

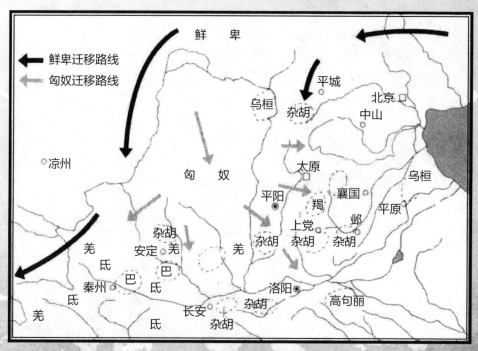

◎ 五胡杂居形势图

之士对此十分担忧。太康元年（281年）西晋灭亡东吴后，出身并州西河郡（今山西汾阳），深知汉胡杂居危害的侍御史郭钦就上表晋武帝，要求乘着平定吴国的声威、谋士猛将未死之际逐步将内地郡县中各类胡人加以分割，遣回故土或迁出塞外，以使"戎晋不杂"，为子孙后代长远之计。司马炎自以为国势强盛，对胡人潜在的威胁不以为意，未采取有效措施来缓和胡汉矛盾，西晋的民族矛盾尖锐到极点。

西晋开国功臣司徒何曾对晋朝的命运做过评估："主上是新王朝开国之君，我每次觐见上朝，从来没有听到君臣之间有治理国家的远大谋略，大家尽是讨论些生活中的琐碎小事，没有给后代留下治国规划的正道。社会安定，撑死不过一代而已，后世恐怕就危险了。我们的儿子辈大概还能免祸，孙子辈就一定不能幸免了！"

日后，何曾的预言应验了。何曾是个日食万钱还下不了筷子的上流社会精英，他的品味高雅得去皇宫赴宴都是自带食物。何家传到何曾的儿子何劭，饭费翻了一番，日食两万钱。到了西晋末年，这个美食世家全族冻饿而死。

国君大臣都这样短视败家，西晋王朝的国运可想而知。西晋永熙元年（290年），司马炎病死在脂粉堆里，各种社会矛盾再也压制不住。惠帝皇后贾南风与太后杨氏

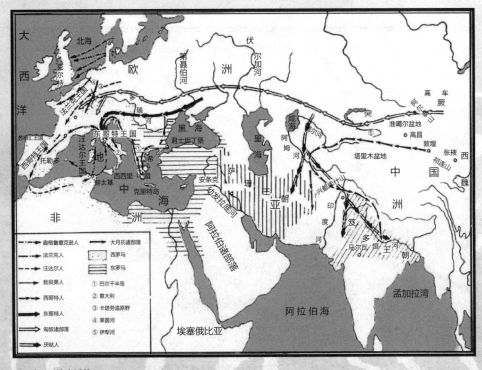

◎ 欧亚民族大迁徙

家族争权夺利的斗争，成为大乱导火索，引发了长达十六年的八王之乱。

八王指的是汝南王司马亮（司马懿第四子）、楚王司马玮（司马炎第五子）、赵王司马伦（司马懿第九子）、齐王司马冏（司马炎侄子）、河间王司马颙（司马懿弟司马孚之孙）、成都王司马颖（司马炎第十六子）、长沙王司马乂（司马炎第六子）、东海王司马越（司马懿弟司马馗之孙），实际上，西晋全国各地拥有军权的司马氏诸王都卷入了这场争夺最高统治权的混战。皇帝变成了摆设，中央命令变成了废纸，司马皇族拥兵自相残杀，国内流民四起，对中原的破坏无以复加。这些热衷于内战的王爷们利令智昏，可以为了军需贩卖胡族平民为奴隶，为了获胜不惜雇佣收编胡族武装参战，完全无视五胡对自己的怨恨。西晋统治集团的力量在这场混战中消耗殆尽的事实被五胡窥破，五胡对中原的野心再也遏制不住。

公元4世纪前后，全球气候变冷、世界各地天灾不断，在草原地区无法讨生活的游牧民族开始了世界范围内的大迁移。匈奴在东汉时分裂为南北两支，北匈奴因受汉军的打击逐渐西迁，导致一系列连锁反应，煊赫一时的西罗马帝国在这次蛮族大迁徙的冲击下轰然倒塌。而在东北亚，原本归顺中原王朝的南匈奴也带领五胡南下，成为西晋帝国的掘墓人。

八王之乱的胜出者是东海王司马越。西晋永宁元年（306年），司马越毒死了被诸王辗转挟持、受尽凌辱的司马衷，改立司马炎第二十五子司马炽为帝，是为怀帝。此时的西晋帝国权威尽失：三年前有巴氏李雄在蜀地成都建立成国，匈奴贵族刘渊在并州平阳（今山西临汾）建立汉国，五胡早已公开与西晋分庭抗礼。内地军阀林立，外敌虎视眈眈，西晋已在内耗中丧尽了元气，而司马越继续发扬司马家子弟擅长内斗的传统，把智力正常的怀帝视为傀儡，导致怀帝最终与其决裂。永嘉五年（311年）三月，带着西晋最后一支政府军主力和几乎全套政府班子的司马越在项城（今河南项城）缴获了怀帝命令各地讨伐帝室堂叔的密诏，由此又气又病，吐血而死。

中原出现权力真空，曾遭受汉人奴役轻视的胡人开始了报复：四月，汉国大将石勒率轻骑兵在宁平城（今河南鹿邑西南）追上了司马越的送葬队伍。早已丧失斗志的晋军被石勒部众包围射杀，十几万晋军尸体堆积如山，一场大决战竟变成了一边倒的大屠杀。晋军带队的太尉王衍，襄阳王司马范等数百官吏被刻意生擒，石勒兴致勃勃地羞辱了这些王侯将相后推墙将他们全部压死，司马越则被石勒破棺焚骨扬灰。听闻噩耗后，司马氏四十八个王爷跟着东海世子司马毗从洛阳出逃，还一路抢劫暴掠，结果在洧仓（今河南鄢陵西北）

◎ 石勒在洧仓斩杀司马氏诸王

撞在石勒手里，全部送了命。

刘渊的侄子刘曜联合大将王弥趁虚攻打西晋，汉军一路击杀河南晋军三万多人，终于攻陷洛阳，生擒晋怀帝，残杀京师吏民三万人。刘曜将周边帝王陵墓挖了个遍后，一把火焚了这座壮丽繁华的都城，魏晋以来无数生民血汗重建的名城洛阳就这样变成了白地。

经历这两次重创，西晋中央政权彻底瓦解，虽有怀帝的侄子愍帝司马邺接位长安，亦只生存了四年就被赵汉击灭，愍帝投降后，西晋正式宣告灭亡。这场史无前例的大惨剧，就是永嘉之乱，亦称五胡乱华！至此，中原彻底变成了五胡肆虐的修罗场，只有江东扬州地区还算平静安全。驻守在扬州建康的琅琊王司马睿封地在青州，一个青州人就带着一大批士人离开老家渡江南下，帮助司马睿稳定南方局势，继承了晋朝，为了区别于西部洛阳那个晋朝，这个新建的晋朝名叫东晋。这个很有才干的青州人就是王导，他被当时的人称为江左夷吾。王导带领的北方士人，叫作百六椽，是东晋统治的基础。

刘渊建国号为汉，按他的说法是汉朝与匈奴和亲，所以匈奴就是汉朝的外甥。刘渊打着兴汉的旗号借尸还魂，不但立汉高祖以下三祖五宗①为天子七庙神主，甚至追封乐不思蜀的阿斗刘禅为孝怀皇帝，令人哭笑不得。

刘渊早年一直在洛阳做人质，因此汉化较深，起兵之初确实很有政治头脑和手段，但他晚年创立的胡汉分治政策着实是个败笔。这种政策对辖区内的汉族人口按户编组，置左、右司隶，各领户二十余万，每万户置一内史统领。军队主力一般由五胡部落兵组成，汉人并不当兵，只忙于耕作，为胡兵提供衣食和军需。这个制度从行政管理角度看是胡汉分治，从军事管理角度看是耕战分立。所谓耕战分立，是一种落后、倒退的军事制度，它把胡族与汉族人为隔离开来，加深了胡族士兵轻视汉民，汉民仇视胡族士兵的局面。

长期坐镇汉都平阳的刘渊根本约束不了他手下那些以屠城杀人为乐的五胡将领，导致"汉军"攻略之地的汉族百姓"流离四散，十不存二，生相捐弃，死亡委藉，白骨横野"。刘渊死后，其子刘聪发动兵变杀死兄弟即位，在赵汉境内公开实行胡汉分治的野蛮做法，五胡和汉族之间的民族仇恨日益加深。

刘聪俘虏西晋二帝后的做法也很成问题。刘聪少年时曾游学洛阳，时为亲王的司马炽本和他熟识。刘聪的军队攻入洛阳后，晋怀帝司马炽在逃往长安途中被俘。刘聪竟然让司马炽充当为他倒酒洗盘子的杂役，随后还一杯毒酒结果了三十岁的怀帝。晋愍帝被俘时年仅十七岁，刘聪故技重施令司马邺充当自己的开道侍卫，甚至让司马邺伺候自己上厕所、端夜壶，不久又加以杀害。刘聪使的把戏虽然逞了一时

---

① 汉高祖刘邦、汉世祖刘秀、汉昭烈刘备为三祖，汉文帝刘恒、汉武帝刘彻、汉宣帝刘询、汉明帝刘庄、汉章帝刘炟为五宗。

之快，却使得赵汉始终无法平定中原地区汉人的反抗。

这本来是东晋收复山河的大好时机，但这帮中原世族渡江避难得到些许安宁又开始内斗，连自保都成问题。北方的残晋势力各自为战，结果被各个击破：石勒连破东北八州，杀掉晋地方长官九人，冀州刺史邵续及幽州刺史鲜卑人段匹磾被俘后不屈遇害；闻鸡起舞的并州刺史刘琨壮志不遂，留下"何意百炼钢，化成绕指柔"的沥血之言后在内讧中被杀；在洛阳一带坚持抗敌的司州刺史李矩病不起；毫无私心的大英雄、豫州刺史祖逖因己方的掣肘最终忧愤离世后，淮北的汉族抵抗势力仅剩偏居西北一隅的凉州。

三代创业，前凉开基

凉州刺史张轨出生于曹魏正元二年（255年），雍州安定乌氏（原属凉州，今甘肃平凉西北）人，虽然是西汉常山王张耳第十七世孙，但他这一代早已沦为寒门。张轨自幼聪慧好学，少年时拜同郡名士皇甫谧为师，师徒一起隐居于宜阳山坚不出仕，获得了很好的名声。晋武帝泰始年间，张轨受到当时的大学者、中书令张华的召见，极受司马炎信任的张华非常欣赏张轨的才能，认为他是"二品之精"，也就是说，在奉行九品中正制的西晋，张轨是寒门中的一流人物。自此步入仕途的张轨脚踏实地，一步步做到散骑常侍、征西军司的高位。张轨是个极有远见之人，他不愿成为八王之乱的炮灰，西晋永宁元年（301年）时即自行请求担任凉州刺史。凉州位处西晋领土的边角地带，一直是全国最贫瘠的地区，又邻近氐、羌、鲜卑等胡族，常年征战不休。和肥得流油的司州、扬州相比，凉州刺史可谓西晋最棘手的烫山芋。

出镇谁也不愿去的凉州后，张轨即与凉州本地大族阴氏、索氏、张氏、宋氏结成了盟友。在这些河西士族的鼎力支持下，张轨先后讨平了纵横凉州境内，以河西鲜卑为主的各路盗贼。当时，凉州总共才四十多万人口，张轨到任第一战就"斩首万余级，遂威著西州"。

张轨并非只会使用铁腕的武夫。站稳跟脚后，他就设立学校，推行儒家教育，命令凉州九郡的士族子弟入学，致力于下一代的培养；对胡人推行怀柔政策，缓和胡汉矛盾，民风强悍的凉州风气大变，成为文明礼仪之乡；推行轻徭薄赋的经济政策，先后多次大赦，释放囚犯出来参加社会劳动。这些举措显示张轨的眼光远远高于司马家那些王爷。

张轨最值得称道的政策是恢复了汉制五铢钱。西晋大乱后，各种势力此起彼伏，经济制度遭到极大破坏，民间大都把布匹作为货币流通。张轨的谋士——敦煌索氏出身的索辅认为，将布撕成一段段的当货币使用，既不方便又容易损坏，"今中州虽乱，此方主安全，宜复五铢以济通变之会"。张轨采纳了这个建议，下令统一铸钱，受到百姓欢迎，于是，"钱遂大行，人赖其利"。在乱世能做到发行货币并使之流通起来，并非容易的事情，凉州的社会经济随着货币的流通逐步恢复壮大。

西晋永兴二年（305 年），张轨击杀进犯凉州的鲜卑酋长若罗拔能，降其手下十万部众，尽显雷霆手段。晋惠帝因此加张轨为安西将军，封安乐乡侯。张轨成为诸侯后，将首府迁往当年匈奴修建的姑臧城（今甘肃武威）。此城南北长七里、东西宽三里，又叫卧龙城，是河西地区最大的城市。由此，张轨彻底得到了凉州的统治地位。

八王之乱时期，西晋全国上下基本上停止了向中央的进贡。唯有凉州每次都能按时上缴，凉州的马匹、布帛、皮货、粮

◎ 前凉五铢钱

食、兵器等战略物资更是源源不断接济京师。已经奄奄一息的西晋朝廷抓住了救命稻草，张轨先后被加封为侍中、太尉、凉州牧、大都督、司空、西平郡公，得到了异姓大臣的最高荣誉。其实这些要职厚爵在风雨飘摇的西晋不啻空头支票，而张轨却一再谦虚退让不敢接受。

在内忧外患一浪高过一浪的严酷形势下，西晋灭亡已经是大势所趋，但张轨并不因此而变心。在刘渊三攻洛阳和刘曜一攻长安的时候，凉州作为西晋朝廷的实际后勤基地，起到了很大的作用。不单如此，张轨还屡次派兵勤王，京师有言"凉州大马，横行天下。凉州鸰苕，寇贼消；鸰苕翩翩，怖杀人"，骁勇的凉州骑兵先后击败了王弥、石勒、刘聪、刘曜的劲旅，凉州子弟名扬天下。晋愍帝因为张轨年老多病，而封其世子张寔为副刺史，这在历史上尚无先例，是专为尊重张轨而设的，以保证张氏家族在凉州不至于大权旁落。

无可奈何花落去，张轨一人的忠诚实在是杯水车薪。西晋建兴二年（314 年）五月，对晋室忠心耿耿的西平公张轨逝世，他的遗言是："我无德于民，如今疾病弥留，正是天命。文武官属，要切记竭尽忠诚，安抚百姓。上思报国，下以宁家。我死后一定要素棺薄葬，无藏金玉。"张轨终年六十岁，在凉州十三年，他就是前凉第一代西平公。

性格温厚的张寔即位后也继承了父亲张轨对晋室的忠诚，多次派军援救关中长安的晋愍帝，是当时西晋政府得到的唯一援军。西晋建兴四年（316 年），赵汉

◎ 在五胡乱华的时代，汉人往往避居于坞堡

大将刘曜攻陷长安，西晋灭亡。氐、羌趁火打劫袭扰雍秦一带，当地民众死者十之八九，关中竟流传"秦川中，血没腕，唯有凉州倚柱观"的悲惨民谣。依旧是一片和平之地的凉州很快成了世外桃源，大量关中士民涌入凉州避难。

张寔得知京师陷落、愍帝被俘的消息后痛哭三日。晋愍帝在投降前派人突围带给张寔密诏，赐予张寔可以承制封拜杀伐的特权。这要是换成别人不称帝也会称王，但张寔严词拒绝了属下劝其称王的提议。他一面沿用西晋建兴年号，带头传檄天下，推举琅琊王司马睿继承晋朝，始终和东晋保持联系；一面对难民采取招抚安置的措施，使人民得以在较为安定的环境中继续进行生产。汉族士大夫在当地继续传经讲学，在凉州保存了先进文化。由于国内安定，前凉渐渐具备了抵抗外敌的实力。张

寔是一位温和的执政者，他宣布无论大小官吏都可以对凉州政事畅所欲言。然而，为政宽松也酿成他在东晋太兴三年（320年）被邪教刺杀身亡的悲剧。

平定这场内乱接位的是张寔弟弟张茂，他雷厉风行地镇压了那些刺杀张寔的邪教残党，稳定了前凉人心，将国家建设拉入正轨。这位多谋善断的第三代西平公在位期间挫败了前赵刘曜企图灭亡前凉的野心。

东晋太宁元年（323年），前赵从陇城（今甘肃省秦安县东）兵分三路：两支偏军用来牵制前凉在陇右的兵力，一路攻天水冀城（今甘肃甘谷县，蜀将姜维的故乡），一路攻桑壁（今甘肃陇西县），；刘曜则举三秦之众，动员大军共二十八万，将战线推进到黄河以南。赵军"列营百余里，金鼓之声动地，河水为沸，

张茂临河诸戍，皆望风奔溃"。刘曜更扬言要"百道俱济，直抵姑臧"。一时间，凉州内外大震。

参军马岌劝张茂亲征，以符合黄河以南秦雍士民的厚望。张茂不顾左右僚佐的阻挠，亲率凉军出屯姑臧东面的石头。参军陈珍分析形势，认为前赵虽据关中，但已经被关东的后赵搞得头昏脑胀，如今又对凉州作战，陷入了两面作战的尴尬境地。二十八万士兵中多是乌合之众，因此只要冀城、桑壁不失守，刘曜便不可能抽出精兵攻打凉州。他建议张茂一面固守以待其敝，一面派精兵增援陇右。张茂当即命令陈珍带领一千八百名步骑突破赵军的层层布防，火速进入冀城。前凉河南守军闻讯，士气大振。此外，前凉内部良好的民族关系也发挥了巨大作用：陈珍在冀城招募动员了黄河以南的氐羌部落，组成一支强大的骑兵军团，一举攻克了重镇南安（今甘

肃天水），抄了刘曜的后路。

不出陈珍所料，刘曜得知前凉增军陇右和南安失守的情报后，急欲退军。张茂审时度势，向前赵上表称臣，刘曜国内矛盾重重，再也无力向前凉进攻，随即见好就收让前凉称藩了事。张茂忍辱负重，放弃自己的名声为凉州换来了和平。

张茂统治后期有些贪图享乐，趁着经济有所起色，便以哥哥张寔轻易遇刺为由在姑臧城修建了一座周轮八十余堵，基高九仞的灵均台，打破了父亲和哥哥勤俭治国的惯例。除了这个瑕疵，他统治凉州五年，"豪右屏迹，威行凉域"。

张茂的职位至死也未得到东晋朝廷的封赠承认，这位谦谦君子临终时拉着侄子张骏的手流泪告诫："我们张家世代以孝友忠谨著称，现在虽然天下大乱，你也要继承这些美德，切记要忠于晋朝，爱护百姓。我接替你父亲的官职姑且用来捍卫皇

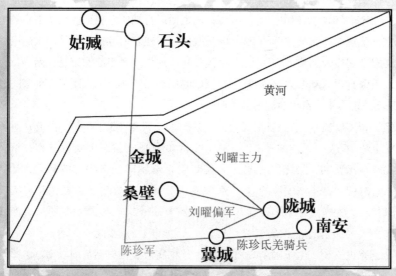

◎ 张茂与刘曜作战图

室罢了，并未获得朝廷的承认。我死后不可滥穿朝服，你应当将我像平民一样素衣薄葬。"

第四代西平公张骏于东晋太宁二年（324年）即位。张骏曾经有过荒唐的过去。他十岁时就能下笔做文章，但却凭借自己的特殊身份，在夜间公然进入平民家拈花惹草，成为凉州首府姑臧城著名的祸害。

张骏十三岁时父亲张寔遇刺，因为恶名昭彰而未能继承父亲的爵位；十八岁时叔父张茂去世，即位后的他洗心革面痛改前非。由于少年时的荒唐经历，张骏熟悉民间各项事宜，不像一般世家豪门子弟那样不通世事。他效法古代帝王，亲耕籍田，鼓励农桑。他善于用人，又勤于政事，在其统治下前凉政简刑轻，国富民强，北方的士民、难民大量涌入凉州并获得妥善安置，西域各国纷纷遣使纳贡，前凉成为战火纷飞的中国北方少有的繁荣地区。

东晋咸和二年五月（327年），前凉得知前赵主力在关东被后赵击败，关中空虚的情报。张骏去掉前赵授予的凉王伪号，复称晋大将军、凉州牧，进行了一次东征前赵的壮举。

张骏派遣武威太守窦涛、金城太守张

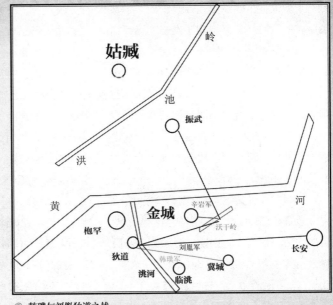
◎ 韩璞与刘胤狄道之战

阆、武兴（在姑臧城西北）太守辛岩、杨烈将军宋辑等将领率郡兵东渡黄河，与身在冀城的秦州刺史韩璞合军数万，攻夺前赵占领的秦州诸郡。身在洛阳的刘曜无法分身，于是实行围魏救赵之计，派其长子刘胤率留守长安的兵力迂回攻陷狄道（今甘肃临洮），威胁前凉河南重镇枹罕。

枹罕守将辛晏飞章告急，前凉军队只得停止攻势，留兵驻守冀城，分兵一半赶去赴援，由辛岩、韩璞率领进屯狄道，与刘胤隔着洮河对峙。辛岩建议凭借军中骁勇的氐羌骑兵速战速决，而以持重著称的主将韩璞以为前赵主力都在关东，刘胤所率的赵军根本是乌合之众，加上他们军需不足，只需要多对峙一些工夫，前凉就能不战而胜，因此坚持耗垮敌人的保守战略方针。十倍于敌军的凉军就这样与赵军相持七十多天,军粮将尽,韩璞派遣辛岩督运金城的粮贮。刘胤得知了辛岩的运粮路线,在沃干岭以三千精骑袭击凉军运粮部队。辛岩军身负粮辎,边战边退,导致军粮尽失。听闻败报后的氐羌部众当即叛变,军心大乱的凉军就此奔溃。在刘胤的尾追下,凉军未能逃回冀城,在临洮(今甘肃岷县)完败,两万士卒战死沙场,人口本就不多的凉州元气大伤。

刘胤趁胜带兵渡河,攻克重镇振武(今甘肃永登县西北)。被刘胤气势吓得心惊胆战的前凉枹罕守将辛晏、金城太守张阆降赵,赚得盆满钵满的前赵就此停止攻势。此战过后,受到重创的前凉又丧失了河南之地,在陇右一带的军事活动转入战略防御阶段。

前赵灭亡后,张骏趁势收复了黄河以南的失地,虽然不得不向更加凶狠的后赵称臣,但雄厚的国力依旧使得前凉成为河西霸主。张骏凭凉州之力征服了西域,西域诸国献汗血马、火浣布、犎牛、孔雀、巨象及诸多珍宝两百余品。前凉的疆域扩展到极限之际,张骏又大败进犯的轲没虏,声威无以复加。开始有官吏拍马屁,上书请张骏称王,自领秦、凉二州牧,设置百官。张骏闻言大怒:"此非人臣所宜言也!敢有言此者,罪在不赦!"在河西大士族的代表中坚将军宋辑苦苦劝说下,张骏才将次子张重华立为西平公世子。

在外交方面,张骏和他的祖辈一样,始终把晋朝看作是唯一的正统,把报效晋朝作为自己的神圣职责。尽管与东晋取得联系比较困难,但张骏还是想方设法向东晋表示诚意。他不顾路途阻塞和敌国封锁,不惜向割据巴蜀的成汉称臣以便绕道向东晋派出朝觐使臣。张骏屡次上表东晋驱逐胡寇恢复中原,自己愿意率领凉州军队充当先锋。内耗严重的东晋无意规复中原,每每敷衍,张骏奏章的措辞愈加严厉,"陛下雍容江表,坐观祸败,怀目前之安,替四祖(指司马懿、司马师、司马昭、司马炎)之业",但东晋朝廷仍熟视无睹。

就此,张骏开始瞧不起没有出息的东晋王室,不尊奉东晋年号,仍旧沿用西晋建兴年号。张骏自称大都督大将军、假摄凉王,置百官、建旌旗,在礼仪、出行、居住方面渐渐与封王齐平,在凉州之外分西界三郡为沙州、东界六郡为河州,打破了西晋的行政规划。眼见无法实现自己收复中原的雄心壮志,张骏随即消沉起来。他动员前凉所有力量在姑臧城南建造了五座宫殿:宜阳青殿、朱阳赤殿、政刑白殿、玄武黑殿和谦光殿。谦光殿居中,其他四殿在四周,分别装饰成青、红、白、黑四种颜色,张骏按四季轮流到四个宫殿居住。前凉人人称颂的"积贤君"张骏从此不思进取,沉浸在花天酒地。建设在民脂民膏上的宫殿削弱了前凉的国力,日复一日的灯红酒绿也损害了张骏的健康。张骏病死时年仅四十岁。

◎ 前凉时期的青釉人骑兽器

书生拜将，力挽狂澜

东晋咸康六年（340年），张骏曾派人向后赵称臣进贡。当时石勒已于东晋咸和九年（333年）病死，他的侄子（一说堂弟）石虎将叔叔的子孙杀得一个不剩后登上王位。看到前凉来进贡，石虎很是高兴，但看到前凉奏章的言辞十分傲慢后，情知被耍了的石虎当场就想出兵前凉，幸好当时石璞（大富翁石崇的侄孙，石虎认为同宗）巧加劝谏："现在我国首先应该除掉的心腹大患，是残存在江南的东晋。现在征讨张骏，南讨之师势必一分为二，东晋又会延长数年的寿命了。河西地区荒远偏僻，不值得放在心上。我大赵对小小的前凉胜之不为武功，如果没有攻克可就要被天下人笑话了。不如因此厚待前凉使臣，使他们君臣麻痹，抓住时机再出兵不迟。"喜怒无常的石虎暂时打消了攻打前凉的主意。

不过，石虎并没有善罢甘休。他在并、朔、雍、秦四州实行"五丁抽三"的征兵制，同时在关西地区囤积军备，针对的就是前凉。听闻张骏盛年死亡的消息后，石虎大喜过望。虽然时值盛夏不宜出兵，但石虎认为这是前凉主少国疑的大好时机。石虎立刻把得力猛将麻秋调去当凉州刺史，集合十几万大军预备侵凉。

东晋永和二年（346年）六月，第四代西平公张骏尸骨未寒，第五代西平公张重华主持凉州尚且未及一月，后赵便对前凉开战了。

承平日久的前凉被赵军的突然袭击打得措手不及。麻秋首先率领赵军围攻金城郡（今甘肃兰州）。金城，位于黄河南岸，扼守河西走廊要冲。当时，金城尚有军民两万多人，太守张冲却可耻地投降了。金城县令车济苦劝无效，愤然自杀殉国。金

◎ 前凉、后赵对峙图

城一丢，凉州腹地就暴露在赵军眼前，后赵打开了凉州攻略的门户。赵将王擢率偏军渡河攻陷晋兴郡武街（今青海西宁），前凉护军曹权、胡宣被俘，当地七千余户民众被强迫迁徙于后赵的雍州。武街在金城郡之西的湟水上游，位于姑臧城西南，赵军攻破武街，不但牵制了前凉枹罕守军，巩固了自军后防，更和金城赵军对姑臧城形成掎角之势。因此，自从二十六年前刘曜的那次大规模进攻以来，前凉再次面临亡国危机。

刚刚即位的张重华接受群臣建议，一方面下令减免苛捐杂税，废除不必要的徭役，撤销父亲遗留的一系列宫室园林建设计划，为民减负，稳定人心；另一方面下令前凉各郡国精兵在姑臧集合，交由征南将军裴恒全权指挥南下，准备与赵军决一死战。

然而，前凉多年无重大战事，带兵将领大都是靠论资排辈上来的世家大族，裴恒就是其中的典型。张重华这位亲家带领凉军在广武（今甘肃永登县东南）与麻秋率领的赵军十万主力相遇。广武在金城西北，地控河西走廊大道，已经是姑臧城最后一道重镇。裴恒率大军退守城池坚壁不战，上报说要仿效战国时期赵将廉颇在长平打持久战对抗秦国的策略，耗到赵军自行退去为止。广武城外的麻秋也围城不战，赵凉双方大军奇怪地在广武对峙起来。

当年十六岁的张重华，史载宽和懿重，沈毅少言。其实综观后来他在位八年的表现，说他是个以情绪好恶来处理问题的性情中人更为合适。因此试想一下他当时的

心情：大敌当前形势危急，而本部诸军却未采取积极行动，令他坐立不安。于是，他下令各级官吏均可越级上书，推荐青年才俊来掌军，以转变己方不利的战局。

作为北方唯一长期处于和平的地区，前凉多年以来一直重视文化教育建设。面对亡国危机，前凉人才储备的优势展现无遗。牧府相司马张耽不惜得罪他人，慷慨陈词："国家的存亡在于军队，军队的胜败在于将领。战国时期，燕国任用乐毅就消灭了仇敌齐国；后来听信谗言改换骑劫为主将，就把到手的齐国七十余城全部丢失。因此从古至今，明君莫不是慎重挑选将相的人选。现在我军缺乏的就是军师啊。可咱们凉州议事大官们推举的将领，尽是些严肃有声望的老人，这些人不一定就有真实用兵的本领。当年韩信被萧何推举，并非因为他是名将；田穰苴被齐景公信任，并非因为他是旧将；吕蒙被孙权赏识，并

◎ 前凉轻骑兵与民夫

非因为他往日创造过战功；魏延被刘备提拔，并非因为他是刘备的老部下。可见，圣明君主选拔人才没有资格的限制。若有部下才堪胜任，就可以把大事托付给他。现在强寇已经快打到姑臧城外了，我军主将畏敌不进，造成人心骚动，大难即将临头了！我的主簿谢艾，文武双全，明习兵事，如果任用他为大将，一定可以抵御赵军，消灭胡寇！微臣愿意全家百口担保！"

张重华有一个职务是凉州牧，相当于凉州省委书记兼军区司令员。张耽身为牧府相司马，就是凉州牧的相（秘书长）手下的司马（主管军事的中级参谋），平时根本不能挤进前凉权力决策中心。而谢艾是张耽的主簿（文职秘书），只相当于地区行署里一名低级文职干部。

可能和前凉位居边防前线，士民痛心中原倾覆有关，前凉地区的文化氛围不同于一脉相传西晋而热衷于清谈玄学的东晋，儒学研究异常兴盛。据晋书记载，前凉单是凉州本地出身的知名学者就有宋纤、张斌、索绥、氾腾、索袭、郭瑀、祈嘉等人。出身敦煌郡寒门的谢艾，就是这些大儒中的一员。他精通儒家经典《春秋》，所上奏疏被《文心雕龙》提及，所著文集被《隋书·经籍志》记录。

若在和平时期，像谢艾这种从没带兵打过仗的儒生能够出任大将，几乎是不可想象的，是以之前凉州的战争记载中从未出现过谢艾大名。不过，这时的凉州处于非常时期，有道是救兵如救火，加上张耽推荐谢艾的理由非常精彩，入情入理；虽然此前张骏也没发现谢艾的军事才华，但

急病乱投医的张重华当场下令宣召谢艾，询问破敌方略。谢艾这个儒生把握住了表现自己的时机，他自信地答道："昔日东汉开国功臣耿弇在汉光武帝带兵赶到之前消灭了贼寇张步，蜀将黄权愿以万人充当先锋消灭东吴。殿下只需给七千兵，臣就为殿下吞掉王擢、麻秋！"

耿弇、黄权那可都是书生拜将，被比作汉光武帝刘秀、汉昭烈帝刘备的张重华听得热血沸腾。两个年轻人惺惺相惜之余，前凉中枢那些暮气沉沉的老人们可看不下去了，他们纷纷痛斥谢艾出言轻率，甚至将其比作纸上谈兵的赵括。

初生之犊不畏虎。已被谢艾的豪气干云深深感染的张重华决定博一把。他力排众议，升任谢艾为中坚将军，率军攻击麻秋。由于凉州精兵已悉数由裴恒拉去前线作战，张重华七拼八凑也只搞到五千人，其中还以步兵居多。因此，前凉几乎全部重臣都认为主君重用谢艾的轻率举动是一场必败的赌博，凉州即将重演赵国长平之战的惨剧。谢艾这位一直埋在书稿报告中的文员，就带着五千步骑在所有大人物的哀叹中出发了。

当时，凉赵对峙的情势表面上看确实与秦赵长平之战相似，但仔细分析差异甚多。

战国时期七雄并立，秦、赵国力相仿，被称为虎狼之国的秦在长平对阵赵国时还要提防其他敌国袭击本部，因此速战速决是秦的上策，而赵国采用持重战术与秦对峙，不但可以耗垮敌人，更可以抓住时机一举击溃秦军。

而后赵占据了整个中原，倾一国精

锐来犯;前凉纵然富庶,却比不得中原地大物博,更不像石虎那样肆意虐民以逞其志,以蕞尔一州的物资供应对抗后赵源源不断的粮草接济简直螳臂当车,前凉也不能指望东晋那帮喜欢嗑药内斗的世家大族来救。麻秋与裴恒互相对垒不战的默契行为也令人深思,很有可能等粮草吃完,裴将军也就顺应军心解甲投降了。此其一。

第二,秦国的兵制是在商鞅变法的基础上形成和发展起来的郡县征兵制。从《睡虎地秦墓竹简》所记的情况看,秦国男子十七岁"傅籍",以后根据战争需要,随时可征集入伍。由于秦国赏罚严明,唯有军功才能得到社会的认可,致使秦国男人个个都是战士。秦的兵役制度较为完善,军权高度集中,军队的指挥管理体制严密,因此成为天下闻名的劲旅。

而后赵沿用赵汉的胡汉分治政策,兵员主要在五胡中征发,胡兵在战争中不断伤亡而导致军队逐渐衰败老化。被前燕多次击败后,赵军精锐损失极大,石虎开始强迫汉人从军,赵将王擢就是汉人。后赵军队云集了各族的军人,编制非常复杂,沟通也是一个问题:各族语言不通,不是都说汉语,指挥官的命令很可能要先翻译才能下达。后赵的统治基础是羯人,而羯人对其他民族也多有压迫。当年石勒召见参军樊坦时,见樊坦竟然穿得破破烂烂,而且面目憔悴,大惊问道:"樊参军你怎么会穷成这样啊?"樊坦很生气地回答说:"这一阵老是被不讲道理的羯贼抢劫,家里什么值钱东西都没啦!"当时,后赵境内称羯人为国人,汉人为赵人,严禁赵人辱骂羯人,违者乃是大逆之罪。樊坦是个实诚人,偏偏忘了这茬。石勒闻言大笑:"羯贼这么不讲道理么,我应该补偿你才是!"樊坦马上意识到自己闯了大祸,痛哭流涕磕头谢罪;老谋深算的石勒没有处理樊坦的鲁莽行为,赐了樊坦家三百万钱以安汉臣之心。从此事可以得知,羯人比其他民族高出一头,他们既然可以随时抢夺汉族官吏的财产,其他民族平民自然也饱受他们的欺凌。因此,赵军中其他民族的军人对非我族类的羯人帝国没有什么忠诚,多半都是"畏威而来",这支看似强大的军队并非铁板一块的秦军可比。

前凉采取郡县征兵制和募兵制相结合的兵制,凉军人数虽少但民族成分单一,便于指挥,且是为保家卫国而战,士气很高。

◎ 麻秋之女麻姑

最后，我们来看看双方军队的主帅。《朝野佥载》记载："后赵石勒将麻秋者，太原胡人也，性虓险鸩毒。有儿啼，母辄恐之麻胡来，啼声绝。至今以为故事。"《朝野佥载》的作者张鷟是生活在唐玄宗时期的深州人（今河北深县），大约卒于公元740年。时隔四百年后，麻秋的恶名仍然能吓得北方小孩止啼。有趣的是，这位残暴毒辣的麻秋据说还是道教所尊的长寿女仙麻姑之父："麻姑，为后赵麻秋女，或云建昌人，修道于牟州东南姑余山，飞升，政和中封真人。"（《古今图书集成·神异典》卷二百三十七）

麻秋是石勒起兵造反时就一直追随的老部下，石勒死后又成为篡位者石虎忠实的爪牙。石虎曾经自述："主上（指石勒）自都襄国以来，端拱仰成，以吾身当矢石，二十余年，南擒刘岳，北走索头，东平齐、鲁，西定秦、雍，克十有三州。成大赵之业者，我也。"麻秋也自述："我用兵于五都（指长安、洛阳、邺城、许昌、谯城魏晋五都，涵括了中原地区）之间，攻城略地，往无不捷。"俨然也是战功卓著的老将。

然而，就是这位麻将军在东晋咸康四年（338年）出过大丑。当时，刚刚被后赵击败的段部鲜卑首领段辽在密云山向后赵诈降，石虎派遣时任征东大将军的麻秋率领三万赵军迎降。石虎知道段辽和慕容鲜卑的阀主慕容皝是表兄弟，在赵军出发前一再告诫麻秋："受降如受敌，一刻都大意不得！"麻秋自恃老将，把石虎的良言当成耳边风，致使赵军一头栽进了段辽和慕容家设立的埋伏圈。结果，赵军被全歼，主将麻秋连马都丢了，徒步跑回后赵。石虎正在吃饭，看到麻秋的窝囊相后气得连食物都吐了出来，当场下令将麻秋的官爵一撸到底。但石虎自己也尝过慕容家的苦头，加上眼下凉州无人，就给了机会让麻秋戴罪立功。

由此可见，麻秋的恶名倒是和杀人无数的白起差相仿佛，然而在军略上却拍马也不及了。

那么，谢艾是不是赵括呢？答案令人振奋。张重华的豪赌押对了宝！时值盛夏季节，河西地区本就干热，相持日久的赵军疲惫不堪，一心等待凉军投降的麻秋又犯了轻敌的老毛病，居然连行军作战最基本的侦察斥候都不设置。谢艾出师后急行军进入了位于广武北方的振武城这么重大的敌情，赵军居然全都蒙在鼓里。

得知赵军上下松懈的情报后，谢艾下令全军饱餐休息，准备半夜突袭赵军。就在一切准备就绪时，突然有两只枭落在谢艾的中军帐上鸣叫。枭就是猫头鹰，枭声在迷信的古人听来可是要死人的预兆，加

◎ 广武古战场

上又是在主将的营帐鸣叫，一般人都会觉得此次出阵凶多吉少，再没有比这更令士兵沮丧的事了。本来士气高涨的凉军登时议论纷纷，军心大动。

谢艾却与众不同，他喜出望外地大声宣布说："赌博的时候摸到彩头最大的枭牌就稳赢了。现在枭在我军营门上叫，这可是咱们凉州必胜的吉兆啊。"大家听完后都乐了，心情轻松之余更拥有了必胜的预感。面对突发事件，谢艾临变不惊沉着冷静，不但没让军队混乱，反而借机鼓舞了士气，让凉军对谢艾的大将风度心悦诚服。

于是，谢艾带领五千勇士向十几万赵军发动了在裴恒等老将看来近乎自杀的突袭。赵军毫无防备，无数人在睡梦中丢了大好头颅，全军营乱成一团，麻秋与谢艾统率能力之高下由此可见。广武城中的裴恒见状也鼓起勇气出兵配合作战，凉军单是敌军首级就斩了五千多。赵军体现了乌合之众的本质，在两面夹攻下全军溃散。麻秋在左右的保护下一路逃回金城，赵将王擢得知广武败报后也放弃武街逃走。凉州危机解除！谢艾出手不凡！

自认慧眼识人的张重华大喜之下立封谢艾为福禄伯，对之异常器重。然而没过多久，谢艾就被张重华赶到没有战事的西部边郡酒泉做太守去了。此事的起因，不单是谢艾的胜利引起了整个前凉朝堂上下臣等的嫉妒——诸宠贵恶其贤，共毁谮之，更在于谢艾得罪了凉州上层的大人物：司兵（凉州军区参谋长）赵长和主公张重华。

张重华初即位被下属推为持节、大都督、太尉、护羌校尉、凉州牧、西平公、假凉王，按古代的礼法，即位为王是要有郊祀的，可由于石虎趁丧进攻的闪电战，这项礼法未来得及执行就被打断。

谢艾胜仗后，赵军暂时撤退。一些只知吹牛拍马的小人不顾金城尚未收复，赵军随时会卷土重来的可能，又将郊祀提上议程。张重华不但批准这个无关紧要的提议，更派宠臣赵长代替自己祀秋，可见赵长必定是力荐郊祀的那个人。

大敌当前，加之可能不满张重华违背祖宗的意愿，在未得东晋允许的情况下擅自称王，儒生谢艾援引春秋大义明确反

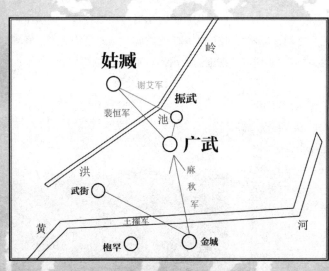

◎ 广武之战作战图

姑臧

谢艾军

裴恒军

振武

池

广武

麻秋军

洪

武街

王擢军

黄

炮罕

金城

岭

河

对："国有大丧（指张骏刚刚去世），请省搜狩之礼①，明年再来不迟。"张重华当场怒形于色，凉州大士族出身的大臣索遐慌忙打圆场，举出古代各种荒唐的事迹证明张重华的决定有旧例可以援引，谢艾的提议被彻底否决。

这当然给了那些本就嫉妒谢艾威望的小人嚼舌根的机会。士族们弹劾谢艾的奏章如雪片般传来，在张重华首席心腹赵长的攻击下，禀性忠直的谢艾不容于众，受到排挤被迫远离政治中心也是想当然的事。从此事也可看出谢艾不通为官之道，不像被官场浸淫多年的老手，完全是少年儒生的处世本色。

白帢轺车，儒将风采

再说石虎，本想趁其不备一口吃掉前凉，不料对方出了个谢艾，把自己速战速决的美梦打碎了。既然战事已开，那也不必客气，石虎痴心不改的任用麻秋为后赵对前凉的前敌总指挥，源源不断把全国的精锐部队调去凉州交给麻秋挥霍。

收到谢艾被贬职的消息后，喜出望外的麻秋立即开始出兵。这回凉州已有准备，突然袭击是行不通了，麻秋开始老老实实实施"先剪羽翼，后捣腹心"的战略。赵军要肃清黄河以南孤立的前凉据点，大夏（今甘肃广河西北）首当其冲。大夏太守、敦煌大士族出身的宋晏被俘投降。宋晏为了保命而亲笔写信将身为宛戍校尉的同族兄弟宋矩骗来大夏。宋矩落入陷阱，全家身陷狼窝。表字处规的宋矩不愧其名，严词拒绝麻秋和宋晏的劝降，亲手杀死妻儿后自杀。大夏位于金城西南，其西北方不远就是前凉河南重镇枹罕。大夏的失守，也预告着枹罕危在旦夕！

枹罕，北倚群山、西靠大夏河、东南面朝甘南平原，是凉州防御东南方向最重要的战略要地。因此，前凉非常重视此地，二十年来早已把此城变成了一座坚固的要塞。枹罕此刻也是凉州在河南最后的据点，如果失守，前凉和关中的交通就会彻底隔绝。

东晋永和三年（347年）春季，麻秋率八万人出兵进犯枹罕，前凉临近郡县的援军也络绎不绝汇集于枹罕，凭借坚城誓死抵抗。麻秋命令赵军将枹罕围得水泄不通，在城池四周布下数道堑壕加以隔绝，上架云梯，下挖地道，分成近百条路线没日没夜地猛攻。

晋昌（今甘肃安西东南锁阳城）太守郎坦被气势汹汹的赵军吓昏了头，建议放

---

① 春搜和冬狩，古代帝王春、冬时的射猎活动。

◎ 枹罕城古战场

嘉、郎坦斩首示众，又派出敢死队烧毁了后赵的攻城器具仓库，城中人心愈加坚定。这位有勇有谋的张璩在宁戎校尉任上和当地少数民族关系良好，黄河湟水间十余万家氐羌部落并不接受后赵的劝降，纷纷赶来为枹罕声援。麻秋大为害怕，于是上报中央要求暂缓攻势。石虎得知情况后非常生气，以中书监石宁为征西将军，率并、司州兵两万人再次增援，其中包括后赵的御林军——黑槊龙骧军。

弃坚固的外城，将军队撤往内城防守。武成（今内蒙古清水河县北）太守张悛立即反对这种谬论："刚开战就放弃外城，会动摇我军坚守决心，大事就不可挽回了！"前凉守城总指挥、官阶最高的宁戎校尉张璩接受了张悛的正确意见，依照常规在外城进行军队部署，与赵军的攻城手段针锋相对。后赵步兵在坚固的枹罕城防前损失惨重，伤亡数万仍然毫无进展，麻秋只得又向石虎求援。石虎征发两万士兵，由人将刘浑率领赴枹罕。

眼见后赵来了生力军，一直因自己意见不被接受而怀恨在心的郎坦顿生毒计，他暗中命令守城军士长李嘉与后赵取得联系，引了千余赵军从自己负责的西北角登上枹罕城楼。发现险情后，张璩与诸将带头奋勇杀敌，双方短兵相接，登城赵军死亡两百多人后狼狈撤退，张璩随即将叛徒李

中国最早的马镫是在西晋永宁二年（302 年）制造的骑士俑上发现的，可以说，中国最晚在西晋就有了马镫。马镫的出现有利于骑兵的长距离行军，并使骑兵的近距离格斗变得轻松，能更有效地发挥骑兵的机动性、冲击力。五胡十六国时期，北方游牧骑兵的大举南下，骑兵在马镫的基础上发展出了当时人马均披铠甲的重骑兵——甲骑具装。

甲骑具装由六个部分组成：面帘、鸡颈、当胸、马身甲、搭后、寄生。面帘是一块狭长的金属制成的护面，上面开有眼孔，主要保护马匹面部；鸡颈是马颈部的护甲，由甲片缀成，前面有搭扣可以扣上；当胸、马身甲、搭后，是马匹前、中、后的大片护甲；寄生比较有特点，是一个放在马尾部向上翘的扫帚一样的东西。这样装备的战马，除非

◎ 十六国时期的马镫文物

◎ 十六国时期的甲骑具装陶马

是步兵不要命冲上去砍马腿，否则很难以大刀、大斧等兵器直接杀伤它，防护力可想而知。甲骑具装的武器除了传统的弓箭、长刀外，长兵器更进化成为穿透力极强的骑兵用长矛：长度达到一丈八尺的马槊。

黑槊龙骧军，就是如此可怕的甲骑具装。这种精锐中的精锐，后赵也只有三千，石虎这回可是出了血本！

战事吃紧，张重华只得火速请谢艾出山。与一言不用即怀恨叛国的郎坦全然不同，谢艾不计前嫌慨然应命，以使持节（平时及战时皆可斩杀太守以下官员）、军师将军的身份率领凉军步骑三万，准备长驱临河救援枹罕。麻秋得知谢艾出动后留步兵继续围困枹罕，自己从枹罕、大将孙伏都从金城，共领三万精锐骑兵抢先渡过黄河，在广武附近的长最（今甘肃永登南庄浪河西）合流筑城以逸待劳，妄图全歼步兵为主的谢艾军，一雪去年被这个书生战败的耻辱。平心而论，顺势将围点改为打援，麻秋可谓老辣，可惜他这条妙计却成就了谢艾军事生涯中最辉煌的长最大捷。

谢艾可不像麻秋那么轻敌，他派出的哨探很快得知麻秋筑城长最的情报。凉军赶到长最后立刻扎营布阵，期间主将谢艾

◎ 甲骑具装甲马壁画（北魏）

◎ 白马轺车儒服文官

的表现十分儒雅风流。只见他不着铠甲却身穿儒服、戴白帢（未入仕者所戴白帽，当年第三代西平公张茂即是头戴此帽薄葬。）、手持白羽扇，乘轺车（一种小而轻便的车，车盖为白色，是汉晋时期最低级官吏的乘车。），身旁中军不停鸣鼓奏乐，很有《三国演义》中蜀汉丞相诸葛亮的气质。"（麻秋）望而怒曰：'艾年少书生，冠服如此，轻我也。'"

愤怒的麻秋立命全军三万骑兵倾巢出动，要把凉军步兵踩成肉饼。黑槊龙骧军迅速集结在赵军前列，奉命带头冲锋。

谢艾之所以激怒麻秋，乃是为了诱使麻秋离开长最城池的依托。因为在与麻秋对垒前，谢艾已命令部将张瑁率凉军所有骑兵偷渡庄浪河，沿小道抄赵军的后路。引蛇出洞之计成功，但谢艾步兵将要单独抵抗后赵精锐的骑兵部队，其中就包括具有极大冲击力和震慑力的甲骑具装！战马开始发力冲刺，铁蹄踏得地动山摇，骑兵齐声大吼，平端长槊冲锋。三千黑槊龙骧军向凉军扬尘而来！

凉军装备的普通弓弩对黑槊龙骧军的铁甲根本不能造成伤害，各种临时工事陆续在对方铁蹄下化为粉碎，本来规划坚固

的步兵方阵被轻松踏破，黑槊龙骧军眨眼间就冲到前凉中军本阵附近，连谢艾的亲兵们望见这些黑压压的铁皮怪物后都吓得四散逃亡。

谢艾拒绝了亲信劝自己骑马逃跑的建议，毅然下车坐到胡床（从胡地传来的折叠板凳）上。他神色自若，手持白羽扇东挥西点，仿佛有所指挥部署的信号。

黑槊龙骧军眼见敌军主将一副"运筹帷幄之内，决胜千里之外"的表现，加上长最地区是丘陵地带，水草丰美、植被茂盛，不禁以为凉军设有埋伏。疑惑的黑槊龙骧军勒马停步，远远望着谢艾，进退不定，紧随其后的后赵骑兵不明所以，在迷茫下也开始惊魂不定，连主将麻秋都看傻了眼。

在古代兵法《李卫公问对》中，唐太宗李世民认为很多将领都缺乏辨别虚实的能力，名将李靖把奇正与虚实、示形紧密

◎ 十六国时期的重骑兵

◎ 长最古战场

联系起来阐述，指出"奇正者，所以致敌虚实也。敌实，则我必以正；敌虚，则我必以奇"，"但教诸将以奇正，然后虚实自知焉"。由此可见，辨别虚实的能力对带兵将领来说有多么重要。

谢艾真真假假、虚虚实实的做法就是要为凉军争取一瞬即逝的宝贵时间。谢艾对整个战局也是把握得精准无比，张瑁率领的骑兵在赵军全体发傻的当口终于赶到战场，渡河出现在长最城的西南方向。深恐长最老窝被端的麻秋慌忙下令赵军全线后撤，惊恐的赵军在撤退时前后脱节、互相践踏，混乱不堪，阵形大乱。谢艾亲身涉险收到了奇效，情知时机已到的他潇洒地向前方挥舞白羽扇，得到进攻信号的凉军步骑开始夹击赵军。

面对凉军的奋勇进攻，麻秋再也弹压

不住形势，赵军不但不听指挥，反而争相放弃长最逃命，结果尝到了主将背水为营的恶果：后赵大将杜勋、汲鱼、綦母安阵亡，全军三万骑兵在战场上被俘斩 万五千人，谢艾率领凉军一路追到黄河边。赵军剩下的一万五千人侥幸渡过庄浪河却覆灭于黄河。麻秋与孙伏都两个人骑着一匹马逃回金城。包围枹罕的赵军听说长最大败后也慌忙撤回大夏，枹罕之围由此不战自解。

凉赵长最 战，后赵骑兵三万全被消灭，最精锐的甲骑具装部队黑槊龙骧军更是匹马不归。这可以说是凉军主将谢艾一个人的战争，他创造了中国古代战争史上步兵克重骑的经典战例！自此，谢艾"白帕辒车破麻胡"的儒将形象成为赵军挥之不去的噩梦，也成为麻秋心中永远的伤痕。为了推卸责任，麻秋竟将失败归于天命："我用兵于五都之间，攻城略地，往无不捷。及登秦陇，谓有征无战。岂悟筑城长最，匹马不归；及攻此城（指枹罕），伤兵挫锐。

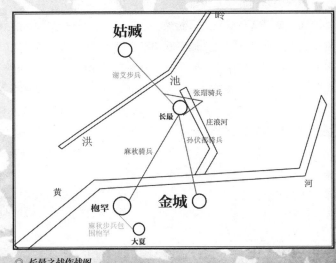

◎ 长最之战作战图

殪天所赞，非人力也。"

前凉举国欢庆，再也没有任何诽谤能够阻止谢艾应得的荣誉。张重华论功，以谢艾为太府左长史（凉州牧的副手），进封福禄县伯，食邑五千户，赐帛八千匹。福禄县是酒泉郡治，张重华的祖父张寔在继任第二代西平公前就是福禄县侯，可见谢艾在凉州的人望。

同年五月，不甘失败的石虎再度增兵十二万侵凉，赵军第一目的地仍然是枹罕。筋疲力尽的前凉也无法想象后赵竟然如此不恤民力，各方凉军征调不及。麻秋在河陕一带大败凉将张瓘率领的援军，凉军战死三千余人。张瓘就是长最大捷中的那位功臣，他独立带队在河南作战时却不是麻秋的对手。随后，前凉另一路由大将牛旋率领的各郡援军也被麻秋击破后撤。没有上次像张瓘那样的大将来主持城防，得不到外援的枹罕护军李逵率众七千开城投降，这座久围不下的坚城终于被赵军攻陷。

枹罕失陷的后果是灾难性的。黄河以南的氐、羌部落与前凉交通断绝，全部归附于后赵。再无后顾之忧的麻秋与石宁率领赵军驻扎河南为后继，其余赵军分两支向前凉河北地区大举进攻：刘宁的南路军再度攻陷武街，所幸后来被凉军将领杨康在沙阜（具体位置待考，大体在今甘肃兰州以西一带）击败，南路赵军退回金城；而王擢的北路军进展顺利，一路攻陷了广武、曲柳（今甘肃武威东南）。曲柳的位

◎ 十六国时期，重骑兵用的明光铠及武士俑

置在洪池岭之北，洪池岭即今乌峭岭，是河西走廊的要害之所，姑臧城惟一的天然屏障。此岭一失，赵军距离前凉统治中心姑臧已经咫尺之遥。

得知胜报后，石虎大喜，加派孙伏都、刘浑率步骑两万增援，命令后赵全军渡河灭亡前凉，麻秋于七月率领赵军进屯曲柳。

凉州再次震恐，张重华于是下令亲征。当年前赵皇帝刘曜一辈子转战天下，亲征被俘导致国破家亡的史实历历在目，谢艾自然坚决反对，认为此事万万不可。去年郊祀事件有山场的索遐说话就圆滑得多："殿下是一国核心，不可轻动。左长史谢艾兼资文武，国家栋梁，应该把军队交给他指挥。殿下居中坐镇，有了您在中枢的指示，小贼不足平也。"

比起直来直去的谢艾，索遐充分顾及了主君的面子。不用自己冒险又落了统筹指挥美名的张重华自然是大悦，当下以谢艾为使持节、都督征讨诸军事、行卫将军，索遐为军正将军[1]率步骑两万与赵军决战。

两万凉军在姑臧郊外的神鸟原与赵

---

[1] 古有军正，黄帝法曰，正无属将军，将军有罪以闻。盖军中执法者也。

◎ 神鸟原古战场

军前锋王擢相遇。谢艾树起以象牙为装饰的军旗，聚众宣誓死战以报国，恰逢西北风吹得军旗飘扬不止，而东南方正是赵军阵地。索遐见状大喜道："风是天神的号令，如今旌旗指向敌人，是上天在帮助我们啊！"

是役，同仇敌忾的凉军消灭了这支赵军，王擢抱头逃回曲柳。

八月初三，谢艾率军挺进曲柳。麻秋如惊弓之鸟一般不战自溃，渡河逃回金城。黄河以北的赵军闻讯也放弃所获城池狂奔河南，凉州河北地区终获保全。由于凉军连续作战，加以给养不足，情知暂时无力收复河南的谢艾宣布回师姑臧，途中顺路讨伐了叛降后赵的杂虏斯骨真部落，获得牛羊十余万头，大大补充了军需。

这一年，正值后赵冀州八郡闹蝗灾，饿死数万人；又逢大旱，赵境粮食减产严重，数万人或冻死，或饿死。偏有个名叫吴进的和尚雪上加霜出坏主意："胡运将衰，晋当复兴，应该苦役汉人以改天运。"石虎很迷信这一套，言听计从，大发首都邺城附近汉族男女十六万人、车十万乘，昼夜不息运载土石修建宫殿华林苑，并在邺北筑造了数十里的长城。

天灾不断、石虎仍对百姓穷征极调之际，后赵又发生了宫廷政变：太子石宣杀死与自己争位的弟弟石韬后又想杀死石虎篡位。石虎诛杀了石宣，此事告一段落，但后赵已经处于灭亡前夕，焦头烂额的石虎再也没精力经营天下。

因此，得知凉州败报后石虎连声哀叹："吾以偏师定九州，今以九州之力困于凉州。彼有人焉，未可图也！"彻底放弃了征服前凉的野心。年老昏荒的石虎没有对

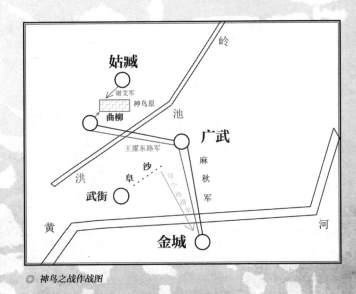

◎ 神鸟之战作战图

屡战屡败的麻秋进行任何处罚，被谢艾吓破胆的后赵凉州刺史麻秋此后一直带重兵盘踞在枹罕城，再也不敢打前凉河北地区的主意。

在谢艾大破后赵两年后的东晋永和五年（349年），后赵帝国终于在自相残杀中走到了尽头。麻秋后投降了反叛后赵的冉闵，诛杀了部下一千多羯人，带兵赶赴邺城（今河北临漳县西南）与冉闵汇合，不料在枋头（今河南浚县西）被氐人豪帅符洪击败。麻秋随即投降并劝说符洪西取关中以定基业，得到信任后却突使黑手毒杀符洪，欲兼并其部队，最终被前秦开国之主，符洪的长子符健逮捕处死。

忠臣气短，星陨酒泉

后赵对凉州再无重大军事行动后，张重华"自以连破勍敌，颇怠政事，希接宾客"，常常和宠臣们饮酒玩乐。又因为谢艾功高震主，张重华不顾河南之地尚未收复，再次将谢艾贬为酒泉太守，这一去就成二人的诀别，张重华短暂的一生谢艾再未被起用。

即使是后赵灭亡、中原大乱、前凉收降河南之地后与东晋相约恢复中原的大好用兵之日，张重华也只是以后赵降将、先前侵略凉州的急先锋王擢为主将攻略盘踞关中的前秦，任其葬送了凉州精锐一万五千人。亲小人远贤臣，是昏君的通病；黄钟毁弃，瓦缶雷鸣是忠臣的悲哀。反复小人王擢后来背叛前凉投降前秦，成为典型的三姓家奴。而忠不见用的谢艾没有自暴自弃，在酒泉颇有作为。

当时，西域向前凉称臣，僻处西疆的酒泉根本没有大敌威胁。谢艾仍然居安思危，积极修葺城防。据《读史方舆纪要》

记载："福禄（酒泉郡治）城谢艾筑，城下有金泉，味如酒，故名酒泉。"今日酒泉的名胜钟鼓楼，就是谢艾做太守时修筑的酒泉东城门。可见受冤被贬的谢艾仍然忠心耿耿，勤政爱民。

东晋永和九年（353年），张重华患病，自知不治下大赦境内，把年才十岁的长子张曜灵立为世子。张重华的父亲张骏好酒好色，也活了四十岁，为何张重华仅二十四岁就重病不起呢？当中自有隐情。

◎ 酒泉名胜钟鼓楼（清朝重建）

张家世代以忠孝节义称名于世，但西平公张重华同父异母的大哥长宁侯张祚却百分之百的阴险。当年，张骏的嫡妻严氏并未生了，之所以立诸多庶子中的老二张重华为世子，就是因为知道自己的长子太不成器。

张祚虽然算得上博学多才，但内心深处却完全是父亲张骏负面基因的翻版。凭着轻巧阴险的天赋异禀，张祚不但和凉州中枢中的勋贵打成水乳交融的一片，还和弟弟张重华的亲母马氏通奸，可谓权倾凉州"内外"。他和结义兄弟赵长更是鼓动张重华逐谢艾的勋贵中不遗余力的两个。

张重华自然不会不知哥哥和母亲所做的丑事，但张祚在前凉朝中势焰张天，势力盘根错节，牵一发而动全身，投鼠忌器的张重华无计可施，郁怒之下，心病自然难医了。掌管凉宫宿卫的重臣常据见状，秘密进言请求将张祚贬斥边地，张重华竟回答："吾方以祚为周公，使辅幼子，君是何言也！"这绝非由衷之言，显然是无奈之语。

此时，在酒泉委屈了五年的谢艾目睹家国将危，不顾自身奋笔上书："权幸用事，公室将危，乞听臣入侍。长宁侯祚及赵长等将为乱，宜尽逐之！"忠义之心见于言表。

十一月初十，张重华仗着回光返照时最后一刻的清醒，亲笔下令征谢艾为卫将军、监中外诸军事、辅政。可惜为时已晚，当时的姑臧城已被阴谋笼罩，这封手令被张祚和赵长藏匿。张重华凝聚了最后心血的托孤遗言反成了谢艾的催命符！

十一月十一日，张重华去世。世子张曜灵即位，就任第六代西平公。赵长等人将张重华的遗令篡改为以张祚为都督中外诸军事、抚军大将军、辅政。仅仅过了二十多天，在得到庶母兼情人马太后的首肯后，张祚废侄子张曜灵为凉宁侯，自立为大都督、大将军、凉州牧、凉公，公然抛弃了张家六代传承的西平公爵位。此时，他第一个要杀的，就是功盖凉州又名正言顺位列辅政遗令的谢艾！

晋穆帝永和九年的寒冬，位于凉州西北的重镇酒泉，正漫天飘舞着鹅毛般的大雪。训诫了悲不自胜的娇妻幼子，安抚了依依不舍的军吏百姓，留下保境安民、无生妄动的遗言后，威震中原的儒将谢艾，一如五年前他人生中最辉煌的时刻：白帢儒服，坦然自若地踏上了追随张重华的不归路。时年不足四十的谢艾，前凉最耀眼的将星，坠落在祁连山上……

谢艾死后，张祚再无顾忌。他逼奸不遂杀害了张重华寡妻裴氏，连自己同父异母的妹妹和张重华未及十岁的幼女都不放过。这种禽兽不如的行为激起了公愤，前凉民间开始出现讽刺国主荒淫的各种段子。

◎ 凉州干城酒泉阳关遗址

东晋永和十年（354年）正月，把小倥子张曜灵活活拉断腰埋在花园后，残忍至极的张祚在赵长等弄臣的劝说下改晋建兴四十二年为和平元年，建国号为凉，悍然称帝。前凉的繁荣稳定，很大程度上是因为前凉对晋室的忠贞。张祚的叛逆行为终于引起公愤，前凉人民对这个臭名昭著的独夫彻底失望。

东晋永和十一年（355年），张祚派遣一万三千兵马偷袭驻扎在枹罕的河州刺史张瓘，结果全军覆没。身为前凉宗室的张瓘聚集部众，宣誓讨伐暴君张祚。前凉全国各地纷纷起兵支持，张瓘之弟张琚及张瓘之子张嵩住在姑臧城中，这叔侄二人与敦煌大士族出身的宋混、宋澄兄弟拉起了一支上万人的队伍进攻谦光殿，赵长见势不妙倒戈相向，众叛亲离的张祚被自己的厨师徐黑杀死，"大凉皇帝"最终身首异处。

虽然全国山呼万岁，但前凉自开国以来良好的社会氛围扫荡无遗，此前一直稳定的前凉自此陷入内斗的恶性循环。

张重华的幼子张玄靓在大乱中接位就任第七代西平公，这个孩子年方六岁，毫无处理政事的能力。他在位的八年完全是一个傀儡，其四位首辅大臣张瓘、宋混、宋澄、张邕走马观花似的杀死前任秉政，又相继被族灭，统统不得善终。

东晋兴宁元年（363年），张玄靓和母亲郭氏一同被杀光前任张邕全族的首辅张天锡杀死。十八岁的张天锡就任第八代西平公。张骏的这个幼子张天锡，就是前凉最后一代西平公。

此前的内斗已把前凉的老本折腾了精光，张天锡虽然有点应变能力，却并非治国保家、拨乱反正的雄主。他好享受、爱游乐，喜欢纳姬妾，大兴土木，拿国库的钱大肆赏赐左右，唯独不喜处理政事。

从事中郎张宪在张氏家族中地位崇高，为此抬棺死谏，言辞非常激烈。张天锡对自己这个堂弟下不了狠手，于是就用优美的骈文来敷衍他："我不是单纯地爱好游乐，而是通过游乐思考人生的哲理。我观赏着花开，就敬重才华秀美的高士；品玩着芝兰，就爱惜德行高洁的大臣；目睹到松竹，就思慕坚贞节操的贤人；面对着清流，就褒奖廉洁奉公的官员；看到蔓草，就鄙薄贪婪污秽的恶吏；遭遇暴风，就痛恨凶狠狡诈的奸徒。就此引申发展，触类旁通，可见我在为人的操守上没什么遗漏。"凭着一张利嘴，张天锡对忠臣指出的错误非但坚决不改，连虚心接受都做不到。

张天锡在位唯一的"政绩"，就是在外交上修复了因张祚称帝而破裂的凉晋关系，他尊奉东晋年号，与东晋朝廷三公遥相盟誓，双方彻底达成了谅解。在张天锡的统治下，前凉民穷财尽，人民生活困苦，前凉失去了民心。国内叛乱四起，陇西（今甘肃陇西县西南）人李俨在张祚败亡时期就割据了本郡，此时又进一步蚕食了整个河南地区。整个前凉在死气沉沉的政治氛围中逐步走向末路。

与此相对应的是，关中的前秦天王苻坚（麻秋所杀的苻健之孙）为人大度、知人善任，一大批能人从四面八方聚集到秦都长安。虽然苻坚有沽名钓誉、好高骛远的毛病，但在名臣王猛的辅佐下，前秦确立了严格的人才选拔制度，各级官员举人得当有赏，推荐失实受罚，即使是宗室外戚，没有才干也不能做官，基本上断绝了请托贿官的歪风。

苻坚索性放权于王猛，让这位能臣得以一展平生抱负。在王猛的竭力治理下，前秦农业发展、吏治清明、民族关系暂时缓和，儒学正统得到恢复。随着北方其他势力的逐步没落，身为一个陕西地方政权的前秦，却逐渐拥有了统一北方的实力。

东晋太和二年（367年），张天锡动用前凉全国八万军力征讨李俨，以杨通为监前锋军事、前将军，出金城；常据为使持节、征东将军，向左南（今青海民和县西北）；游击将军张统出白土（今青海化隆回族自治县东南）；张天锡自率三万中军屯驻仓松（今甘肃武威东）。起初，凉军一切顺利，东路的杨通军连克大夏、武始（今甘肃临洮）二郡，西路的常据在葵谷击败李俨的军队，张天锡率中军进屯左南。盘踞在枹罕的李俨见凉军四面合围、大势已去，便向前秦哀求救援。前秦早就对前凉虎视眈眈，而要取得前凉必先取河南之地。意识到河南之地唾手可得的苻坚大喜过望，但因为在关东与慕容家建立的前燕王朝重兵对峙，没有更多机动兵力的前秦只能分两次拼凑出三万七千名援军，大名鼎鼎的王猛被任命为秦军的统帅。

猝不及防的东路凉军在枹罕城东与从略阳（今陕西汉中）出发的王猛相遇。王猛在消灭杨通部一万七千名凉军后，已经无力再战，凉秦双方开始在枹罕城外对峙。王猛亲笔给张天锡写信大显智将谋略："我只是受诏援救李俨，主上并没有命令我同你们前凉交战。现在我将高筑壁垒，听候下一个诏令。长时间相持，我们两家都会疲敝，对彼此而言均非良策。如果将军带领军队稍行退避，我就抓住李俨回国复命，贵军可以得到城池，不知将军意下如何？"

张天锡竟然轻信王猛的诡计，命令

◎ 十六国一代名臣王猛

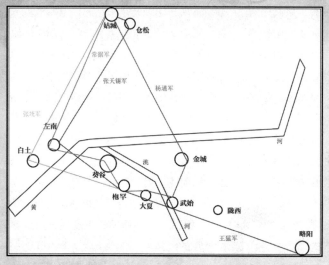

◎ **张天锡与王猛凉州之战**

全军后撤，结果士气衰竭的凉军将士再也不愿为他卖命，纷纷主张回国避战。无奈的张天锡只得下令回国，前凉数万大军仓皇撤退，草草结束了这场本来势在必得的战役。随后，王猛轻松诱捕李俨，接收了李俨的所有领地。前秦以河西羌族出身的彭越为平西将军、凉州刺史统兵镇守枹罕城。前凉就此彻底丢失了河南之地，终日沉迷酒色的张天锡再也没有收复失地的决心和行动。

东晋太和五年（370 年），前秦出兵攻打前燕。这本来是场边境试探作战，但在燕国上下贪腐堕落的帮助下，苻坚与王猛君臣二人协力合作，一举消灭了前燕这个中原第一强国，尽得关东富庶大地的人口与物资。

东晋太元元年（376 年），如日中天的前秦王朝已经扫平了北中国除前凉外各方势力，独霸中原。七月，秦王苻坚派遣

使者威逼张天锡入朝投降。张天锡拒绝属下劝自己效仿先人张茂、张骏忍辱负重，向前秦暂时称臣以拖延图存的建议。才智平庸的他不顾众人劝谏斩杀秦使，宣布与前秦彻底决裂，送了前秦出兵最好的借口。

得知前秦在八月十七日举国进攻前凉的消息后，已经被前秦攻陷上游益州的东晋鞭长莫及。东晋虽然出兵江淮一带对前秦攻凉进行了牵制，可惜无济于事。在以王擢儿子王统、李俨儿子李辨率汉军为向导，日后的后秦皇帝羌族人姚苌为主的前秦各族联军的攻势下，再无经世良将的前凉十万大军相继败逃叛变，等待张天锡的，就只有衔璧牵羊，开城投降的命运。然而，他在最后一刻还拥有常据、席仿、赵充哲、史景四位将军明知大厦将倾仍然苦战殉国的忠诚。

八月二十七日，河西名城姑臧陷落于前秦之手。自西晋永宁元年第一代西平公张轨就任凉州刺史，至东晋太元元年第八代西平公张天锡亡国，前凉共九主七十六年。西平公张氏之荣光，就此成为传说。

投降前秦的张天锡被苻坚封为归义侯。在导致前秦灭亡的淝水之战中，张天锡和同在秦军中的原东晋将领朱序对惊溃前秦的百万大军做了很大贡献。战后，张

◎ 姑臧城（当代重建）

天锡挺身投奔江南，受到东晋孝武帝的接见，拜金紫光禄大夫，恢复了西平公的爵位。第八代西平公张天锡终老在建康城。

前秦大乱后，失去了西平公的凉州四

分五裂，全境糜烂，在短短十五年间竟先后出现后凉、南凉、北凉、西凉、西秦五个小国政权，和前凉相比却都是地狭人稀。每当北方甚至关中统一后派大军进取，他们都难逃降灭的厄运。

大唐名相房玄龄在《晋书》中盛赞前凉张氏："三象构氛，九土瓜分。鼎迁江介，地绝河濆。归诚晋室，美矣张君。内抚遗黎，外攘逋寇。世既绵远，国亦完富。杖顺为基，盖天所佑。"

北宋大文豪苏轼有感于契丹内逼，写下《祭常山小猎》诗慨叹前凉儒将谢艾："圣

◎ 魏晋南北朝甲骑具装复原图

朝若用西凉簿，白羽犹能效一挥。"

当代魏晋南北朝史学权威王仲荦先生在巨著《魏晋南北朝史》中热情洋溢地写道："前凉虽然也是封建地主阶级所建立的地方割据政权，但他始终向东晋表示忠诚，并且击退前赵刘曜、后赵石虎的一再进攻，使得河西地区汉族和各兄弟族劳动人民的农业、畜牧业生产不受破坏，中原流亡到河西地带的人民也得以安定下来，河西走廊也就成为发展当时汉族先进文化的重要据点。张氏的前凉完成了这个历史任务，是应该予以肯定的。"

主要参考资料：【南朝宋】谢灵运等《九家旧晋书辑本》，【南朝梁】萧统《文选》，【南朝梁】刘勰《文心雕龙》，【北齐】魏收《魏书》，【唐】房玄龄《晋书》，【唐】魏征《隋书》，【唐】刘知己《史通》，【唐】张篙《朝野金载》，【唐】杜佑《通典》，【宋】李昉《太平广记》，【宋】王钦若《册府元龟》，【宋】司马光《资治通鉴》，【宋】胡三省《资治通鉴音注》，【明】严衍《资治通鉴补正》，【清】顾祖禹《读史方舆纪要》，【清】陈梦雷《古今图书集成》，【清】赵翼《廿二史札记》，【清】钱大昕《廿二史考异》，【清】汤球《十六国春秋辑补》、《中国战争发展史》、《中国军事通史》、《中国历代兵制》，台湾三军大学《中国历代战争史话》，陈寅恪《魏晋南北朝史讲演录》，王仲荦《魏晋南北朝史》，陈垣《二十史朔闰表》，田余庆《秦汉魏晋史探微》，姚薇元《北朝胡姓考》，唐长孺《魏晋南北朝史论拾遗》，具圣姬（韩国）《两汉魏晋南北朝的坞壁》，赵超《汉魏南北朝墓志丛编》。

本书创作团队简介

指文烽火工作室，由众多资深历史、战史作家组成，从事古今战争、中外历史的研究、写作与翻译工作，通过精美的图片、通俗的文字、独到的视角理清历史的脉络。

爱澜：中国近现代史史料学学会会员、民间军史爱好者。自 2002 年起，在《国际展望》、《舰船知识》等多家刊物上发表文章百余篇，出版有《世界重巡洋舰全集》、《世界轻巡洋舰全集》等专著。

王烨：笔名"常山日月"，专业作者，精通中国古代历史，并致力于日本古代历史、中世纪欧洲历史的研究。曾担任凤凰网历史版版主、TOM网渔樵耕读版版主，在《中华遗产》、《百家讲坛》、《国际展望》等刊物发表多篇文章。

康伯克：中国拿破仑论坛版主，致力于拿破仑时代半岛战争相关内容的研究以及国外资料的翻译引进工作。

致谢

在《战争事典》的编辑、出版过程中，得到了诸多军事历史研究者、爱好者以及相关文化机构、团体的大力支持，在此特表示由衷的感谢（排名不分先后）！

个人：

董治	卫世良	刘欣怡	李瑜	王雨涵	蔡传亮	陈焱	徐冈威
杨超	王勇	杨英杰	危巍	周鹏	陶金	寇通	史效
孙斯特	季庆丰	王诗涛	江圣翀	刘斌	俞思佳	张伟	赵易星
张晓	沃金方	陈潋	张锋	胡洁	白晨光	张泊	席治通
查攸吟	秦思奕	刘啸虎	王一峰	陈亮宇	廖茂宇	章毅	张宇翔
陈修竹	马凯	朱茜	孙喆	王珑润	刘润之	杨青烨	顾皓
梁晓天	姜文韬	朱秀明	马千	陈峰韬	白宇辰	陈翔	荣毅德
廉震	叶平	景迷霞	杨志民	付晓宇	朱怿昀	叶俊人	张立飞
赵开阳	张磊	安晓良	梁伟斌	孙朔铣	吴畋	孙玲玲	赵恺
陈正午	李煜	童轶	周家汉	黄如一	许天成	魏锦	郑礼添
赵振华	许文强	郭大成	付洪君	王东	孟驰	魏博	杨逸杰
耿煦文	宋春晓	董振宇	郑志新	李商龙	文峰	刘润之	

单位：

中央电视台新科动漫频道	探天下影视文化公司	鑫琦文化传媒公司
新科动漫频道论坛	正鹄弓箭社	锋什文化传播公司
渤海大学教育与体育学院	中国联合弓会	锤盾骑士俱乐部

战争事典系列创作团队

主创：何单 刘晓 丁秀群

视觉：黄丹 王星 周杰

营销：牟燕红 胡小茜 陈晶 王婕

指文烽火工作室主编：原廓

官方网站：www.zven.cn

天猫店：zwhxts.tmall.com

投稿信箱：zven@zven.cn